사회적경제의 이해와 전망

국립중앙도서관 출판시도서목록(CIP)

```
사회적경제의 이해와 전망 / 지은이: 김성기, 김정원, 변재관,
신명호, 이견직, 이문국, 이성수, 이인재, 장원봉, 장종익. --
홍천군 : 아르케, 2014
     p. ;   cm

한국연구재단의 2013년도 한국사회과학연구지원(SSK) 사업(2
013S1A3A2043324)의 지원에 의해 집필됨
ISBN 978-89-5803-136-9 93320 : ₩19000

사회 경제학[社會經濟學]
복지 경제학[福祉經濟學]

320.189-KDC5
330.1-DDC21                              CIP2014019221
```

사회적경제의 이해와 전망

1판 1쇄 인쇄 2014년 6월 25일

1판 1쇄 발행 2014년 6월 30일

지은이 김성기·김정원·변재관·신명호·이견직·이문국·이성수·이인재·장원봉·장종익

펴낸이 이형진

펴낸곳 도서출판 아르케

출판등록 1999. 2. 25. 제2-2759호

주소 강원도 홍천군 내촌면 와야리 300-4

대표전화 (02)336-4784~6 | **팩스** (02)6442-5295

E-Mail arche21@gmail.com | **Homepage** www.arche.co.kr

값 21,000원

ⓒ 김성기·김정원·변재관·신명호·이견직·이문국·이성수·이인재·장원봉·장종익, 2014

ISBN 978-89-5803-136-9 93320

본 연구는 한국연구재단의 2013년도 한국사회과학연구지원(SSK) 사업(2013S1A3A2043324)
지원에 의해 집필되었습니다.

사회적경제의 이해와 전망

김성기·김정원·변재관·신명호·이견직·이문국·이성수·이인재·장원봉·장종익 지음

아르케

「아르케」의 책

- **사회적경제의 이해와 전망** (김성기 외 지음)
- **이탈리아 사회적경제의 지역전개** (타나카 나츠코 지음, 이성조 옮김)
- **사회적기업을 어떻게 경영할 것인가** (한겨레경제연구소 지음)
- **사회적기업의 이슈와 전망** (김성기 지음)
- **사회적기업이란 무엇인가** (김정원 지음)
- **사회적경제와 자활기업** (김정원 외 지음)
- **한국의 모금가들** (정현경 외 지음)
- **자발적 복지사회** (김경동 지음)
- **지역사회를 비즈니스하다** (김창규 지음)
- **지역통화입문** (아베 요시히로 외 지음/전정근 옮김)
- **지역사회를 건강하게 만드는 커뮤니티비즈니스** (호소우치 노부타카 편저/박혜연, 이상현 옮김)
- **마을은 보물로 가득 차 있다** (오하라 가즈오키 지음/김현정 옮김/원기준 감수)
- **1% 너머로 보는 지역활성화** (지바 미쓰유키 지음/서하나 옮김/최경국 감수)
- **소통과 나눔 그리고 새로운 마을** (와다 다카시 편저/손주희 옮김/한영혜 감수)
- **소호와 함께 마을만들기** (시바타 이쿠오 지음/서현진 옮김)
- **그린투어리즘** (다나카 미쓰루 외 지음/권희주 옮김)
- **스마트커뮤니티** (호소노 스케이로 편저/권윤경 옮김)
- **마을 만들기 매뉴얼** (가사기 히로오 지음/황선희 옮김)
- **NGO학** (박상필 지음)
- **NPO란 무엇인가** (레스터 설러먼 지음/이형진 옮김)
- **NPO와 시민사회** (사토요시유키 지음/송석원 옮김)
- **비영리 경제학** (데니스 영, 리차드 스타인버그 지음/이형진 옮김)
- **비영리조직 경영** (김정린 지음)
- **지역재단이란 무엇인가** (박원순 지음)
- **재단이란 무엇인가** (안하이어 지음/이형진 외 옮김)
- **모금을 디자인하라** (정현경 지음)
- **모금이 세상을 바꾼다** (김 클라인 지음/이정화 옮김)
- **모금은 모험** (조안 플래너건 지음/임금선 옮김)
- **기부향기는 매콤한 페퍼로드를 타고** (김누리 지음)
- **기부문화의 대변혁** (그레이스 외 지음/김경희 옮김)
- **아름다운 제휴, 기업과 시민사회단체가 만났을 때** (셜리 사가와 외 지음/이형진 옮김)
- **급변하는 시대의 시민사회와 자원봉사** (김경동 지음)
- **시민정치론** (러셀 J. 달튼 지음/서유경 옮김)
- **직접민주주의** (주성수 지음)
- **주민참여와 민주주의** (무로이 쓰토무 엮음/황선희 옮김)
- **시민정치론 강의: 시티즌십** (키이스 포크 저/이병천 외 옮김)
- **급진주의자를 위한 규칙** (사울D알린스키 지음/박순성 외 옮김)
- **한국 시민사회의 성찰** (김호기 지음)
- **민주주의 대 민주주의** (주성수 편저)
- **인권: 이론과 실천** (마이클프리먼 지음/김철효 옮김)
- **갈등해결과 한국사회** (정주진 지음)
- **공공갈등 해결-정부, 기업, 시민단체를 위한 실전 가이드** (카펜더 지음/정주진 옮김)

■ 머리말

공자 : 식(食)과 병(兵)과 신(信)은 국가 경영의 세 요체로 셋 중 신이 가장 중요하다.
자공 : 먹지 않으면 죽지 않습니까?
공자 : 사람은 누구나 다 죽기 마련이지만 신이 없으면 사회가 아예 존립하지 못한다.
(2000년전 공자의 '논어' 제12편 안연(顔淵)에서)

현재 한국 사회는 1960년대 이후 추진되어 온 압축성장의 후유증 및 저출산고령화로 인해 경제양극화 및 정부 재정의 극심한 악화를 목전에 두고 있다. 이는 무한경쟁, 승자독식, 그리고 시장 만능의 신자유주의 질서가 확대되면서 실업과 빈곤이 날로 심화되었기 때문이다. 특히, 재벌 중심적 경제구조는 고용 없는 성장을 야기해 경제불균형의 심화가 심히 우려스러운 상황에 직면해 있으며 무엇보다 시급한 당면 문제는 정부의 재정적 지원이 제한적일 수밖에 없다는 현실적 한계에 있다.

이와 함께 세계적으로 성장의 시대가 저물어가고 있다는 분석이 지배적이다. 유엔이 전망한 올 세계 경제성장률은 2.4%, 한국 성장률 전망치도 2~3% 내외로 알려져 있다. 이러한 수치는 향후 우리나라의 경제상황이 경기 침체가 아니라 본격적 저성장 시대를 맞이할 가능성이 크다는 것을 시사한다. 이는 곧 예전에 성장이 일자리를 낳고 일자리가 수요를 낳고 다시 수요가 성장을 부르는 시장중심적 대량생산 경제체제의 지속성에 의문이 제기되고 있음을 의미한다. 이렇게 일자리 창출과 고용 안정 기능을 상실한 경제, 양극화를 심화시키는 경제는 지속가능할 수 없다.

이와 더불어 저성장 기조 하에서 양극화 해소를 위한 나눠주기식 분배정책도 그 정당성을 획득하기 어렵게 되고 있다.

　과거 세계는 선순환 피드백구조를 강조하면서 즉, 시장중심적 가치를 강조하면서 파이는 키울 수 있으되 지속성에 문제가 있음을 발견하였고 반대로 삶의 질을 높이기 위한 역순환 피드백 구조 즉, 분배중심적 가치를 강조하면서 지속성은 담보할 수 있음에도 파이가 줄어드는 현상을 역사를 통해 경험하였다. 오늘의 문제 인식은 이 두 피드백 구조가 결합되면서 나타난 저성장의 시대를 대처하기 위해 쓸 수 있는 새로운 카드가 없음에 근거하고 있다. 이와 함께 일찍이 슘페터(Schumpeter)가 지적한 가장 성숙한 자본주의는 필연적으로 사회주의를 가져올 것이라고 이야기했던 시점과도 결부되어 있어 자본주의 체제하의 세계 경제의 고민은 깊어지고 있다 하겠다.

　1997년 외환위기 이후 우리사회에 등장한 사회적경제는 사회적기업(social business, social enterprise), 협동조합(cooperatives), 커뮤니티 비즈니스(community business), 임팩트 비즈니스(impact business), 비영리 조직(NPO) 등이 주축이 되어 정부와 시장의 실패를 극복하기 위한 새로운 대안으로 떠오르고 있다. 이들은 공공영역에서 강조되었던 협력과 이타적 합리성을 바탕으로 사적 영역의 강점이었던 기업가 정신을 흡수하여 사회적 가치와 경제적 가치를 동시에 추구하고자 한다. 또한 이들은 미션에 충실한 사업 전개를 우선적으로 추구하며 투명성과 책임성을 바탕으로 창의적인 마케팅과 합리적인 파트너십을 겸비하여 스스로가 존립의 근거를 마련함을 특징으로 하는 사회적경제의 최첨병의 역할을 담당할 것으로 기대되고 있다. 이들의 활성화는 저성장, 고령사회에 매우 의미있는 대안이 되고 있음에도 불구하고 성장과 분배, 경제적 가치와 사회적 가치를 동시에 창출하기란 아이디어와 전략, 전례와 성공사례, 정부의 지원 및 인식의 부족 등으로 인해 쉽지 않은 것이 현실이다.

본서의 집필 동기는 파이도 키울 수 있고 지속성도 제고할 수 있는 새로운 경제, 대안적 경제에 대해 모색하고자 함에 있다. '어떻게 하면 이들의 경제적 성과를 높여서 지속가능하게 할 것인가'의 난제를 풀어가기 위한 해법을 찾아보고자 한다. 사회적 가치 창출이 경제적 가치 창출과 역의 상관관계를 가질 수밖에 없다는 그 '무엇'에 대한 문제에서 벗어나 사회적 가치를 '어떻게' 창출할 것인가의 관점으로 전환함을 통해 성장과 분배, 경제적 가치와 사회적 가치를 동시에 창출할 수 있는 방안에 대해 연구함에 있다. 관점의 전환이 곧 혁신이라 하겠다.

본서는 한림대학교가 한국연구재단의 한국사회과학연구지원(Social Sciece Korea, SSK) 사업의 재정적 지원을 받아 작성될 수 있었다. 본 재단에 감사를 드린다. 다양한 분야의 전문가가 모여 융합 연구의 어려움과 즐거움을 나누고 있다. 사회학, 사회복지학, 경제학, 경영학, 법학 등 다양한 학문분야의 전문가들이 모여 사회와 경제의 통합을 통해 더 나은 사회를 건설하기 위한 논의들을 토론하고 고민하고 연구하고 있다. 본서는 그 첫 번째 고민의 중간 결과이다.

본서가 출간되기까지 참으로 많은 분들의 참여와 도움이 있었다. 먼저 본 연구회의 연구진이신 전 한겨레신문사 서형수 사장님, 사회적경제연구센터 신명호 소장님, 한일사회보장정책포럼 변재관 대표님, 안산공과대학교 이문국 교수님, 한신대학교 이인재 교수님, 고려대학교 임재영 교수님과 귀한 옥고를 작성해 주신 성공회대학교 김성기 교수님, 한국자활정책연구소 김정원 박사님, 신나는조합 이성수 이사님, 사회투자지원재단 장원봉 이사님, 한신대학교 장종익 교수님께 진심으로 깊은 감사의 인사를 올린다. 또 본 연구회의 연구와 운영을 도와준 한림대학교 의료전략운영연구실의 박사과정생 정윤, 한재현과 석사과정생 김소희, 최예슬 및 고려대학교의 주시연에게도 고마움을 전한다.

아울러 늦은 원고의 전달에도 불구하고 훌륭한 저작물을 만들어 주신 아르케 출판사의 이형진 대표님께 진심으로 감사를 드린다.

본서가 한국 사회적경제의 확산에 작은 불씨가 될 수 있기를 감히 기대해 본다.

한림대학교 SSK 사회적경제연구회
연구책임자 이견직이 내외부 연구진을 대신하여
2014년 5월에

머리말 • 5

제1장 사회적경제의 이해 _ 신명호 • 17
머리말 | 사회적경제 개념의 등장과 발전 과정 | 사회적경제의 개념과 의미 | 복지국가 이론에 대한 고찰 | 사회적경제 운동의 가능성과 한계 | 맺으면서

제2장 사회적 경영의 이해 _ 이견직 • 43
들어가면서 | 시스템 사고로 바라본 사회적경제의 의의 | 경영 그리고 사회적 경영을 이해하자 | 미션중심적인 조직을 만들어라 | 미션을 성과로 전환시킬 수 있어야 한다 | 마무리하면서

제Ⅰ부 사회적경제(Social Economy)와 생태계

제3장 한국의 사회적경제 현황 및 전망 _ 김정원 • 67
들어가며 | 사회적경제에 대한 개념적 이해 | 한국의 사회적경제 현황 | 한국의 사회적경제 전개 과정과 그 특성 | 맺으며: 향후 과제

제4장 유럽의 사회적경제 현황 및 전망 _ 장원봉 • 95
유럽에서 사회적경제의 역사적 궤적 | 유럽 복지모델의 위기 속에서 사회적경제의 고려 | 유럽에서 사회적경제의 주요 역할과 고용규모 | 유럽에서 사회적경제의 전망과 과제

이 해 와 전 망

제5장 사회적기업 생태계 활성화 방안 _ 이인재 • 115

들어가는 글: 사회적기업 발전과 사회적기업 생태계 | 사회적기업 생태계 개념 및 특성 | 사회적기업 생태계 구조와 구성 요소 | 사회적기업 생태계 육성 과제 | 맺는 글: 사회적기업 생태계와 사회서비스정책적 함의

제Ⅱ부 사회적 경영(Social Business)과 혁신

제6장 지역경제 개발과 사회적경제 _ 김성기 • 143

한국 사회적경제는 어디를 향해 가야 하는가? | 지역사회 기반 사회적경제 운동과 내생적 경제 개발 관점 | 사회적경제를 통한 지역경제개발 모델 | 정책 제언

제7장 사회적 금융과 사회적경제 _ 이성수 • 165

들어가는 글 | 사회적경제 조직의 자금조달과 자금지원제도 | 맺는 글

제8장 자활사업과 사회적경제 _ 이문국/변재관 • 187

들어가는 말 | 자활사업과 사회적경제와의 관계에 관한 사적 고찰 | 맺는 말

제9장 협동조합과 사회적경제 _ 장종익 • 187

사회적경제부문에서의 협동조합의 위상 | 19세기 중반-20세기중반 협동조합의 발전양상 | 1980년대 이후 협동조합의 진화 | 협동조합의 유형 분류 및 생태계조성정책 | 한국에서의 협동조합 발전의 특징과 사회적경제의 발전

제1장
사회적경제의 이해[1]

신명호(사회적경제연구센터 소장)

1. 머리말

지난 몇 년 사이에 한국의 사회적경제는 괄목할 만한 발전을 이루었다. 그러나 이 말은 '사회적경제에 대한 우리 사회의 관심과 지원 제도 및 정책의 측면에서'라는 단서를 달아야 정확해진다. 사회적경제를 긍정적으로 보고 그것을 확산시키려는 정책적 의지에 관한 한, 큰 변화가 있었다는 뜻이다. 지금 여·야 할 것 없이 각 정당에는 사회적경제를 다루는 전문기구가 설치돼 있고, 서울시를 비롯해서 전국의 지자체들은 사회적경제를 활성화하기 위한 방안 마련에 적극적이다. 사회적기업이라는 용어조차 낯설었던 10여 년 전과 비교해보면 금석지감의 변화가 아닐 수 없다.

2000년 서울에서 열린 '빈곤과 실업극복을 위한 국제포럼'은 유럽 사회적경제의 성공사례를 소개하는 최초의 자리였는데, 이 때 국내 청중들의

---

[1] 이 글은 『사회적경제 리뷰』 제2권(2013)에 실었던 논문 "사회적경제와 국가, 그리고 민주주의"를 수정·보완한 것이다.

수는 채 50명이 안 되었던 것으로 기억한다. 저소득층의 자활지원사업이 방금 제도화되고, 사회적 일자리를 늘려나가는 데 유럽의 앞선 경험을 접목해보자는 논의가 막 싹트던 시기였다. 그로부터 7년이 지나 '사회적기업육성법'이 제정되더니 현재는 전국의 인증 사회적기업 수가 1,000개를 훌쩍 넘어섰다. 또 2012년 말, '협동조합기본법'이 발효된 지 1년 4개월 만에 우리는 신생 협동조합 4,000개의 시대를 구가하게 되었다.

서구에서 국가가 감당하기 힘든 실업과 빈곤, 복지서비스의 부족이라는 문제의 해법으로 등장한 사회적경제는 이제 우리나라에서도 마찬가지의 임무를 부여받고 있다. 사회적경제에 거는 기대와 희망은 정치권과 시민사회의 그것이 크게 다르지 않다. '사회적경제가 안착한다면 그것은 한국 경제체제의 진화'를 의미한다는 여당 특위위원장의 발언에 시비를 거는 사람은 별반 없다. 그리하여 광범한 합의를 이루고 있는 이 같은 긍정론은 또 다시 '사회적경제기본법'의 제정 준비로 이어지고 있다.

요컨대, 사회적경제의 발전이 실업·빈곤 등의 사회문제에 미치는 긍정적 영향에 관해서는 큰 이견이 없어 보인다. 부분적이지만 유럽에서의 경험적 증거를 기각할 만한 특별한 이유도 없다. 그럼에도 여기에는 짚고 넘어가야 할 두 가지 문제가 있다.

첫째는 이 글의 서두에서 단서를 필요로 했던 문제, 즉, 지원 법제와 정책의 발전이 곧 사회적경제 조직 자체의 발전을 의미하는 것은 아니라는 점이다. 사회적경제가 신자유주의적 경제질서를 극복하는 방안이라면 그것의 발전은 명실 공히 본연의 원리와 정신에 충실한 조직의 확장을 뜻해야 한다. 다시 말해서, 항간의 평가처럼 서류상으로만 등록되었을 뿐 실제로는 가동하지 않는 협동조합이나, 정부지원금이라는 젯밥에만 관심이 있는 사회적기업답지 못한 사회적기업들의 난립은 일체의 논의를 무색하게 한다.

둘째, 한국 경제체제의 근본적 변화에 미치는 사회적경제의 효과에 관해 논란이 있을 수 있다. 지금까지 우리의 사회적경제 논의는 사회문제에 대한 부분적 해법 내지 보완책이라는 수준을 넘어, 자본주의의 체질을 바꾸는, 혹은 밑으로부터 복지사회를 건설해나가는 운동이라는 식의 거시적 역할론으로까지 나아가 있다. 사회적경제가 추구하는 가치의 지향은 시장자본주의를 넘어서는 것이므로, 궁극적으로 평등과 연대의 사회적 관계를 강화할 수 있다는 것이 낙관론자들의 견해이다. 그리하여 사회적경제의 잠재가능성에 주목하는 일부 논자들은 한국의 사회적경제가 그동안 막히고 굴절되어 있던, 복지국가로의 특수한 한국적 경로를 열어갈 수 있으리라는 희망을 제시한다.

하지만 이에 대한 논박의 목소리도 전혀 없지는 않다. 사회적경제가 자본주의의 체질을 바꾸는 것이 아니라, 오히려 자본주의적 모순의 파국적 효과를 흡수하는 완충의 역할을 할 뿐이라는 비판이다. 유럽의 사례를 보면 사회적경제는 "폴라니(Polanyi)가 생각했던 것과 같은, 시장을 사회의 통제 아래 되돌려 놓는다는 의미에서의 그것이 아니라, … 자본주의적 이윤 논리를 털 끝 하나 건드리지 못한 채 자본주의라는 거대한 맷돌이 끊임없이 토해내는 … 불만과 저항이 자본의 순환을 방해하는 것을 방어할 완충지대를 만드는 것에 이용된다"는 것이다(서영표, 2013: 70-71). 이러한 주장은 자칫 우리의 논의를 사회주의 이행을 둘러싼 개량주의 논쟁으로 오도할 가능성이 있다. 따라서 우리는 방향과 논점을 잃지 않기 위해서라도 사회적경제가 가져올 전체 경제 및 사회적 변화의 규모와 정도에 초점을 맞출 필요가 있다. 사회적경제는 현재의 경제체제를 얼마만큼 깊숙하게 변화시킬 수 있을 것인가에 집중하자는 것이다. 원래 지역사회를 기반으로 하는 사회적경제가 국가 차원의 큰 변화를 가져오는 데 기여할 수 있을까를 예측해 보아야 한다.

이상의 두 가지 문제—국가 정책과 사회적경제 발전의 상호관계, 그리고 사회적경제와 복지국가 건설의 관련성을 따져보기 위해 우리는 유럽 사회적경제의 역사적 발전 과정을 살펴볼 필요가 있다. 그리하여 이 글의 제2절에서는 유럽에서 사회적경제 개념이 등장하고 발전하는 과정을, 제3절에서는 사회적경제의 특성을 명확히 하기 위해 그 개념과 의미를 서술할 것이다. 그리고 제4절에서는 사회적경제가 복지국가의 발전에 미치는 영향을 분석하기 위한 전초 작업으로 복지국가의 발전요인에 관한 기존 이론들을 정리했고, 제5절에서는 사회적경제 운동이 갖는 가능성과 한계에 관해서 서술하였다.

2. 사회적경제 개념의 등장과 발전 과정

1) 19세기 유럽의 상황과 '사회적경제'

18세기 영국에서는 면화를 가공해서 옷감을 만드는 직물산업이 발달했다. 대개는 가족 단위로 면화를 직접 재배해서 소규모의 가내공업 형태로 직조하는 자영업자들이었다. 그런데 채 60년이 지나지 않아서 이들 자영업자들이 거의 사라졌다. 대규모 상인들이 시장을 독점하고 자신들의 독점력을 이용해 영세 직조공들의 몫을 빼앗은 것이 첫 번째 이유였고, 대량생산, 극단적인 분업, 탈숙련화된 노동력을 수반한 공장 시스템의 성장이 두 번째 이유였다(버첼, 2012: 79). 예전의 도제 시스템은 와해되었고 일자리를 잃은 사람들은 노동시장에 새로 진입하기 위해 시중임금보다 더 낮은 가격으로 노동력을 팔았다. 산업혁명과 더불어 시작된 자본주의의 발달은 이렇게 노동자들의 삶을 피폐하게 몰아갔다.

실업과 소득의 상실, 여기에 설상가상으로 급속한 도시화와 심각한 보건위생의 문제가 상황을 악화시켰다. 1844년 세계 최초의 (성공한) 협동조합이라 일컬어지는 로치데일선구자조합이 설립되었던 지역의 상황도 이와 같았다. 이런 저런 정치적 시도들이 실패한 가운데 마침내 28명의 로치데일선구자들은 1파운드씩을 모아 밀가루와 버터 등을 파는 작은 점포를 개설했다. 그 당시 밀가루는 노동자들의 주식인 빵을 만드는 원료였음에도 제분업자와 제빵업자들의 독점으로 가격이 워낙 비싼데다가 불순물이 섞여 있기 일쑤였다. 가난한 노동자들은 생활고를 이기기 위한 자구책으로 가장 손쉽게 시도해볼 수 있는 공동구매 조직을 결성하였다.[2]

인간 삶의 미래에는 언제 닥칠지 모르는 위험들-가장의 사망, 질병, 장애, 실직 등의 위기가 항상 도사리고 있고, 사람들은 공동체라는 것을 만들어 이런 위험으로부터의 피해를 최소화하고자 한다. 오늘날 보험이라 부르는 이 같은 제도를 유럽에서는 상호공제회, 또는 공제조합(mutual)이라는 이름으로 시작했다. 공제조합은 처음 영국의 선술집에서 '머니박스'(money box)라는 통에 소액의 돈을 추렴해 모았다가 중병에 걸린 조합원의 진료비로 내주거나 사망한 조합원의 유가족에게 위로금을 전달한 데서 유래한 제도이다. 이미 산업혁명이 일어나기 전인 17세기 말에 이런 공제조합이 영국 전역에 일반화되었다고 한다. 자본주의의 폐해에 대한 자구적 반작용으로 싹텄던 협동조합과는 달리, 인간 삶에 내재한 본원적 불확실성이 그 동기가 되었다고 할 수 있다.

1801년, 총 노동인구가 900만 명이었던 영국에는 7,200개의 공제조합(조합원 64만 8,000명)이 있었는데, 십 수 년이 지난 1815년에는 공제조합 수가 9,672개(조합원 92만 5,000명)로 40% 이상 늘어났다(버챌, 2012: 111). 여기서 주목할 사실은 조합원 증가 현상이 빈곤 계층의 증가와 밀접한 관계에 있었다는 것이다. 빈곤층이 늘어나면서 달리 의지할 곳이 없었던 그들이 공제조직에 더욱 의존하게 되었음을 짐작할 수 있다. 따라서 공제조합의 역사가 그 출발에서는 자본주의의 탄생과 궤를 같이하는 것은 아닐지라도, 역시 자본주의의 발달이 필연적으로 수반하는 불안정한 삶과 밀접한 관련이 있음을 알 수 있다.

동업자조합(compagnonnages)에서 출발한 프랑스의 공제조합 역시 지속적인 성장을 거듭했다. 더군다나 1852년 공제조합운동이 법률로 인정을 받으면서 그 확산 속도는 더욱 빨라졌다. 19세기 중반 2,000개(조합원 10만 명)에 달했던 공제조합은 19세기 말이 되자 1만 3,000개(조합원

---

2) 손쉬운 시도라고 표현한 것은 정치권력에 대한 설득이나 법제의 변화 등을 필요로 하지 않고 순전히 당사자들의 생각과 의지에 의해서 실현가능했다는 점을 말하기 위한 것으로, 실제로 초기 협동조합운동 선구자들의 아이디어가 로치데일에서 성공을 거두기까지에는 무수한 실패와 시행착오들이 있었다.

210만 명)로 늘어났다(버첼, 2012: 114). 이탈리아에서도 공제조합원의 수는 20세기 초에 이르러 100만 명에 육박하였다(보르자가, 2008: 75). 소비자협동조합이 로치데일조합의 성공사례를 모방하면서 유럽 전역으로 퍼져나갔듯이, 공제조합의 아이디어 역시 널리 전파되어 대부분의 유럽 국가에서 유사한 조직들이 생겨났다.

프랑스에서는 일찍이 노동자협동조합이 출현했는데, 프랑스의 공업화는 영국에 비해 사회적인 파괴력을 지니지 않고, 보다 인간적인 양상으로 진행되었다는 점에서 다소 아이러니컬한 현상이기도 했다. 프랑스는 산업혁명의 발원지인 영국에 비해 자본주의의 발전 속도가 완만했고, 새로운 기술을 받아들였지만 그 기술이 전통적인 사회구조를 완전히 해체하지는 못했다. 따라서 저비용 생산보다는 품질이 강조되었고 기계기술보다는 숙련된 기능이 강조되는 분위기에서, 독립된 숙련노동자들은 공동의 일터를 만드는 데 적극적으로 나설 수 있었다. 게다가 방임주의 성향의 영국 정부와는 달리, 프랑스 정부는 노동자들의 새로운 시도를 지원하는 데 적극적이었다(버첼, 2003: 41). 이런 예에서 어떤 공동체 조직이 싹트고 성장할 수 있는 환경과 조건은 반드시 자본주의적 폐해의 심각성과 비례하는 것은 아님을 알 수 있다. 일반적으로 시장이 혹독할수록 그에 대한 반발도 강한 법인데, 이러한 일반론에서 벗어난 예들이 현실에서는 존재한다.

위에서 보는 것처럼 공제조합과 협동조합은 보통 사람들의 현실적 필요에 의해서 새롭게 조직되고 확산돼 나갔다. 19세기 말에 이런 조합의 성장을 촉진하는 법률이 생겨난 것도 이 같은 움직임을 선도하고 이끈다기보다는 자발적으로 확산되고 있는 운동을 허겁지겁 따라가며 뒷북을 치는 격이었다. "공제회의 발전에 그 어떤 입법자, 철학자, 학자도 없었다"는 한 역사학자[3])의 지적은 공제조합운동이 철저히 밑에서부터 조직

---

3) 버첼(J. Birchall, 2012)은 역사학자 Mabilleau의 이 말을 Aubrun의 책, Mutual Aid Societies in France(1915)에서 재인용하고 있다.

되고 자생적으로 퍼져나간 운동이었음을 시사한다.

근대 민주주의의 발전은 개인의 자유 신장뿐 아니라 민간단체(association) 결성의 자유화를 통해서도 나타났다. 언제나 권력으로부터 탄압과 감시를 받던 결사체를 민간에서 조직하는 일이 점차 가능해졌다. 프랑스에서는 "구식 길드가 민간단체의 원칙에 따라 보통선거와 노동자 주권을 받아들이는 소규모 직종별 조직으로 전환되었다(샤니알·라빌, 2008: 131)." 그리고 수 십 년의 논쟁을 거쳐 1901년, 비영리 민간단체를 법적으로 인정하는 법률이 생겼다.

한편, 영국의 자선단체들은 자선기금을 정부에 의존하지 않고 자율적으로 운영하였다. 이를 통해 국가 조직의 필수 부분인 동시에 국가와 시민 사이에서 매개체로서의 역할을 하는 민간단체들이 등장하게 된다(에베르스·라빌, 2008: 40).

이에 비해 스칸디나비아 국가들의 민간단체-비정부조직은 19세기부터 일기 시작한 대중적 사회운동, 특히 노동운동과 농민운동을 중심으로 비약적으로 성장하게 된다. 스웨덴의 경우, 이러한 대중운동은 19세기 말 지배층을 형성했던 관료, 사제, 귀족 및 자본가들에게 대항하는 저항운동의 성격을 띠었고, 노동자들은 정당과 노동조합뿐 아니라 주택협동조합, 스카우트, 연금수급자 조직, 절제운동 조직, 종교운동 조직, 성인교육 조직 등 수많은 문화단체들을 조직하였다. 그리하여 19세기 중반부터 이후 100년간의 시기는 스칸디나비아 역사에서 가히 '민간단체의 시대'라고 일컬어질 정도였고, 스웨덴의 민주주의는 '결사체 민주주의'라는 별칭을 얻게 된다(페스토프, 2008: 100-101; 신정완, 2004: 200).

이처럼 유럽에서는 각 나라마다 시기적 차이가 있고 조직 유형에 따라 출현 및 발전 과정이 다르기는 하지만, 대체로 18세기 초부터 20세기 전반에 이르기까지 공제조합, 협동조합, 그리고 민간 차원의 어소시에이션들이 속속 등장하고 꾸준히 확산되었다. 이것은 물론 서민 대중들이 자신들의 삶에 깃든 불확실성, 그리고 현실적 욕구와 필요에 대응해서 조직적으로 문제를 해결해 나가는 과정이었다.

그렇다면 '사회적경제'라는 개념은 언제, 어떻게 등장했을까?

역사상 '사회적경제'(économie sociale)란 용어를 맨 처음 사용한 사람은 19세기 프랑스의 자유주의 경제학자 샤를 뒤느와이에(Charles Dunoyer)라고 알려져 있다. 1830년에 발표한 한 논문4)에서라고 한다. 그러나 형식적 측면에서 그가 '사회적경제'란 표현의 최초 사용자일지는 몰라도, 오늘날의 의미와 연관시켜볼 때 내용적으로도 그를 창시자라고 할 수 있을지에 관해서는 다소 회의적이다. 경제의 순환 문제에 관심이 많았던 그는, '경쟁이 일반화된 경제에서는 필연적으로 활황(活況)과 불황(不況)이 교차해서 나타날 수밖에 없고 과잉생산으로 인한 불황의 국면에서 노동자는 실업상태에 빠질 수밖에 없으며, 따라서 노동자들은 미래 경제에 대한 예지력을 키우고 미리 저축을 해서 이런 상황에 적응해나가야 한다'고 주장하였다(Benkemoune, 2009: 273). 문제에 대한 진단은 정확했으나, 우리는 노동자들에게 내린 그의 처방이 매우 개인주의적 관점에 서 있음을 보게 된다. 게다가 공동체적 규범에 의한 자본의 통제 가능성에 관해서도 언급이 없다.

그보다는 샤를 지드(Charles Gide)의 용례가 오히려 현대적 의미에 가깝다. 19세기 후반, 프랑스 협동조합운동에 앞장섰던 그는 협동이야말로 비인간적인 자본주의 시장경제에 대한 대안이며 사적 이윤을 폐지하고 이윤을 공유할 수 있는 방안이라고 믿었다(Westlund, 2003: 164). 기독교 사회주의자였던 그는 협동조합이나 다양한 형태의 공제조직들과 같은 '사회적경제'를 성장시킴으로써 자본주의의 문제, 특히 분배의 불평등을 점진적으로 개선해 나갈 수 있다고 확신했다. 그는 1905년에 발간된 한 보고서에서 사회적경제의 세 가지 범주로서 협동조합 및 공제조합 등과 같은 결사체, 고용주의 사회적 공헌, 그리고 사회적 입법과 같은 공공규제를 언급하고 있다(엄형식, 2007: 6). 즉, 사회적경제의 개념에 연대의 원리에 기초한 경제조직들뿐 아니라 부(富)를 사회정의에 맞게 분배하기 위한 국가의 규제까지를 포함시킴으로써 매우 추상적인 수준의 개념화를

---

4) "Nouveau traité d'économie sociale" (1830)

시도한 것이다.

2) 복지국가의 성립과 '사회적경제'의 소멸

그러나 샤를 지드와 같은 이론가들이 제시한 개념은 어디까지나 개념일 뿐이었다. 현실 속에 존재하는 경제조직들은 학자들이 정의 내린 추상적 개념을 의식하면서 행동하지는 않는다. 협동조합은 협동조합대로, 또 공제조합은 공제조합대로 각개 약진할 뿐, 그들이 같은 성격의 경제부문으로서 공동의 전략을 구사해야 할 필요가 적어도 20세기 후반에 이르기까지는 무르익지 않았다.

독일과 이탈리아의 파시즘 체제에 의해 탄압 받고 파괴되었던 경우를 제외하면, 협동조합들은 대체로 국가와의 협상을 통해 우호적인 환경에서 발전하였다. 그러나 대부분의 협동조합들은 시장에서 일반기업과 경쟁할 수밖에 없는 처지에 있었고 그로 인해 점차 시장경제로 통합되는 경향을 띠게 된다. 사업의 지속성에 골몰하다보니 그 전에 가졌던 폭넓은 정치적 목적들은 축소되었고 마침내 영리기업과 유사해지는 결과를 낳았다(에베르스·라빌, 2008: 43).

공제조합들은 제2차 세계대전 이후, 유럽에서 복지국가가 건설되는 과정에서 공공의료보험 체계에 흡수되었다. 공동체 구성원들끼리의 의료보험 역할을 했던 공제조합은 조합이 제공해야 할 급여의 양이 증가하면서 국가에 의존하게 되었다(에베르스·라빌, 2008: 43-44). 독일에서 공제조합은 관료 조직에 편입되지는 않으면서 일정하게 국가와 협력하는 시민사회 조직의 위상을 갖게 되는데, 정부로부터 공적 보조금을 받으면서 복지서비스의 공급권을 독점하는 한편, 신규 가입자를 놓고 서로 경쟁하는 관계에 서게 된다. 프랑스의 공제조합들 역시 1945년 이후, 국가의 다양한 사회보장 시스템과 협력하게 되었고 가입이 의무화된 국가제도를 보완하는 역할을 하였다. 영국의 우애조합(friendly society)도 여러 가지 제약과 한계를 드러내기는 했지만, 어쨌든 법에 의해 건강보험을 수행하는 행정 주체로 인정받게 된다.

영국에서는 1942~1948년 사이에 자선단체 및 자원봉사조직의 역할을 국가가 복지체제의 영역으로 끌어들이고 활용하기 위한 입법이 이루어졌다. 그리하여 '박애적인 것이든 상호주의적인 것이든 제3섹터(민간단체)는 "복지국가의 하위파트너"로 강등되었고, 국가의 우선순위에서 밀린 분야를 중심으로 서비스를 제공하며 보완적인 역할을 해나갔다(테일러, 2008: 196).

이탈리아에서도 공공복지 시스템의 구축과 함께 민간단체의 축소 현상은 계속 일어났다. 권위주의적인 파시즘 정부 하에서는 말할 것도 없고, 1948년 공화국 헌법에 의해 비영리조직의 역할이 명시적인 인정을 받은 이후에도 민간단체는 경시되기 일쑤였다. 사회서비스는 정당의 통제를 받는 공공기관에 의해 공급되었고 헌법의 의도와는 무관하게 제3섹터 조직들은 더욱 위축되면서, 대중들 사이에서 사회복지에 관해 유일하게 책임지는 기관은 국가라는 인식이 자리 잡았다(보르자가, 2008: 79).

이상에서 보듯이, 지드 등의 이론가가 사회적경제라는 범주로 통칭했던 협동조합, 공제조합, 어소시에이션은 시장 속으로 들어가거나 혹은 국가제도로 편입되면서 각기 다른 경로를 밟으며 변화돼 나갔다. 뿐만 아니라, 같은 협동조합이나 공제조합일지라도 정치·경제적 환경이 나라마다 상이한 탓에 각 세부 유형의 흥망성쇠는 서로 다를 수밖에 없었다. 그러니 1970년대에 새로운 움직임이 나타나기 전까지, 실천의 영역에서는 이러한 사회적경제 조직들의 통일적인 대오가 아예 존재하지 않았다. 사회적경제는 옛날 사상가의 추상적인 개념으로 존재할 뿐, 현실세계에서는 이 용어를 기억하는 사람이 없었다.

3) 사회적경제 개념의 재등장

사회적경제 개념이 다시 수면 위로 떠오르게 된 것은 민간 차원의 경제운동을 활성화하기 위한, 매우 의도적이고 전략적인 필요 때문이었다. 각기 다른 경로를 걸어오던 프랑스의 민간 조직들은 1970년, 자신들의 사회적 영향력과 대정부 협상력을 높이기 위해 연대기구 – '공제조합·협동조합·민간단체 전국연락위원회'(CNLAMCA) – 를 결성하고, 1977년 자신들의 정체성을 표현할 개념어를 물색하던 끝에 '사회적경제'라는 옛 용어를 채택한다. 그리고 1981년 미테랑의 사회당 정부가 들어서자 세계 최초로 사회적경제라는 용어를 채택한 행정부의 공식기구(DIES)[5]가 만들어진다. 이후 이 개념은 유럽연합을 통해 다른 나라들로 확산되기 시작했다.

1989년 유럽연합(EU)의 집행기구인 유럽위원회는 경제정책 부서(DG XXIII) 안에 사회적경제국(Social Economy Unit)을 신설했고 1990년부터는 유럽의회 회원국 간의 사회적경제 포럼인 '사회적경제인터그룹' (European Parliament Social Economy Intergroup)이 가동되어 오고 있다.

2009년 유럽의회는 사회적경제 결의안을 채택한 바 있는데, 그 내용을 살펴보면 왜 유럽연합이 그토록 사회적경제를 활성화하는 데 적극적인지를 엿볼 수 있다. 결의안은 "이윤 동기가 아니라 사회적 편익에 의해 추동되는 '다른 방식의 기업가 정신'에 입각한 경제"(제8조)의 필요성을 강조하면서, "기업의 사회적 책임과 적극적인 사회적 통합을 촉진하며"(제18조), "노동시장 불균형의 3대 요소인 실업과 고용 불안 및 사회적 배제를 바로잡기 위해 상조회와 민간단체, 재단을 포함하는 제3섹터 전반에 대해 법 제도와 통계 장치를 적절히 갖출 것을 촉구"(제20조)하고 있다. 요컨대, 1980년대부터 세계를 지배하고 있는 신자유주의 경제는 사회적 편익을 무시하고 오로지 이윤에만 매달려온 결과, 사회적 배제와 불평등을 양산했다는 반성어린 지적인 동시에, 따라서 비시장경제의 원리와 호혜의 정신에 입각한 새로운 협동경제로 실업과 빈곤을 극복하자는 제안인 셈이다.

이처럼 유럽에서 사회적경제가 다시 각광을 받고 각 나라의 정책으로

---

[5] '사회적경제 지원을 위한 정부부처 간 협력위원회'라는 의미를 지닌 "Délégation Interministérielle à l'Économie Sociale"의 축약어이다.

구체화되는 배경에는 '시장의 실패'가 한 축을 이루고 있다. 이제 시장은 더 이상 '보이지 않는 손'으로 항상 조화로운 균형과 풍요를 만들어내는 곳이 아님이 확인되었다.

제2차 세계대전 이후 서구의 경제성장을 이끌었던 비숙련 노동자 중심의 대량생산 체제는 어느덧 숙련 노동자 중심의 다품종 소량생산 체제로 바뀌었다. 노동시장에 대한 규제가 약한 나라일수록 비숙련(저숙련) 노동자의 수요 감소로 인한 상대적 임금 하락이 빠르게 일어났다. 비숙련(저숙련) 노동자의 수요가 감소하게 된 것은 첨단 기술의 발달과 자동화, 그리고 세계화의 영향으로 모든 경쟁이 '승자 독식'의 형태를 띠게 되었기 때문이다.

아무튼 시장을 지고의 가치로 신봉하는 글로벌자본주의는 결과적으로 실업과 불평등의 심화를 가져왔다. 또한 저성장과 인구의 저출산·고령화 경향은 국가재정의 위기를 불러와 점차 사회복지가 위축되는 원인으로 작용하였다.

그리하여 유럽에서 사회적경제의 개념이 재등장하게 된 배경의 또 다른 축은 '국가의 실패'이다. 국가가 관리하는 사회보장 시스템은 서비스의 표준화 내지 획일화를 가져왔다. 신사회운동의 등장에서 보듯이 유럽 사회는 1970년대를 지나면서 양보다 질을 중시하는 삶의 욕구가 늘어났고, 국가가 공급하는 복지서비스는 이러한 욕구에 부응할 만큼 유연하거나 탄력적이지 못했다.

결국 시장이나 공적 전달체계가 해결하지 못했던 일자리와 사회적 편익에 대한 욕구를, 협동조합, 사회적기업 등과 같은 사회적경제 부문이 충족시킬 수 있으리라는 기대와 전망이 생겨났다.

여기서 사회적경제 담론이 성행하고 있는 요즘 한국의 상황과 관련해서 한 가지 짚어야 할 사실이 있다. 사회적경제 개념이 유럽에서 다시 등장하게 된 원인으로 앞에서 '국가의 실패'란 표현을 썼지만, 이 용어는 우리나라에 대입하기에는 다소 낯설고 부적절한 개념일 수 있다. 획일화될 정도로 국가의 사회보장체계가 널리 제도화되었던 유럽 국가들과는 달리, 우리 사회는 이제까지 보편화된 사회복지의 혜택을 속속들이 경험한 바가 없다. 적어도 공공재로서의 사회서비스에 관한 한, 우리는 찬밥 더운밥을 가릴 겨를이 없을 만큼 여전히 배가 고픈 상태이다. 물론 우리나라의 사회적경제 영역 가운데는 공동육아나 대안교육의 예에서 보듯이, 질적으로 다른 새로운 욕구의 발로에서 생겨난 운동이 일부 있지만, 이런 예를 우리 담론의 전형으로 삼기에는 무리가 있다.

다시 말해서, 유럽 사회는 국가가 주도하는 광범위하고 관대한 복지제도를 경험한 탓에 국가와 시장 간의 변증법적 논리의 귀결로 사회적경제를 논할 수 있겠지만 우리에게는 오직 시장의 실패만이 있었으며, 따라서 (유럽의 경우를 거론하며) 복지의 확대는 필연적으로 국가의 실패를 불러올 것이라는 식의 섣부른 예단을 경계하여야 한다는 말이다. 최근 복지국가 논쟁에서 사회복지의 확대를 경제성장의 포기나 국가재정의 파탄과 동일시하려는 보수주의자들의 눈에, 혹여 협동조합이나 사회적기업이 국가의 복지 재정을 늘이지 않고도 문제를 해결할 수 있는 묘안처럼 보일지도 모르겠다. 이런 오해나 억측을 불식하기 위해서도 복지국가의 건설과 사회적경제의 확대는 서로 대체재(代替財)의 관계에 있지 않음을 분명히 해둘 필요가 있다(이에 관해서는 결론 부분에서 다시 다룰 것이다).

3. 사회적경제의 개념과 의미

사회적경제의 개념에 관해 누구나 동의할 수 있는 하나의 정의는 존재하지 않는다. 몇몇 학자와 기관들이 더러 사회적경제의 개념을 제시했지만, 그것은 정의(定義)라기보다 의미의 윤곽을 두리뭉실하게 서술한 것에 가깝고 그나마도 서로 조금씩 다르다. 이처럼 개념의 경계가 명확하지 않은 것은 앞에서 설명했듯이, 대중의 현실적 필요에 의해서 만들어진 다양한 실천 조직들을 이론가들이 하나로 범주화해서 부르는 다소 추상적인 개념이기 때문이다.

따라서 사회적경제라는 용어는 나라와 권역에 따라서 상당히 다른 이미지로 이해되는데, 아민 등(Amin et al)은 이 용어가 연상시키는 사회적 경제와 시장, 국가 및 시민사회와의 관계에 대한 이미지가 국제적으로 어떻게 다른지를 설명하고 있다. 그들에 따르면 서유럽에서는 국가의 재정지출이 감소하는 경향 속에서 제3섹터로 하여금 그 역할을 전반적으로 확대해서 커뮤니티의 경제 개발에 힘쓰도록 지원하는 움직임이 나타났고 사회적경제란 대체로 이런 영역의 운동을 지칭한다. 그러나 같은 서유럽 안에서도 사회적경제의 전통이 강한 프랑스, 독일, 벨기에 간에는 정부의 인식과 제도적 규범에 있어서 상당한 차이가 존재한다. 또 앵글로색슨 국가들에서는 주로 사회적 배제(social exclusion) 문제에 대한 대응책으로 빈곤지역 같은 특정지역 중심으로 사회적경제 모델을 활용하며, 특히 영국에서는 시장과 공공부문 사이의 '제3의 길' 노선과 유사한 개념으로 인식된다. 반면, 스칸디나비아 국가들에서는 공공부문의 규모가 크고 사회복지 시스템이 튼튼하기 때문에 오히려 사회적경제가 재분배의 정치이념을 강력히 뒷받침하는 역할을 한다고 알려져 있다(Amin et al., 2002: 9-11).

사정이 이러하므로 우리가 흔히 사회적경제를 협동조합, 공제조합, 민간단체 및 재단을 통칭하는 개념이라고 일컫는 것도 사뭇 정확한 정의라고는 할 수 없다. 이상의 4가지 유형이 아닌 사회적경제 조직들이 얼마든지 있을 수 있고, 그 명칭 또한 나라마다 다를 수 있기 때문이다. 우리나라를 예로 들자면, 각종 협동조합 외에도 자활기업, 사회적기업, 지역화폐(LETS)나 로컬푸드 운동 네트워크, 마이크로크레디트(Microcredit) 기관 등, 정형화하기 어려운 다양한 조직들이 사회적경제에 포함될 수 있다.

여기서 사회적경제란 단어의 2가지 측면, 즉 외연(外延/denotation)과 내포(內包/connotation)[6]를 구분해서 살펴볼 필요가 있다. 어떤 단어를 참

---

[6] 어떤 단어나 표현의 의미는 외연(外延)과 내포(內包)라는 2가지 측면으로 구성된다. 어떤 단어의 외연은

되게 적용할 수 있는 사물이나 개체들로 구성되는 집합을 보통 그 단어의 '외연'이라 하는데, 사회적경제란 단어는 위에서 설명했듯이 개체들의 집합으로 접근하기에는 애매모호한 점이 많다. 대신 사회적경제가 갖추어야 할 성질들의 집합인 '내포'의 측면에서 살펴보면 그 의미가 다소 명확해진다. 유럽 사회적경제의 당사자 조직이라 할 수 있는 '유럽사회적경제'[7](Social Economy Europe)는 사회적경제의 기본원칙을 다음과 같이 제시한 바 있다.

- 사람과 사회적 목적이 자본보다 우선한다.
- 구성원 자격은 자발적이고 개방적이어야 한다.
- (조직은) 구성원에 의해 민주적으로 통제되어야 한다.
- 구성원 및 이용자의 이익, 기타 보편적 이익 등을 고루 안배하여야 한다.
- 연대와 책임의 원칙은 반드시 준수되고 적용되어야 한다.
- 공공기관으로부터 자율성과 독립성을 유지해야 한다.
- 잉여의 대부분은 지속가능한 발전의 목표, 구성원의 이익과 보편적 이익을 위해서 사용되어야 한다.

특히 제3섹터를 국가 및 시장과 확연히 구분되는 영역으로 보기보다는 시장, 정치체제, 지역사회 등이 혼융된 부문으로 인식하는 유럽 전통에서는 사회적경제 역시, 시장과 비시장(예컨대, 국가에 의한 재분배) 및 호혜성에 기반한 비화폐 경제의 요소가 뒤섞인 다원적 혼성체의 성격을 띤다

그 단어를 참되게(truly) 적용할 수 있는 사물이나 개체들로 구성되는데, 예컨대, 행성이라는 단어의 외연은 수성, 금성, 지구, 화성, 목성, 토성, 천왕성, 해왕성, 명왕성 등 9개의 사물로 이루어진 집합이다. 반면, 어떤 단어의 내포는 그 단어가 어떤 무엇인가에 참되게 적용되기 위해 그 무엇이 갖추어야 할 특성들로 구성된다. 행성이라는 단어의 내포는 '혜성이나 유성 외의 자연물로서 태양계 내에서 태양의 둘레를 돈다'는 성질들의 집합으로 구성된다(카니&쉬어, 2007, 『논리학입문』, 225-226쪽). 그러나 예로 든 행성의 경우는 그 외연이 닫힌 집합이지만, 이 글에서 논하고 있는 사회적경제의 외연은 열린 집합이다.

7) 2000년에 설립된 '협동조합·공제조합·민간단체 및 재단의 유럽상설회의'(European Standing Conference of Cooperatives, Mutual Societies, Associations and Foundations: CEP-CMAF)는 2008년 그 명칭을 '유럽사회적경제'(Social Economy Europe)로 변경했으며, 유럽연합 차원의 사회적경제 대표기구이다.

고 본다. 이는 사회적경제가 경제의 정치적 성격이라는 문제를 주요한 관심사로 삼고 있음을 뜻한다.

이상의 원칙들은 어떤 조직이 사회적경제 부문에 속하는지 아닌지를 구분해주는 준거가 될 뿐 아니라 사회적경제 운동의 성격과 철학을 잘 보여준다. 결국 사회적경제 운동은 민주주의, 평등과 타인에 대한 배려, 연대와 사회적 책임, 자율과 자립, 투명성 등을 중요한 가치로 삼고 이를 실현하고자 하는 경제운동이다.

그렇다면 복지국가와의 관련성이라는 이 글의 본론으로 들어가기 위해서는 이러한 사회적경제 운동이 자본주의 국가 안에서 얼마만큼 실질적인 민주화에 기여했는가를 살펴봐야 할 차례이다.

4. 복지국가 이론에 대한 고찰

옛 사회주의권이 사라진 오늘날, 복지국가는 기본적으로 자본주의 체제를 전제로 한다. 복지국가는 자본주의가 필연적으로 수반하는 경제적 불평등과 사회적 배제를 완화하기 위해 국가가 시장 및 분배 과정에 개입하는 시스템이다. 복지국가가 성립되는 과정에 과연 사회적경제가 어떤 영향을 미쳤는가를 분석하기에 앞서, 이 장에서는 우선 복지국가에 관한 주요 이론 몇 가지를 살펴보고자 한다.

1) 시민권과 민주주의

마샬(T. H. Marshall)에 의하면 공민권(civil right), 정치권(political right), 사회권(social right) 등 3가지 요소로 구성된 시민권은 민주화의 과정을 거치면서 20세기까지 꾸준히 발달해왔다. 그리고 개인의 자유와 정치적 평등의 확대를 의미하는 시민권의 발달은 필연적으로 자본주의적(경제적) 불평등과 긴장 관계를 드러내게 되었다. 모든 시민이 정치적으로는 평등하지만 경제적으로는 더욱 불평등해지는 모순이 나타나는 것이다. 시민권이 강화될수록 경제적 불평등을 그대로 방치하거나 유지하는 일이 점점 어려워지게 되었다. 사회권이 사회서비스의 확장을 통해서 구현된다고 믿었던 마샬은, 시대의 흐름과 더불어 사회권의 지위가 강화되면서 사회서비스의 확장을 지향하는 사회정책이 점차 적극화될 수밖에 없었다고 보았다.

60년 전 영국 사회를 배경으로 형성된 마샬의 이 같은 견해는 오늘날 (우리나라를 포함해서) 여전히 민주주의를 시대적 테제로 삼을 수밖에 없는 현대 자본주의 사회에 중요한 시사점을 던져준다. 형식적(정치적) 민주주의를 달성했다고 믿는 대부분의 후기산업 국가들에게 경제의 민주화는 여전히 미완의 과제로 남아있다. 미국 월가의 시위대가 1%를 향해 외치는 구호나 한국 대통령 후보들의 경제민주화 공약의 이면에는 정치적 평등과 경제적 불평등의 모순이 빚어낸 폭발력이 잠재하고 있는 것이다.

2) 산업화론 혹은 수렴이론

산업화론(industrialism)은 경제발전이 복지국가 발달에 필요한 능력과 욕구를 증대시킨다고 본다. 경제발전이 초래하는 인구 및 사회구조의 변화는 사회복지에 대한 국가의 책임성을 높이는 한편, 경제발전에 의해 높아진 생산성과 조세부담 능력은 그러한 욕구에 부응할 수 있는 국가의 능력을 배가시킨다.

도시화와 그에 따른 도시환경의 문제가 발생하고 노동력의 성격이 변화하며 교육의 필요성이 증가하는 등 다양한 욕구들이 분출되면서 이제는 공식적으로 조직된 제도 유형들 — 우애조합에서의 급여, 자선부조, 기업이나 정부가 운영하는 각종 프로그램 — 이 발달해야 하는 상황이 나타난다. 그리고 산업화의 길을 걷는 나라들은 결국 중간적 성격의 복지제도를 갖추는 방향으로 수렴된다고 보는 수렴이론에서는 복지체제의 성격에 영향을 주는 가장 중요한 요인이 "산업화를 추진하는 지배집단의 성격"[8]

이다(미쉬라, 1996: 71-72).

경제성장이 복지체제 발달의 충분조건이 아니라 필요조건이라고 제한해서 해석한다면, 산업화론을 우리의 역사에 적용하더라도 큰 무리가 없어 보인다. 1970~1980년대의 급속한 공업화와 경제규모의 성장, 그리고 국민소득의 신장이 없었다면 1990년대의 복지제도 확대가 불가능했을 것이라는 가정에 쉽게 동의가 되기 때문이다.

그러나 경제성장과 민주화에 대한 억압이 동시에 이루어졌던 우리의 산업화 과정은 양날의 칼처럼 복지제도 발달의 촉진요인과 저해요인으로 모두 작용하였다. 촉진요인이 권위주의 정권의 국가주도적 산업화였다면, 저해요인은 그런 과정에서 고착화된 우리나라 정치의 보수성이다.

우리나라 최초의 근대적 정부라 할 수 있는 박정희 정권은 국가 행정관료 체제의 혁신을 통해서 근대화 프로젝트를 실행했다. 경제기획원의 설립과 경제관료 체제의 재정비, 중앙정보부의 신설을 통해 안보정책과 경제정책을 기능적으로 통합했다. 이로 인해 국가는 경제를 주도하고 시장을 창출하며 개입할 수 있는 능력을 갖게 되었다. 고도성장 정책을 국가 목표의 최우선 순위에 올려놓음으로써 발전주의는 국가 이념이자 이데올로기가 되었다. 또한 군사주의가 산업화와 결합하면서 독특한 역동성이 발휘되었다. 라틴아메리카의 후후발산업화(late-late industrializing) 국가들과는 달리, 한국의 산업화는 대중의 열정적 집합의지를 끌어낸 결과, 빈곤을 벗고 도약적인 발전을 이룩했다. 시장을 무시한 채 철저히 국가가 개입하고 주도했던 경제성장은 오히려 상당한 효율성과 능률을 담보할 수 있었다. 성장제일주의의 발전 전략은 한국사회의 자본주의 산업화를 가능하게 함으로써 복지의 필요를 낳는 한편, 복지를 확대할 수 있는 물

---

8) 수렴이론가인 커(Kerr)는 산업화를 주도하는 엘리트 집단의 유형을 구분하는 가운데, 중간계급이 주도하는 사회는 시장의 자유를 신뢰하여 시장의 역할을 극대화하고 정부의 개입을 최소화하며 잔여적 복지제도를 실시하는 방향으로 나아간다고 하였다. 또한 독일이나 일본처럼 군주적 혹은 전통적 엘리트 집단에 의해 산업화가 주도된 경우는 사회정책이 가부장적 혹은 온정주의적(paternalistic) 경향을 띠게 되며 노동자의 복지에 대한 정부와 기업의 책임을 훨씬 용이하게 받아들이는 대신 그 책임의 대가로 노동자들에게 충성을 요구하게 된다고 보았다. 미쉬라(1996), 『복지국가의 사상과 이론』, 72-73쪽.

적 토대를 마련했다.

그러나 그러한 과정 내내, 남한 사회를 지배한 것은 냉전반공 이데올로기였다. 해방공간에서 정치화되고 활성화된 좌파와 민중 세력을 진압하기 위해서 군과 경찰, 검찰 등의 강권기구는 박정희 정권을 거치면서 꾸준히 팽창돼왔다. 남과 북이 지리적으로 분단되고 여기에 이념적 양극화가 겹쳐지면서 남한에는 좌파 세력이 발붙일 수 없게 되었다. 강력한 관료국가 체제는 허약한 대의제도를 기반으로 하고 있었고, 허약한 대의제도의 특징은 이념적으로 협애한 정당체제를 골간으로 하는 것이었다. 보수 양당 체제가 형성되고 이런 환경에서 야당은 권위주의 정부의 '충성스런 야당'일 뿐이었다. 국내 정치는 정치적 대안을 둘러싼 정당 간 경쟁이 아니라 북한과의 생사투쟁에서 유리한 입지를 만들기 위한 통합의 과정으로 축소되었다.

그리하여 권위주의 산업화가 한국의 민주주의에 미친 악영향은 다음과 같이 요약된다. 첫째, 재벌이 국가권력이 침투하기 어려운 독자적인 거대 조직으로 발전하면서 그 소유와 결정의 구조가 민주적 통제를 벗어나게 되었다. 둘째, 관료적 권위주의를 뿌리내리게 했다. 비대해진 관료조직은 때로는 거대한 이익집단으로 변모해서 시대적 개혁 요구에 저항하기도 한다. 이념적으로 이들은 대체로 경제성장과 능률을 최우선시하는 주류경제학의 신봉자들이며 노동보다는 자본의 편에 기울어져 있고 미국의 정책을 충실히 따르고 선호하는 미국예찬론자들이다. 셋째, 경영자와 보수적인 정치 엘리트들로 하여금 기업과 노동 간의 파트너십을 도외시하게 만들었다. 그동안 권위주의 정권 하에서 당연시돼 오던 노동통제가 관성적으로 지속되고 있어 노사관계의 발전을 저해하고 갈등을 증폭시킨다.

3) 마르크스주의와 권력자원론

마르크스주의자들은 대체로 복지국가 자체를 부정적으로 인식한다. 복지국가의 발달을 자본주의 본연의 모순이 폭발하지 않도록 회피·지연시키는 장치로, 그리고 자본주의의 합리화와 관료화의 한 형태(효율성, 질서, 예측가능성의 증가)로 보기 때문이다(오페, 1988; 미쉬라, 1996).

그래도 마르크스 자신은 자본주의 체제하에서의 개혁 가능성에 매우 회의적이기는 했지만, 노동자들의 집단행동을 통해 부분적으로 복지가 확립될 수도 있다고 인정했다.9) 오히려 1960~1970년대의 수정자본주의 국가를 분석한 그의 후예들(밀리반드, 풀란차스, 오코너 등)은 복지국가의 정치경제적 메커니즘이 기존의 질서를 재생산하기 위해 얼마나 더 정교하고 치밀해지는가를 역설함으로써, 복지국가는 결코 자본주의 사회의 구조적 변화를 나타내는 것이 아님을 강조하고 있다. 또한 자본주의 국가는 항상 개별 자본가들의 편만 드는 것이 아니라, 자본가 계급의 장기적인 이해관계를 옹호하기 위해서 때로는 자본가들의 직접적이고 단기적인 이해관계는 과감히 무시해버리는 상대적 자율성과 유연성을 가진다고 본다(미쉬라, 1996: 124). 하지만 설사 이들의 이론이 사실이라 해도, 역시 마르크스주의자인 오페(C. Offe)의 말처럼 "복지국가의 폐지는 불가능하며 자본주의는 복지국가 없이 존재할 수 없다(Offe, 1984; 김경필, 2012: 175에서 재인용)."

마르크스주의가 인정하지 않았던 개량적(혹은 개혁적) 사회주의 노선을 통해서 노동의 탈상품화가 어느 정도 가능함을 보여준 예가 북유럽의 사민주의 국가들이다. 이들 나라에서 노동자 계급은 혁명 대신 의회로 들어가서 좌파 정당의 장기 집권을 이루어냄으로써 사회연대의 정신이 가장 투철하게 구현된 복지체제를 수립했다. 이러한 북유럽의 성공적인 모델을 근거로 에스핑안데르센(Esping-Andersen) 등 권력자원론자들은 가장 강력한 복지국가는 노동자 계급이 조직화되어 정치적 영향력을 확대하고 합법적으로 정권을 장악할 때 수립된다고 주장한다.10) 즉, 조직화된

---

9) 그는 영국의 공장법이 통과된 과정을 분석하면서 자본가의 자유를 제한하는 이 사회입법이 자본주의 체제에 대한 수정의 한 예일 수 있으며, 노동자들의 단결된 행동이 거둔 첫 결실이라고 보았다. 미쉬라 (1996), 『복지국가의 사상과 이론』, 116쪽.
10) 에스핑안데르센은 사민주의 모델 뿐 아니라 그 유명한 세 가지 이념형의 복지체제론(사민주의, 보수주

노동자들의 힘이 클수록 복지국가의 제도화는 확고해지고 시장을 통한 분배의 원리가 약화된다는 것이다.

한편, 다원주의(pluralism)는 행위자들의 사회적 위치가 계급에 의해서만 결정되는 게 아니라 시간과 상황에 따라 서로 상이한 조직적 관계에 처하게 된다고 전제한다. 다원주의 이론가들에 따르면 사회정책이란 지배계급이나 몇몇 엘리트의 이익만을 배타적으로 보장하기 위한 것이 아니라 여러 집단 간의 민주적 타협의 결과이다. 사회정책은 집단들 간의 경쟁과 대립, 상호작용에 의해 결정되며 집단 간의 상대적 영향력의 차이는 사회정책의 변화를 가져온다.

이 두 이론 – 권력자원론과 다원주의론 – 의 차이는 노동계급의 주도성과 우월성을 인정하는가, 아니면 지배계급의 존재 자체를 부정하고 오로지 사회집단들 간의 횡적인 상호작용만을 동인으로 보는가 하는 것이다. 그런데 이러한 차이에도 불구하고 두 이론은 공통적으로 정당을 비롯한 여러 사회집단들이 자유롭게 경쟁하고 협상할 수 있는 합법적인 정치공간을 전제로 하고 있다. 노동계급을 비롯해서 사회집단들이 각자의 이익을 추구하기 위해 정치적 로비를 벌이고 권력에 접근하려 한다는 것은, 이념적 좌표가 어떠하든 간에 자신들의 정강정책을 공표하고 공개적으로 조직을 결성하며 대중을 향해서 지지를 호소할 수 있는 정치 활동의 자유가 전제되어 있음을 뜻한다. 따라서 두 이론의 두 번째 공통점은 복지정책에 관한 의사결정이 밑으로부터 위를 향해 이루어진다는 것이다. 대중들의 욕구와 소망이 그들의 이익을 대변하는 정당 혹은 사회조직들의 강령 속에 반영되고 선거제도를 통해 그것이 다시 국가의 정책적 목표로 설정됨으로써 대중들의 의사가 상향식으로 수렴될 수 있는 것이다.

1987년 민주화의 봄이 올 때까지 노동자들이 정치활동은 고사하고 노동조합의 결성조차 탄압 받았던 우리나라의 경우에, 적어도 현 시점 이전

의, 자유주의)을 제시했는데, 노동의 탈상품화와 계층화의 정도를 유형별로 비교했을 때 사민주의 모델이 가장 높은 수준의 사회적 보호와 서비스를 제공하고 시민권에 연계된 보편적 복지를 시행한다고 보았다.

의 역사에 대해서는 위의 이론을 대입하기가 불가능해 보인다. 1988년을 지나면서 전국의 노조 조직률은 겨우 10%대를 넘어서게 되었고 노동자 정당이 처음 의회에 진출하게 된 것도 그로부터 십 수 년이 지난 2004년이었다.

4) 신제도주의의 국가중심론

국가중심론은 산업화론이 제시하는 경제발전 정도나 권력자원론에서의 좌파 정당의 효과를 인정하면서도, 복지국가 발전의 편차를 설명하는 가장 주된 원인은 국가의 구조와 능력, 담당 관료들의 이해관계, 그리고 과거의 정책적 유산임을 강조한다. 관료들은 자신들의 이익을 위해서 국가기구를 팽창시키려 하고, 그렇게 하는 데 복지제도는 편리한 수단이 된다.

주로 신제도주의 유파들이 주장하는 이 같은 견해는 '국가의 공무원들은 사회정책의 입안에서 핵심적인 역할을 하고, 한 나라의 관료화 및 중앙집권화의 정도는 사회정책을 공식화하고 시행함에 있어서 그 국가의 역량을 결정하며, 국가의 조직화된 구조는 정당 활동과 일반적인 정치생활 방식에 간접적인 영향을 미친다'는 등의 기본가정 위에 서있다(메랭, 2000: 90).

그러나 이러한 접근은 국가와 시민사회를 뚜렷이 구분하는 입장이지만, 한편에는 국가 내부의 정책 수립과 시행 과정에 시민사회 집단들과 협력하는 영역이 존재한다고 주장하면서 국가의 개념을 분해해서 보는 견해도 있다. 일종의 공공정책 네트워크와 같은, 국가와 비국가 사이를 연결하는 영역이 있어서 공공정책의 모든 단계에서 중요한 역할을 한다고 보는 것이다(메랭, 2000: 101).

잠시, 우리나라에서는 복지의 제도화에 국가가 어떤 역할을 했는지 살펴보기로 하자. 한국의 자본주의 발전 과정에서, 특히 경제성장이 압축적으로 일어났던 개발독재시대에 국가는 매우 중심적인 역할을 담당했다. 산업화에 필요한 자본을 모으고 배분하는 일에서부터 저렴한 노동력을 동원하고 임금을 결정하는 일에 이르기까지 국가는 철저히 시장에 개입했고 경제발전을 주도했다. 이 시기의 한국 자본주의는 신자유주의로 표현되는 오늘날의 시장지상주의(市場至上主義) 체제와는 다른 것이었다. 국가는 자본과 노동이 자신의 이익을 관철시키기 위해 표방하는 행동양식을 강력하게 규제하고 변화시켰다. 따라서 그 무렵 싹을 틔우기 시작한 한국의 사회복지는 서구에서처럼 사회집단들의 정치적 세력화와 자유로운 협상 및 계약으로 형성된 것이 아니라, 권위주의 정권이 판단하는 국가의 역할에 근거해서 이루어졌다. 당시의 권위주의 정권은 산업화를 위해서 자본의 축적을 지원할 필요가 있었고, 이를 위해서는 저임금 구조로 희생되는 빈곤층을 최소한으로나마 받아내지 않으면 안 되었다. 또한 비민주적인 태생의 정권이 갖는 정당성의 한계를 전시적(展示的)인 프로그램을 통해 극복해야 할 필요성도 있었다. 일찍이 1960년대 초기에 공무원, 군인, 경찰과 사립학교 교원을 대상으로 한 연금제도가 실시된 것은 초기의 국가 형성 과정에서 이들로부터 충성심을 확보하려는 국가주의적 의도로 풀이된다. 이는 독일과 같은 보수주의 복지국가 유형에서 공무원 집단에게 상대적으로 높은 사회적 지위를 상징하는 특권적 복지 혜택을 부여했던 사실을 연상시킨다. 1973년의 국민복지연금법은 유신정권의 정당성 확보와 아울러, 연금 기금을 징수해서 중화학공업화를 위한 내자 동원에 활용하려는 목적을 가지고 있었다. 그러나 당시의 석유 위기에 따른 경제의 불안정 때문에 실시가 연기되었고, 이 실패에 대한 대체품으로 4년 후에 의료보험제도를 실시하게 된다. 의료보험제도는 기업 중심의 조합주의 원리에 의해서 재원은 피고용인과 고용인이 반씩 부담하고 국가는 행정비용만을 부담하면서 관리하는 형식으로 짜였는데, 이러한 조직원리는 국가의 재정 개입을 최소화하면서 제도를 즉각 시행할 수 있는, 기술관료적 행정편의주의가 반영된 것이었다(정무권, 2002: 41). 이렇듯 우리나라에 사회복지 제도가 도입되던 초기 과정은 국가가 판단하고 결정해서 내려 보내는 철저한 하향식의 경로를 밟았다.

5. 사회적경제 운동의 가능성과 한계

앞 장에서 살펴본 복지국가 이론들은 각기 나름의 설득력과 타당성을 갖지만 당연히 그 어느 것도 완전하지는 않다. 구체적으로 현실세계에 적용할 때 이론들마다 정합성의 한계와 많은 비판의 여지를 안고 있다. 그러나 우리의 관심은 이 이론들의 우수성을 저울질하는 것이 아니라 복지체계의 확장 내지 복지국가의 발달에 영향을 미치는 요인들이 무엇이며 그런 변인들과 함께, 사회적경제의 발전이라는 또 다른 변인이 과연 독립변수로 유의미한가를 판단하는 데 있다.

그래서 기존의 복지국가 이론들이 제시하는 변인들을 모아서 하나의 수식을 상정해보기로 한다.

$$Y = \beta_1 X_1 + \beta_2 X_2 + \beta_3 X_3 + \cdots \beta_{se} X_{se} \cdots + \alpha$$

여기서 Y는 복지국가의 발전 정도를 가리킨다. 메랭(Merrien)의 말을 변용하자면, 국가가 사회적 연대의 기능을 관철하고 있는 수준이라고 할 수 있다(메랭, 2000: 17). 그리고 각각의 독립변수 X는 복지국가 이론들이 복지체계 확장의 결정요인이라고 주장하는 요소들이다. 따라서 X_1은 사회권의 권리의식 수준, X_2는 산업화의 수준, X_3와 X_4는 노동자의 조직률과 좌파 정당 영향력의 크기, X_5는 관료화 및 중앙집권화의 정도라고 하자. 그리고 X_{se}는 우리의 관심사인 사회적경제의 크기 내지 발전 정도이다.

물론 이 글에서는 위 수식의 변수들을 조작적으로 정의하고 척도화해서 계량분석을 하겠다는 것이 아니다. 글의 논점을 명확히 하기 위해 수식으로 표현했을 뿐, 논의의 초점은 과연 사회적경제의 발전 정도(X_{se})가 국가의 제도화된 사회적 연대의 수준(Y)을 높이는 데 독립적인 영향을 미칠 것인가를 판단하는 데 있다. 다시 말해서, 다른 조건(다른 변인들)이 동일하다고 할 때, 사회적경제가 복지국가의 발전 정도에 긍정적으로 영향을 미치는지(즉, β_{se}가 유의한지), 혹은 사회적경제는 다른 변수들의 영향을 받는 종속적 지위를 가지는지 등을 따져보려는 것이다. 그리고 이러한 판단을 위한 근거 자료는 앞에서 서술한 유럽 및 우리나라의 역사적 경험과 그에 관련된 문헌자료들이다.

1) 사회적경제와 사회변혁

사회적경제의 대표적 유형인 협동조합은 그 운동의 태동기에는 새로운 사회의 건설을 지향했다. 비록 초기의 협동조합 실험들은 생활고에 시달리는 가난한 노동자들의 자구책과 같은 양상을 띠었지만, 그 운동을 이끌었던 선구자들의 궁극적 목표는 단순히 값싸고 좋은 물건을 공급하는 점포를 개설하는 데 머물러 있지 않았다.

로버트 오웬이 직접 공동체 마을(New Lanark)을 만들고, 영국 하원의 구빈법 조사위원회에 노동자들이 생산수단을 공유하는 협동마을의 건설을 제안했던 것도 이러한 공동체가 확산되면 정의로운 이상사회가 될 것이라고 믿었기 때문이다. 샤를 푸리에 역시 생산자협동조합이 확산되면 계급투쟁을 통하지 않고도 사회의 평화로운 개조가 가능하리라고 믿었다. '협동조합공화국'의 기치를 내걸었던 샤를 지드는 소비자협동조합을 시작으로 경제 영역 전체를 협동조합화 시킬 수 있다고 생각했으며 협동조합을 사회변혁과 사회통합의 핵심수단으로 여겼다. 베르냐니니 등의 이탈리아 사회주의자들은 협동조합이 혁명적이지는 않지만 점진적으로 자본주의를 변화시키는 길이라고 보았다.

> 협동조합으로 조직된 노동은 사회 전반에 걸친 경제의 독점에 맞서 사적 투기와의 전쟁을 선언한다. 그래서 임금노동자들의 급여조건을 다소 개선하는 일에 머무르지 않고 직접적인 행동을 실질적으로 벌여나간다(Vergnanini, 1907; 자마니·자마니(2012)에서 재인용).

물론 협동조합 운동이 어떤 과정과 경로를 통해서 자본주의 사회 전체를 변혁하고 개조시킬 수 있다는 것인지에 관해서는 위의 누구도 언급하지 않았다. 이제 막 자본주의에 대응하는 조직의 원리를 겨우 생각해냈던 당시의 그들에게 구체적인 방법론까지를 요구하는 것은 무리이리라!

어쨌든 이들의 전망과 기대가 실현될 수 있다고 가정한다면 두 가지의 전제가 충족되었어야 할 것이다. 먼저, 협동조합의 가장 큰 무기인 평등과 연대, 민주주의의 정신 및 운영원리가 변질되거나 훼손되지 않고 철저히 이행될 것, 그리고 다른 하나는 협동조합들이 자본주의 기업의 증가 속도보다 더 빠르게 확산되어 경제 영역 전체의 지배력을 가져야 한다는 것이다.

그러나 실제의 역사는 이 두 가지의 조건이 모두 어긋나는 방향으로 진행되었다. 언제부터인가 협동조합은 자본주의 시장에서의 경쟁이 불가피해지면서 본연의 원리가 약화되는 반면, 영리기업과 유사해지는 동형화(同形化) 현상이 일어나기 시작했다. '수단과 목표의 상관관계가 불확실할수록 어떤 조직이, 소위 성공적이라고 인식하는 다른 조직(=여기서는 영리를 추구하는 자본주의 기업)을 모방하는 경향이 강해지는' 현상이 나타난 것이다(DiMaggio & Powell, 1983: 154). 지속적으로 생존하고자 하는 욕구 때문에 협동조합들은 전투적이고 정치적인 비전을 상실해왔다(샤니알·라빌, 2008: 136). 예컨대, 독일 협동조합의 역사는 일부 협동조합들이 본래의 색깔을 잃고 시장의 일부로 통합되는 과정을 극명하게 보여준다.

> 이전에 가지고 있던 사회적, 도덕적 자원을 박탈당한 상황에서 생존한 대부분의 협동조합, 특히 주택부문의 협동조합들은 거대하고 관료적인 조직이 되었고 부패와 스캔들을 남겼다. …… 오늘날 협동조합은 사회적인 성격의 재화와 서비스를 생산하는 사회적 개혁의 담지자로서뿐만 아니라 새로운 기술과 문화의 개척자로서도 그 기능을 상실했다. …… 분명히 이러한 경향은 경제란 시장경제를 의미한다는 경제에 대한 독일의 현재적 개념을 강화시켜왔다(보데·에베르스, 2008: 158-9).

협동조합의 확산이 사회 전체의 개혁으로 이어지기 위해서 충족되었어야 할 첫 번째 조건, 즉, 협동조합이 사회적경제로서의 정신과 원칙을 철저히 견지한다는 조건은 이렇게 해서 무너졌다.

협동조합이 생존을 위해 시장에서의 경쟁력을 강화해야 하는 과제는 오늘날에도 여전히 중요하게 대두되고 있다. "1980년대 이후 세계화와 규제 완화, 정보통신기술의 현저한 발달 등 기술혁명에 따라 주식회사와의 경쟁이 격화되고, 시장 제도가 크게 발전하면서 협동조합의 장점이 상대적으로 약화되자 기존의 협동조합들은 생존을 위하여 대규모 합병을 추진하고 주식회사 방식의 자본조달 구조 및 지배구조 등을 추구하는 경향이 나타났다(장종익, 2012: 32-33)."

그렇다고 해서 오늘날의 협동조합들이 모두 위에서 말한 1970년대 독일의 일부 협동조합들처럼 사회적경제의 기본원칙을 저버리고 타락했다는 뜻은 결코 아니다. 다만, 시장에서의 경쟁은 협동조합의 역사에서 고금을 막론하고 피해갈 수 없는 문제임이 분명하고, 자칫 경제의 정치적 성격과 사회적 목적을 망각하는 순간, 사회의 개혁이라는 거시적 목표와도 영영 멀어질 수 있는 개연성이 항상 있음을 강조하는 것뿐이다.

협동조합이 사회적경제로서의 본성과 본분을 지키기 위해서는 어떻게 해야 할까? 이에 관해 협동조합운동의 선각자들은 역설적으로, 그것이 전통적인 협동조합의 원리를 교조적으로 지키는 것은 아니라고 입을 모은다. 시장에서의 생존이라는 문제를 가장 성공적으로 돌파한 사례로 일컬어지는 몬드라곤협동조합복합체의 경우, 산파 역할을 했던 돈호세마리아 신부는 유럽의 많은 협동조합들이 특히 자본 활용의 측면에서 교조주의(dogmatism)의 희생양이 되어 왔다고 말한다. 그러면서 '전통적인 협동조합 모형은 후기산업사회에서는 취약한 점이 있으며 현대 사회에서 기능하기 위해서는 현대적 기술이 필요한데 이를 위해서는 막대한 자본이 요청된다'고 주장했다(맥레오드, 2012: 134). 이 분야의 권위자인 파넬(Parnell) 역시 사회적경제 조직들의 변화 필요성을 역설하면서, "협동조합적 사업체들이 경제의 주변부가 아닌 데서 성공하려면 시장에 효과적으로 개입할 수 있는 능력이 있어야 한다. 세계화된 시장에서 어떤 영향력을 가지려면 반드시 필요한 규모의 경제를 이용하고 제공할 수 있어야 한다"11)고 말한다(파넬, 2012: 184).

「신자유주의의 대안으로서 사회적경제의 책임」이라는 글에서 저자인 골롭 등은 이렇게 결론짓고 있다: "소위 상업경제 내지 영리경제를 사회적경제와 도저히 결합될 수 없는 반대편의 극단으로 규정해서는 안 된다. 우리의 전략적 목표는 협동과 경쟁을 통합함으로써 경쟁력 있는 경제를 만드는 것이고, 그럼으로써 동시에 보다 나은 고용의 기회와 사회통합을 이루어낼 수 있는 경제성장을 달성하는 것이다(Golob et al., 2009: 637)." 이에 관해서는 사회적경제의 본질을 경시하는 위험한 발상이라거나 전혀 비현실적인 몽상가적 주장이라는 비판이 가능할 테지만, 사회적경제의 역할과 목표를 논하는 담론들 가운데는 이와 유사한 주장들이 많다.

그러나 여기서 중요한 것은 이러한 주장들의 타당성 여부가 아니라, 협동조합과 같은 사회적경제는 본성을 잃지 않으면서 시장에서 경쟁의 파고를 넘어야 하는 과제를 안고 있으며, 그것 자체가 (불가능하지는 않지만) 힘들고 지난한 과제라는 것이다. 사회적경제의 기본정신과 시장에서의 생존은 어느 하나도 포기할 수 없는 중요한 가치이고, 이러한 딜레마를 극복하기 위해서 이른바 창의적이고 혁신적인 노력이 요구되는 것일 게다.

이러한 사실은 앞에서 협동조합운동이 자본주의 사회 전체의 개혁에 성공하기 위해서 전제했던 두 번째 조건 - '협동조합들이 자본주의 기업의 증가 속도보다 더 빠르게 확산되어 지배력을 갖게 된다'는 조건의 달성을 어렵게 만든다.

자본주의와는 다른 원리에 의해서 움직이는 경제조직이 자본주의 기업과의 경쟁에서 승승장구하여 마침내 더 큰 지배력을 갖게 된다는 상상은

---

11) 파넬은 『협동조합, 그 아름다운 구상』(2012)에서 경제적 협동의 실천에 뿌리를 두고도 서로 다른 모습을 보이는 사업체들(enterprises) 모두를 일컬어 "co-operative and mutual enterprise(CME)"(번역서에는 '협동조합적 사업체'로 번역)라고 표현하고 있다.

좀처럼 실현되기 어려울 것이다. 적어도 (질량의 증가가 운동력의 증가를 가져온다고 보는) 뉴턴 물리학에 근거하고 있는 우리의 과학적 인식체계에서는 그러하다.

2) 사회적경제와 국가권력의 관계

유럽의 역사에서 사회적경제의 부침(浮沈)은 국가 내지 지역별로 큰 편차와 다양한 경로를 보이지만 일반적으로 말해서, 정치권력으로부터 매우 직접적이고 상당한 영향을 받아왔다. 국가권력이 협동조합이나 민간단체에 대해서 우호적인 정책과 제도를 실시한 경우 그런 조직들이 빠르게 확산·성장하고, 그 반대의 경우에는 운동 자체가 위축되거나 소멸해버린 예는 역사 속에 무수히 널려있다.

그리하여 사회적경제 부문과 국가 사이에는 때로는 긴장과 갈등이, 때로는 지나칠 정도의 보호와 지원이 교차했다. 그리고 양자 간에 어떤 관계가 성립하는가는 국가권력이 사회적경제의 어떤 특성과 역할을 눈여겨 보는가에 따라 달라진다.

예컨대, 1848년 프랑스의 2월 혁명 후에 들어선 임시정부는 노동자협동조합(노협)에 대한 전폭적인 지원을 의결했다. 노협의 설립자금을 대출해주는 제도를 만드는가 하면, 요새로 치면, 정부 관급공사의 우선계약권을 노협들에게 부여했다. 파격적인 지원책에 힘입어 순식간에 2백여 개로 늘어난 노동자협동조합은, 그러나 채 10년도 지나지 않아 모두 문을 닫고 10여 개만이 남게 되었다(버챌, 2003: 43; 2012: 277).[12]

한편, 20세기 초반 러시아의 국가 정책은 협동조합에 대한 온정적 보호주의였다. 이런 정책의 기조는 혁명 이전의 차르 정부부터 1920년대 소비에트 정부에 이르기까지 일관되게 유지되었다. 덕분에 협동조합의 수

---

[12] 20세기 전반에 활약했던 협동조합 연구가 페이(C.R. Fay)의 분석에 의하면 가장 결정적인 실패의 원인은 국가의 과도한 지원이었다.

는 비약적으로 증가했고 거래량도 폭발적으로 성장했다. 하지만 권위주의 권력이었던 차르 정부는 협동조합의 '순수한 경제활동'을 장려하는 대신 이념적 색채가 있는 '사회활동'을 봉쇄하고 억압했다. 그리고 러시아의 협동조합운동가들은 협동조합의 독자성을 선언하면서도 국고의 지원을 요청하는 이율배반적인 모습을 보였다. 결국 러시아 혁명 이후 협동조합의 허약한 실체가 드러나기 시작했다(김창진, 2008: 256-58). 프랑스 노협의 경우처럼 폭발적인 양적 증가가 질적 발전을 담보하지 못하는 사태가 벌어진 것이다.

오늘날 이탈리아, 스페인, 프랑스 등 노동자협동조합이 강세를 보이는 나라들에서 노협의 생존율이 높게 나타나는 데는 제도화된 법규의 지원이 결정적인 역할을 하고 있다. 우리나라에서도 사회적기업육성법에 의한 정부의 지원이 있고부터 사회적기업의 수가 빠르게 늘어났다.

이렇듯 사회적경제의 확산 및 발전이라는 과제는 국가권력의 우호적인 관심과 지원 없이는 생각할 수 없게 되었다. 그러나 이것은 다른 한편으로, 사회적경제가 국가권력과 우호적인 관계를 유지하기 위해서 정치 및 이념의 성격을 강하게 띠지 않아야 한다는 의미이기도 하다. 앞서 말한 러시아 차르 정부의 예에서 보듯이, 국가권력은 사회적경제를 순수한 경제조직 이상의 것으로 결코 인정하지 않으려는 경향이 있다. 우리나라에서 관련법들의 제정에 앞장섰던 정부 관료들의 생각 역시 한 치도 다르지 않다. 사회적경제가 정치와 이념의 문제를 건드리기 시작하는 순간, 국가권력과의 관계는 경직되고 갈등은 고조되게 되어 있다.

사회적경제가 자본주의 사회의 구조적 개혁에 중요한 교두보가 될 것이라는 기대는 비단 19세기 개량적 사회주의자들만의 생각은 아니었다. 유럽의 좌파 정당과 사회운동 세력들은 협동조합이나 공제조합 같은 대중조직을 결성하는 데 특히 적극적이었다. 이를테면 이탈리아 최초의 협동조합연합체인 '레가코프'(Lega Nazionale delle Cooperative: Legacoop)는 좌파 및 노조운동 세력이 중심이 된 연합체였다. 하지만 이처럼 이념적 지향을 분명히 하는 경제조직에서는 필연적으로 다른 정파들의 이탈이 나타나게 된다. '레가코프' 역시 공산당과의 파트너십에 불만을 가진 공화당 및 사민당 계열과, 가톨릭 계열의 협동조합들이 떨어져나가 각각 별도의 연합체를 결성하게 됨으로써 조직의 분리를 겪어야 했다13)(사회투자지원재단, 2012: 19). 사회운동가들은 사회적경제 조직이라는 대중적 기반이 지속적으로 확장되면서 그것을 타고 큰 변혁을 지향하는 가치관과 이념 또한 재생산되고 확산되기를 기대하지만, 현실세계에서 우리가 목도하게 되는 것은 그러한 확산이 이데올로기의 장벽 앞에서 일정한 한계에 도달한다는 것이다.

이처럼 사회적경제 운동은 종종 한 나라 안에서도 이념적 전통에 따라 진영을 달리하는 현상이 나타나기도 하지만, 결국 가장 높은 차원의 보편성을 획득하기 위해서는 이러한 이념적 가치를 스스로 벗어버리지 않을 수 없는 상황에 이르게 된다. 오늘날 유럽연합이 사회적경제의 활성화와 지원을 공식적인 정책으로 채택하고 있는 것을 보면, 사회적경제가 만에 하나, 자본주의 체제의 근간을 흔들 만큼의 큰 변화를 가져올 것으로 의심하거나 경계하는 국가(혹은 정권)는 없는 듯하다.

이제 사회적경제 운동은 정치 또는 이념의 차원에서 중립적이거나 무색무취한 존재로 인식되고 있다. 캐머런이 이끄는 영국 보수-자민당 연립정부의 '빅소사이어티(Big Society)' 프로젝트가 이를 극명하게 보여준다. 집권 직후에 발표된 이 프로젝트는 정부가 직접 나서서 공동체의 조직화(community organizing)를 지원하겠다고 천명하였다. 정부가 직접 5천여 명의 공동체 지도자를 양성하고 훈련시켜서 지역사회의 공동체가 확산되도록 촉진하겠다는 것이다. 뿐만 아니라, 협동조합, 사회적기업, 노동자소유기업 등 제3섹터 시장을 육성하고 공공영역의 서비스를 제3섹터 시장으로 넘기겠다는 계획도 발표했다. 당초 여기에 소요되는 재정은 휴

---

13) 1919년 가톨릭 운동 계열의 협동조합들이 결성한 연합체가 Concooperative(Confederazione Generale delle Cooperative Italiane)이고, 이후 공화당 및 사회민주당 계열의 협동조합들이 만든 연합체가 AGCI(Associazione Generale Cooperative Italiane)이다.

면예금을 기반으로 빅소사이어티 은행을 설립해서 충당하겠다고 했다(김홍수영, 2012). 한 마디로, 정부가 주도하는 사회적경제 운동인 셈이다. 야당 등은 재원과 자원봉사 인력의 확보 방안이 불투명하다고 지적하면서, 이는 결국 정부예산을 축소하고 정부사업을 민영화하려는 꼼수라고 비판하였다. 여기서 놀라운 것은 '과연 이것이 보수당 정권이 취할 정책인가?'라며 많은 이들이 혼란스러워할 정도로, 우파 정부가 사회적경제를 전면에 내걸었다는 사실이다. 캐머런으로서는 검은 고양이든 흰 고양이든 쥐(사회문제)만 잘 잡으면 된다고 생각했을지 모른다. 어쨌든 확실한 것은 더 이상 사회적경제가 좌파들의 전유물이 아니라는 것이다.

제5절에서 설정했던 복지국가의 발전 요인에 관한 수식으로 돌아가보자.

[복지국가의 발전 정도] = β_1[사회권의 의식수준]+β_2[산업화 수준]+β_3[노동자의 조직률]+β_4[좌파정당의 영향력]+β_5[관료화 및 중앙집권화의 정도]+β_{se}[사회적경제의 크기]……

종속변수인 '복지국가의 발전 정도'를 국가에 의해 제도화된 사회연대의 수준이자 탈시장화의 정도라고 한다면, 우리는 이제까지의 논의를 통해서 '사회적경제의 크기' 즉, 사회적경제의 확산이 복지국가의 발전에 직접적인 영향을 미친다는 증거를 발견하지 못했다. 이제까지의 역사적 경험으로 보건대 사회적경제는 국가권력의 성격을 바꾸거나 변화를 선도하기보다는 역으로, 국가권력에 의해서 성장이 촉진되거나 위축되었던 예가 대부분이기 때문이다.

사실 위의 수식에서 '사회적경제의 크기'를 제외한 나머지 변인들을 보면, X_2 즉, '산업화 수준' 이외의 변인들은 정치영역과 관련된 요인들이다. '사회권의 의식수준'이란 정치적 평등과 경제적 불평등 간의 모순을 인식하는 정도를 말하므로 결국 실질적 민주주의에 대한 대중들의 정치의식이라 할 수 있고, '관료화 및 중앙집권화의 정도'가 복지국가의 발전에 얼마나 긍정적인 영향을 미치는가 하는 문제 역시, 전문관료 집단과

정치권력 간의 상호작용에 의해서 결정될 것이므로 정치권력의 헤게모니와 밀접한 관련이 있다고 할 수 있다. 산업화라는 경제요인은 오늘날 경제성장이 더 이상 어떤 정책적 의도에 의해서도 좌우되지 않는다14)는 점을 상기할 때, 현 시점의 우리나라 복지 발전을 논하는 데 유의미한 고려 사항이라고 보기 어렵다.

그리하여 마침내 복지국가의 발전에 영향을 미치는 요인들은 한결같이 넓은 의미에서 정치의 범주에 속해 있음을 보게 된다. 이는 달리 말하면, 정치를 통과하지 않고 에둘러 가는 방식으로는 사회적 연대의 제도화 수준을 끌어올릴 수 없다는 뜻이기도 하다.

3) 사회적경제와 민주주의

그럼에도 불구하고 사회적경제 조직은 그 구성원들이 민주주의를 학습하고 실천하는 생활의 장(場)으로서의 구실을 한다. 이제껏 아주 작은 단위에서조차 자신의 의견을 표명하거나 민주적인 의사결정에 참여해보지 못했던 사람들이 사회적경제의 구성원이 됨으로써 자주적인 태도와 자치의 중요성을 서서히 체득해나갈 수 있다.

사실 오래 전부터 협동조합 등의 사회적경제 조직은 구성원들의 삶의 질 향상, 소유권 변화의 수단 제공, 공동선을 위한 이윤 창출 등과 함께, '민주주의 실천의 확대'를 협동경제의 목적이자 조직의 존재 이유로 삼아 왔다(장원석·이지은, 2009: 193; 파넬, 2012: 37). 특히 개발독재의 시대

---

14) 거리에 실업자가 넘쳐나던 1930년대 대공황의 시기에 케인즈(J.M. Keynes)의 경제학은 미국과 유럽을 구원했다. 뿐만 아니라 유럽에 복지국가가 건설되는 주춧돌의 역할도 톡톡히 했다. 하지만 오늘날의 경제학은 경제성장률을 단 1% 올리는 데도 기여하지 못한다. 정작 빈곤을 완화하는 데 도움이 되는 경제성장은 화려한 수리적 기법 위에 설계된 경제정책(경제학적 의도)에 의해 실현되는 게 아니라, 순전히 국내외의 경제 상황이 빚어내는 우연과 운(luck)에 좌우되고 있다. 각종 경제지표를 미리 예측하거나 목표를 설정하는 일은 사실 별 의미가 없어졌다. 과학적으로 도출된 예측이 빗나가는 것은 이제 예사로운 일이 되었고 '알 수 없는(unknown)' 변수의 세계는 자꾸 넓어지고 있으며, 정책적 의지를 성공적으로 실현시킬 수 있는 수단은 점차 고갈되고 있다. 정책의 과학이 통제할 수 없을 만큼 세계자본주의는 복잡해졌고 시장은 다원화되었다. 신명호. "왜 사회정책은 사회문제의 해결에 실패하는가?". 2012년 한국문화인류학회 가을학술대회(2012. 11.30~12.1) 발표 원고. 9쪽.

를 거치면서 권력의 중앙집권화와 경제의 중앙집중화에 익숙해져온 이 땅의 시민들로서는 자신들 삶의 공간 속에서 민주주의와 자주성을 실천하는 경험이 무엇보다 중요한 의미를 가진다고 할 수 있다.

그리하여 사회적경제의 담론에서는 사회적경제 조직이 민주적 운영의 원리를 기반으로 하고 구성원들이 평등과 연대의 가치관을 일상적으로 체험하고 실천하기 때문에, 궁극적으로는 "민주주의와 경제정의를 실현하는 밑으로부터의 민주복지 사회 건설운동의 역할을 한다"고 상정한다(곽창렬, 1994; 정은미, 2012에서 재인용). 뿐만 아니라, "신자유주의 세계화의 폐해에 맞서 다양한 문제를 해결하고 더 나아가 자본주의를 넘어서는 새로운 사회적 관계를 창출하고자 하는 운동으로 확장된다"고 주장한다(정은미, 2012: 330).

역시 여기에서도 우리는 초기 협동조합운동의 선구자들이 품었던 자본주의 사회에 대한 거대한 개혁의 꿈을 읽을 수 있다. 민주주의와 평등, 생명과 연대의 가치를 추구하는 필부필부(匹夫匹婦)들의 조직이 꾸준히 확산되어 마침내 이기적 소유와 경쟁의 가치체계가 약화되는 커다란 변화의 꿈 말이다.

그런데 이처럼 미시적 차원의 민주주의(즉, 생활영역에서의 인간관계에서 실현되는 민주주의)가 궁극적으로 거시적 민주주의 – 이를테면, 전체 사회의 구성원들이 사회연대의 정신에 입각한 공동체적 복지체제에 관해 사회적 합의를 이룬 상태 – 로 이어지기 위해서는 앞에서도 언급한 바와 같이, 사회적경제의 원리적 신념들이 망각되거나 박제화 되지 않고 실제로 사람들을 변화시키면서 확산되어 나간다는 조건이 충족되어야 하는 것이다.

6. 맺으면서

이제 우리는 사회적경제 운동의 가능성과 한계에 관해서 좀 더 솔직하고 분명하게 말할 필요가 있다. 특히 사회적경제 운동이 우리가 직면하고 있는 다양한 사회문제들을 어떻게, 얼마만큼 해결할 수 있을지, 그리고 그 운동이 탈시장화의 수준을 높임으로써 복지체계의 확장을 앞당길 수 있을 것인지에 관해서 정확히 따져보아야 한다.

유럽의회는 사회적경제 결의안을 통해서 사회적경제가 실업과 고용 불안, 사회적 배제를 시정하기 위한 대안이 될 수 있음을 언급한 바 있고, 우리나라 정부 역시 사회적기업육성법과 협동조합기본법 등의 제정을 통해 새로운 일자리 창출, 서비스산업의 활성화 및 사회서비스 확충 등의 효과를 기대하고 있다. 이러한 기대는 간혹 사회적경제야말로 시장과 국가의 실패를 넘어서 양극화와 고용의 불안정을 치유하고 사회통합을 이룩할 수 있는 새로운 대안이라는 식의 담론을 낳기도 한다.

과연 사회적경제의 확대는 실업과 빈곤의 문제를 실질적으로 해결할 수 있을까? 우리나라 노동자의 88%는 중소기업에서 일하고 있다. 그리고 생산성과 수익성의 측면에서 대기업 그룹과 중소기업 간의 양극화는 날로 심해지고 있으며, 산업 간의 연쇄효과 역시 하락하는 추세여서 이른바 '고용 없는 성장'이 나타나고 있다. 그나마 대기업과 거래하고 있는 중소기업들은 불공정 거래와 착취에 시달리고, 노동자들의 몫을 줄이기 위한 수단으로 비정규직화가 관행처럼 퍼져 있다. 이 같은 산업구조와 편파적인 정책의 문제가 소득과 일자리의 양극화를 심화시키는 주요한 원인 가운데 하나이다.

결국 이러한 문제는 국가가 어떤 계급(계층)의 편을 드느냐에 관한 문제이고, 앞에서의 표현을 다시 쓰자면, 거시적 민주주의에 관한 문제이다. 그리고 항상 대선 국면에서 볼 수 있듯이, 이 같은 불평등의 시정을 위한 민주화의 의제는 언제나 정치적 행위를 통해서 전진하기 마련이다. 복지체계를 확장하고 복지국가를 수립하는 일 역시, 사회연대의 정신에 공감하는 국민 대중들이 어떠한 새로운 합의점을 만들어내느냐의 문제이다. "이는 민주주의가 어떤 사회도 도달하지 못한 미래의 유토피아이기 때문이 아니라, 현재의 체제가 실패한 곳, 그 무능을 드러낸 곳에서 새롭게 정의"되는 것이기 때문이다(고병권, 2011: 95).

그렇다고 필자가 '모든 것은 정치의 문제'라는 식의 정치환원론을 주장하는 것은 아니다. 설사 정치가 중요하다 한들 정치의 진보, 정치의 발전이 우리 운동의 의도적인 노력으로 가능한 것이 아닐진대, 모든 문제의 해법을 정치로 귀결시키는 논리는 무의미하고 무책임하다. 오히려 정치환원론이 허무한 것처럼 사회적경제 환원론 역시 유익하지 않다는 얘기를 하고자 하는 것이다.

그런 점에서 우리는 사회적경제의 가치와 유의미성, 긍정적 효과를 논하는 많은 글들 속에서 간혹 한 귀퉁이에 작게 언급되고 있는 대목에 주목해볼 필요가 있다. 예컨대, '사회적경제 조직이 고용에 미치는 효과는 간접적인 것이며 일자리 창출을 위한 보편적 정책수단은 아니'라거나(Westlund, 2003: 180), '사회적경제가 많은 잠재력을 갖고 있지만 그것의 임무가 실업이나 그 밖의 시장경제의 실패로 인한 문제들을 해결하는 것은 아니다'(Laville, 2003: 389)라는 등의 주장이다. 파넬은 가난의 원인들을 다양하게 제시하면서 사회적경제의 가능성에 관해 다음과 같이 기술하고 있다.

> 협동조합과 상조조합들이 직접 가난의 이러한 원인들을 없앨 수 있는 가능성은 매우 드물지만, 일단 조직을 만들면 조합원들에게 가난을 완화시켜주고 때가 되면 가난에서 빠져나올 수 있는 길을 제공해줄 수 있는 가능성은 많다(파넬, 2012: 40-41).

사회적경제 조직은 사회문제의 원인을 근원적으로 없애거나 줄이는 데 기여하는 것이 아니라, 사회문제의 희생자들이 자조와 자립의 기회를 통해서 문제를 완화할 수 있는 가능성을 높여준다는 데 의의가 있다. 그리고 이러한 가능성이 실현되려면 당사자들의 조직적인 노력이 불리한 조건과 위기를 이겨내고 지속가능성을 확보하는 단계에 이르러야 한다. 다시 말해서, 조직이 지속가능할 정도의 생존력을 확보하는 경우에 한해서 참여자들의 문제 해결 내지 완화를 기대할 수 있다는 뜻이다. 애초에 지역을 기반으로 하고 또 철저히 지역에 뿌리내려야 성공할 수 있는 사회적경제 조직의 성과가 마침내 국가를 단위로 한 사회 전체의 탈시장화, 민주화로 연결될 수 있다고 보는 거대담론에는 분명 논리의 비약이 있다.

하지만 그럼에도 불구하고, 필자는 그것이 과학적 예측이 아니라 우리 운동의 철학적 신념과 목표의 표현이라면 그것에 기꺼이 찬동한다. 사회운동에서 이론적 담론은 때로 우리의 나아갈 방향을 일러주고 앞으로 전진할 수 있는 힘과 용기를 주기 때문이다. 그런 점에서 사회적경제 운동이 '신자유주의에 맞서 자본주의를 넘어서는 새로운 사회적 관계를 창출하는 운동으로 확장될 수 있다'는 전망은 나름대로 소중하다.

그렇다면 현재 우리에게 필요한 것은 우리의 사회적경제 운동이 그런 목표를 향해서 나아가고 있는지에 관한 성찰이다. '생각하고 행동하는 조합원들이 확산됨으로써 마침내 민주주의와 경제정의가 실현될 수 있다'고 믿는다면, 조합원들을 그렇게 만드는 교육과 생활모임은 그런 목표를 향한 출발이자 요체이다. 만약 교육과 모임을 소홀히 하고 점포 거래의 비중을 높여가며 오로지 매출 규모와 조합원의 증가에만 골몰하면서 새로운 사회와 가치를 거론한다면, 그것은 자기 조직을 치장하기 위한 화장술이거나 허장성세일 뿐이다. 협동조합이 성장함으로써 조합원의 의식이 발전하는 것이 아니라, "더 많은 시민 소비자(citizen-consumer)들이 주권자가 되고 자신의 사회적 책임을 보다 의식하게 될수록 협동조합이 성장할 수 있는 여지가 커진다"(자마니·자마니, 2012: 181)는 말을 깊이 새겨보아야 한다. 비록 멀지만 간절히 닿고자 하는 목적지가 있다면 거기에 도달하기 위한 합당한 실천이 바로 지금 여기에서 이루어져야 한다.

이 글은 몇 가지 한계를 갖고 있다. 우선, 사회적경제를 주제로 삼았지만 주로 협동조합을 중심으로 논의가 전개되었다. 또 사회적경제의 가능성과 한계가 균형을 이루기보다는 후자를 더 강조하는 듯이 기술되었다. 이에 관해서는 변명을 덧붙이면서 글을 맺고자 한다.

우리나라의 현대사에는 평등과 연대를 실현하기 위한 밑으로부터의 정치적 논의 과정이 한 번도 없었다. 그러한 논의의 장이 되었어야 할 정치의 스펙트럼 반쪽이 아예 싹을 틔우지 못했다. 그 결과, 우리는 복지국가라는 것을 경험해보지 못한 채, 서구 복지국가들의 퇴조기에 발생하는 사회문제와 그 해법으로서의 사회적경제를 고스란히 물려받았다. 그렇게 수입된 사회적경제는 처음부터 법과 제도의 뒷받침을 받으면서, 마치 생략된 역사 과정을 일거에 대체할 수 있는 기술이나 프로그램처럼 선전되고 있다.

하지만 사회적경제는 매뉴얼에 의해서 똑같은 성과가 복제될 수 있는 프로그램이 아니다. 그것을 하는 사람에 의해서 저마다 다른 결과가 창조되는 과정이며 열정과 신념으로 추동되어야 하는 운동이다. 또한 복지국가로 가는 길은 우리만의 새로운 험로(險路)를 개척할지언정, 민초들의 참여 자체가 생략된 채 국가가 하향식으로 내려 보낸 제도에 의해서 열리는 것은 결코 아닐 것이다. 이 점을 분명히 인식함에 있어 지나치게 과장된 사회적경제 환원론은 오히려 해로울 수 있다.

참고문헌

고병권(2011), 『민주주의란 무엇인가』, 그린비
김경필(2012), "오페의 복지국가 이론과 복지국가 성격 논쟁", 『경제와 사회』 93호, 비판사회학회.
김창진(2008), 『사회주의와 협동조합운동: 혁명 전후 러시아의 국가와 협동조합, 1905-1930』, 한울.
김홍수영(2012), "영국의 거대한 기획, Big Society", http://cafe419.daum.net/_c21_/bbs_search_read?grpid=10inh&fldid=RQvw&contentval=0000vzzzzzzzzzzzzzzzzzzzzzz&nenc=&fenc=&q=%C3%EB%C1%F6&nil_profile=cafetop&nil_menu=sch_updw
맥레오드, 그레그(2012), 『협동조합으로 지역개발하라─몬드라곤을 보는 또 다른 시각』, 한국협동조합연구소.
메랭, 프랑수아-자비에(2000), 『복지국가』, 한길사.
미쉬라, 라메쉬(1996), 『복지국가의 사상과 이론』, 한울.
버챌, 존스턴(2003), 『21세기의 대안, 협동조합운동』, 들녘.
_____(2012), 『사람 중심 비즈니스, 협동조합』, 한울.
보데·에베르스(2008), "제도적인 고착화에서 기업가적인 유동성으로?: 독일의 제3섹터와 현황", 에베르스·라빌 편, 『세계화 시대의 새로운 복지─사회적경제와 제3섹터』(*The Third Sector in Europe*), 제5장, 나눔의집.
보르자가, 카를로(2008), "질식에서 재등장으로: 이탈리아 제3섹터의 발전", 에베르스·라빌 편(2008), 제2장.
사회투자지원재단(2012), 『자활사업 협동조합 모형 개발 및 발전방안 연구』, 중앙자활센터.
샤니알·라빌(2008), "프랑스 시민사회의 경험: 정치, 경제적 차원 간의 간극을 잇기 위한 시도", 에베르스·라빌 편(2008), 제4장.
서영표(2013), "인식되지 않은 조건, 의도하지 않은 결과: 노골적인 계급사회의 탈계급 정치", 『진보평론』 58호.
신명호(2009), "한국의 사회적경제 개념 정립을 위한 시론", 『동향과 전망』 75호.
신정완(2004), "스웨덴 사회민주주의 운동의 경험이 한국 사회민주주의 운동에 주는 함의", 『스칸디나비아연구』 5호, 한국스칸디나비아학회.
엄형식(2007), "사회적경제의 이해", http://blog.naver.com/saveoursea/10041320562
에베르스·라빌(2008), "유럽의 제3섹터에 대한 개념 정의", 에베르스·라빌 편(2008), 제1장.
오페, 클라우스(1988), 『국가이론과 위기분석』, 전예원.
자마니, 스테파노·자마니, 베라(2012), 『협동조합으로 기업하라』, 북돋음.
장원석·이지은(2009), "소비자생활협동조합의 성과와 과제", 『한국협동조합연구』 27집 1호, 한국협동조합학회.

장종익(2012), "협동조합과 협동조합운동", 『사회적경제리뷰』 창간호(2012. 4), 한국사회적경제연구회.

정무권(2002), "'국민의 정부'의 사회정책―신자유주의 확대? 사회통합으로의 전환?", 김연명 편, 『한국 복지국가 성격논쟁Ⅰ』, 인간과복지.

정은미(2012), "1980년대 이후 생협운동의 다양한 흐름과 갈래", 김형미 외 편, 『한국 생활협동조합운동의 기원과 전개』, 푸른나무.

테일러, 메릴린(2008), "영국의 복지혼합", 에베르스·라빌 편(2008), 제6장.

파넬, 에드가(2012), 『협동조합, 그 아름다운 구상』, 그물코.

페스토프, 빅토르(2008), "스웨덴 사회적경제의 발전과 미래", 에베르스·라빌 편(2008), 제3장.

Amin, A., Cameron, A. & Hudson, R.(2002), *Placing the Social Economy*, London: Routledge.

Benkemoune, Rabah(2009), "Charles Dunoyer and the Emergence of the Idea of an Economic Cycle", *History of Political Economy* 41(2).

DiMaggio, P. & Powell, W.(1983), "The Iron Cage Revisited: Institutional Isomorphism and Collective Rationality in Organizational Fields". *American Sociological Review* 48(2).

Golob, U., Podnar, K. & Lah, M.(2009), "Social Economy and Social Responsibility: Alternatives to Global Anarchy of Neoliberalism", *International Journal of Social Economics* 36(5).

Laville, Jean-Louis(2003), "A New European Socioeconomic Perspective", *Review of Social Economy* LXI(3).

Westlund, Hans(2003), "Social Economy and Employment―the Case of Sweden", *Review of Social Economy* LXI(2).

Social Economy Europe, http://www.socialeconomy.eu.org/

제2장
사회적 경영의 이해

이견직(한림대 경영대 의료경영전공 교수)

1. 들어가면서

프랑스의 석학 기 소르망(Guy Sorman) 파리정치학교 교수의 한국 사회에 대한 진단에 관심이 쏠리고 있다. 그 내용을 들어보자.

> 한국은 경제성장기에 모두가 부의 축적에 몰입하는 가운데 '인정사정없는(brutal)' 나라가 됐습니다. 사회가 분열됐고 사회적 연대(solidarity)가 없습니다. 아무도 소외계층을 진정으로 걱정하지 않습니다. 한국은 이제 박애로 사회적 연대를 복원하고 사회 문제를 해결해야 할 단계에 돌입했습니다.

매우 시의적절하고 의미심장한 지적이다. 소르망 교수는 최근의 저서 『세상을 바꾸는 착한 돈』(*Le coeur americain*)에서 사회의 3대 기둥으로 정부, 시장과 함께 박애(philanthropy)를 기반으로 하는 민간의 역할을 강조하였다. 정부와 시장은 각각 권위와 이윤의 영역을 담당하지만 우리의 삶을 형성하는 데 필요할 뿐 충분하지 않으며 그 충분조건으로 선의(goodwill)에 바탕을 둔 박애 부문의 발달이 절실해지고 있음을 지적하였다.

　오늘날 우리 사회는 상대적으로 정부와 기업 영역은 발달하였으나 정부는 개인을 신뢰하지 않으며 기업은 박애를 홍보전략 차원에서만 접근하고 있다. 이보다 더 근본적인 문제는 이 둘이 담당하는 영역은 구분될 수밖에 없으며 상호 관계 또한 대립할 수밖에 없음에 기본적 인식을 같이 하고 있다는 것이다. 한 예를 들어보자. 소비자의 욕구를 파악하고 이를 충족시킴에 정부가 기업보다 더 잘 할 수 있을까? 의문이 들에도 불구하고 사회보장이라는 미명하에 정부는 기업에게 징수한 세금을 통해 복지가 필요한 국민들에게 복지서비스를 제공하고 있다. 또 기업은 엄연히 사회의 일원임에도 불구하고 자신의 이익 극대화를 위해서 환경파괴, 노조복지, 지역사회 현안 등에 대해 등을 돌리기를 서슴지 않는다. 원가 절감을 이유로 생산시설의 해외 이전은 지역기반을 송두리째 흔들어 버리기도 한다.

　분명 정부와 기업은 사회라는 울타리 안에서 서로 이어져 있음에도 불구하고 서로가 이 관계를 인정하지 않는다. 인정한다 하더라도 대립관계 일변도이다. 정부는 자신이 모든 것을 할 수 있다는 식으로 너무 오만하며 기업은 이익창출만이 자신의 역할이라는 식으로 너무 이기적이다.

　한편 필자는 이와 관련된 강연의 기회가 있을 때마다 다음과 같은 물음을 던지곤 한다.

> 여러분은 오늘날 여러분의 성공에서 사회가 기여한 부분이 몇 %쯤 된다고 생각하십니까?

　자주 경험하는 현상인데 이 질문에서 자신의 의견을 개진하는 청중은 거의 없다. 하여 상상력을 돋워 본다.

> 잘 모르시겠다면 이제 여러분이 아프리카에 있다고 상상해 보십시오. 한 5년 정도 있었다고 합시다. 그랬을 때 과연 여러분은 지금과 같은 영양상태, 문화수준, 의식

수준을 가질 수 있을까요? 어쩌면 여러분 또한 파리가 얼굴에 알을 낳아도 이를 쫓을 힘이 없는 상황에 빠져 있지는 않을까요?

이상과 같은 조금의 설명이 추가되고 난 후 청중들의 반응이 빠르게 전달되어 온다. 사회의 기여분이 대략 70~80%는 상회하는 수준에서 말이다. 더 재미있는 현상은 그 비중이 생각보다 커서 다들 내심 놀라는 것 같고 조금 전까지만 해도 인식하지 못했었는데 인식하고 난 후 너무 쉽게 인정하게 된다는 점에서 또 놀라는 것 같다.
이때쯤 사설을 좀 더 붙인다.

아마 어떤 분은 사회가 나에게만 그런 영향을 미쳤느냐고 반문하실 것입니다. 맞습니다. 이 현상을 바라보는 시각은 크게 두 가지로 구분됩니다. 그 하나는 내가 잘났기 때문이라는 시각이며 나머지 하나는 운이 좋았기 때문이라는 시각입니다. 아마 둘 다 맞을 것입니다. 그럼 어떻게 삶을 살 것인가와 연계해 생각해 보시지요. 자신이 잘났다고 여전히 자신을 위해 사시겠습니까? 아니면 그 운을 받지 못한 다른 사람과 사회에게 돌려주는 삶을 사시겠습니까? 여러분의 성숙과 세상을 바라보는 안목으로 후회 없게 삶의 경로를 선택해 보십시오. …

소르망 교수의 이야기를 좀 더 해 보자. 소르망 교수는 박애의 필요성에 대해 다음과 같이 설명한다.

박애의 좋은 점은 완벽하게 개인의 선택을 기초로 한다는 것입니다. 누구도 간섭하지 않습니다. 예컨대 야생 거위를 보호하는 활동을 하고 싶다면 그냥 하면 됩니다. 또 정부와 기업과 달리 반드시 성공해야 할 의무가 없습니다. 실패해도 괜찮습니다. 이 특성들로 인해 박애는 사회 시스템을 변화시킬 수 있습니다. 오늘날 사회는 누구도 해결책을 제시하지 못하는 수많은 문제에 직면해 있습니다. 시행착오를 거듭하며 새로운 것을 시도할 수 있는 것은 박애 부문의 비정부기구(NGO) 단체들뿐입니다. 복지국가가 파산한 지금, 박애를 재발견하고 복원해야 합니다.

이는 *Trust*(1995)를 저술한 스탠포드대 정치학과의 프란시스 후쿠야마

(Francis Hukuyama) 교수의 사회적자본에 대한 강조와 그 맥을 같이 한다. 사회적자본(social capital)이란 사람들이 협력해 같이 일을 할 수 있도록 도와주는 능력으로 신뢰나 상호주의, 책임감처럼 사회적 협력을 도모하는 비공식적 가치를 기반으로 한다.

애덤 스미스 등 고전 경제학자들은 각 개인이 사적 합리성을 최대한 추구하는 과정에서 보이지 않는 손의 조정에 의해서 사회가 발전한다고 상정하였다. 그러나 후쿠야마 교수는 이들이 간과하고 있었던 도덕, 협동심, 사회관습 등과 관련된 사회적자본의 가치를 조명하면서 합리적이고 이기적인 개인이 항상 경제적 효율을 극대화할 수 있는 것은 아니며 그렇지 않은 상황도 있을 수 있음을 지적하였다.

대체로 불신이 만연할수록 사회적 거래 비용은 증대하고 공동의 이익을 실현할 기회는 줄어듦에 근거해 사회 구성원 간의 신뢰를 바탕으로 한 상호 협력하는 공동체의 미덕이 경제 발전을 좌우하는 핵심 요소라고 보았다. 이처럼 한 사회의 신뢰 수준이 국가의 복지와 경쟁력을 결정한다고 강조하면서 사회의 신뢰에 따라 번영의 정도는 얼마든지 달라질 수 있다고 보았다. 타인을 믿을 수 있는 상호호혜적인 사회 형성이 경제적 번영을 도모할 수 있다는 것이 그의 핵심이다.

이렇게 신뢰를 근간으로 한 자발적 사회성이 자유민주주의 시장경제체제를 살린다는 후쿠야마 교수의 신뢰는 소르망 교수의 박애와 함께 많은 것을 시사하고 있다.

이제 한국 사회를 좀 더 살펴보고자 한다. 오늘날 한국 사회를 경제적 측면에서 볼 때 다음과 같은 내외적 영향을 받고 있다. 먼저 내적으로는 1960년대 이후 추진되어 온 압축성장에 따른 후유증을 앓고 있으며 외적으로는 무한 경쟁을 바탕으로 한 시장 자본주의의 병폐에 노출되어 있다. 그렇다면 그 후유증과 병폐가 발생한 근본 원인은 무엇일까?

원래 경제 또한 사회와 이어져 있으며 한국 사회 또한 세계와 연결되어 있다. 이것이 실제 존재하는 모습이다. 그런데 압축성장은 대대로 이어져 온 더불어 살아온 공동체를 근간으로 한 삶의 양태를 끊어 버렸으며 시장

자본주의는 시장과 사회, 기업과 환경, 종업원과 기업가, 또 종업원 간의 관계를 끊어 버렸다. 오직 자본의 논리로 생산성 향상만을 목적으로 원래 하나였던 시스템을 철저히 분리, 개별화시켰으며 또 무한히 대립, 경쟁화 시켰다. 개별적 최선의 합이 전체의 최선이 된다는 이른바 환원주의라는 사상을 바탕으로 깔고 있다.

과학이라는 이름으로 접근한, 본질에 대한 분석과 예측은 놀랄만한 물질문명의 성과로 이어져 인간을 자원으로 인식함에 주저함이 없게 되었다. 그렇게 환원주의는 이념이 되어 의심 없이 받아들여지면서 현대인의 삶의 거의 전부를 지배하게 되었다.

그러나 문제는 자연현상에 대한 본질 및 요소에 대한 철저한 해부는 그 어떤 누군가의 완벽한 튜닝에 의해 원래모습으로 되돌려지고 있으나 사회과학에 대한 해부와 복원은 불완전하게 진행되어 해부의 이점은 상실한 체 미완성된 복원체가 사회를 불행하게 하기 시작하였음에 있다. 본능인 이어짐 속에 존재해야 하는 개인과 개인들이 이어짐을 상실한 체 고립되어 인간성을 상실하고 사회적 연대를 잃어버리면서 사회와 남을 잃고 또 나를 잃어가고 있다.

실상이 이렇다면 이제 해부를 통한 복원의 한계를 인식해야 할 시점에 와 있다. 해부이후의 복원이 그 원래의 모습이 아니라면 이제는 그 원래의 모습을 살리기 위해 어설픈 해부를 그만두어야 한다.

본고에서 필자는 오늘날의 사회적경제를 사회 속에서 끊어진 경제를 다시 원래의 모습대로 사회에 이어붙이기로 돌아가자는 움직임으로 이해하고자 한다. 사회라는 시스템 속에 존재하는 요소로서의 경제와 또 사회와 끊임없이 소통하는 관계로서의 경제로 사회적경제를 바라보아야 함에 대해 논의하고자 한다. 이를 위해 시스템에 대한 이해와 시스템 사고의 필요성을 사회적 딜레마와 함께 이야기하고자 한다. 이와 함께 경영학적 관점에서 이를 실천하기 위한 방안에 대해 미션과 성과라는 두 가지 키워드를 중심으로 서술해 보고자 하며 이를 담는 그릇의 이름을 기업경영과 차별화된 '사회적 경영(social business)'이라 명명해 보고자 한다. 이를 통해 '더 좋은 사회'를 위해 경영 또는 경영학이 어떻게 활용되어질 수 있는지에 대한 탐색의 여정을 시작해 보려 한다.

2. 시스템 사고로 바라본 사회적경제의 의의

자연이 만든 시스템에는 딜레마가 존재하지 않는다. 심장과 허파가 다투지 않으며 오직 인체가 잘 움직이도록 유기적으로 긴밀히 협력하고 있다. 그래서 '스스로가 그러하다'고 한다. 그러나 인간이 만든 시스템, 즉, 국가, 사회, 조직 등은 그 하위 시스템이 끊임없이 다툰다. 자연만큼 스스로 조절하는 기능이 없기 때문이다. 그리하여 스스로 조절하는 기능 또한 인위적으로 만들어야 했는데 국가, 시장, 경영, 종교 등이 그것들이다.

그런데 문제는 이들 또한 잘 작동하지 않는다는 것이다. 정부의 실패, 시장의 실패, 경영의 실패 등이 그것이다. 이러한 실패가 일어나는 이유는 본질적으로 완벽한 조절기능이 불가능한 것도 있지만 이와 함께 이러한 인위적 시스템들이 너무 커져 버린 이유에서도 찾을 수 있다. 이를 두고 Sargut and McGrath(2011)는 시스템이 혼잡(complicated)을 넘어 복잡(complex)해졌다고 한다. 혼잡이란 시스템 내에서 출발 조건을 명확하게 이해하면 그 결과를 정확하게 예측할 수 있는 상태를 말한다. 이는 마치 항공기의 운행은 혼잡하지만 예측 가능한 단계를 통해 놀라울 정도의 안전성을 갖고 있는 것과 같다 할 수 있다. 이에 반해 복잡이란 출발조건이 동일하더라도 요소간 상호작용에 따라 전혀 다른 결과가 나타나는 상황을 말한다. 이러한 경우 하나의 힘에 의해 통제될 범주를 벗어나게 되어 앞에서 지적한 것과 같은 각종 실패가 발생하게 된다.

그렇다면 이와 같은 각종 실패에서 벗어날 수 있는 길은 무엇인가? 있다면 개개인이 서로에 대한 신뢰에 기초한 자발적 협력에서 그 답을 찾고자 한다.

이제 중요한 질문을 던져본다. 경쟁이 아닌 협력을 통해 사회적 가치뿐 아니라 경제적 가치도 더 크게 창출할 수 있을 것인가? 그럴 수 있다면 왜 이기심에 기초한 극심한 경쟁을 끊임없이 부추기는 것일까? 즉 자신만의 이익을 위해 최선을 다하는 인간을 합리적이라 하고 이를 본성이라 하면서 효율이 지고한 가치이며 이는 경쟁을 통해서만 이룩할 수 있다고 몰아가는 이유는 무엇일까? 더구나 신뢰를 바탕으로 한 협력에 비해 경제적 성과도 크지 않고 또 삶의 질도 떨어질 뿐 아니라 무엇보다 본성에 반하기까지 하면서 말이다.

  300년 전 애담 스미스(Adam Smith)로부터 만들어져 온 주류 경제학에서 시장은 만능이다. 시장은 '보이지 않는 손'에 의해 스스로 알아서 개인의 이익과 사회적 이익을 자연스럽게 일치시킨다고 가르친다. 전제로 기업의 유일한 목표를 이익 극대화에 정조준해 사회와의 이어져 있음을 애써 무시한다. 다음으로 분업과 전문화를 자연스럽게 등장시켜 경쟁의 단위를 낮은 수준에서 명료하게 만들어 생산성 향상과 대량생산체계의 토대를 구축하였다. 이 과정에서 원래 하나의 일이 조각조각 끊어지게 된다.

  이는 100년 전 테일러(F. Taylor)로부터 시작된 오늘날 미국식 경영학으로 그대로 이어져 오게 된다. 이 과정에서 인간은 기계의 부품과 같이 철저히 분석되고 측정되고 관리되는 과학적 관리의 대상이 되었다. 이를 통해 경영의 역할을 일에서 얻는 성취감을 자아실현의 기회로 연결지어 주는 것보다 끊임없이 제고해야 할 효율성을 얻는 도구로 전락시키는 우를 범하게 하였다. 그 대표적인 모습이 '업무'라는 용어 속에 살아있다. 업무는 '업'과 '무'로 이루어짐을 뜻하는데 여기서 '업'은 원래 하나의 일을 의미하는 것으로 일의 전체를 말함에 반해 '무'는 '업'을 쪼개 놓은 것을 말한다. 원래 하나의 일을 쪼개 그 하나하나를 개인에게 부여한 다음 이를 철저히 숙련시켜 전문가를 만들어 낸다. 이렇게 될 경우 '무'를 담당하고 있는 개인은 '업'과 멀어져 그 누구도 '업'에 대해 신경 쓰지 않는다. 문제는 수요자인 고객이 원하는 것은 부분인 '무'가 아니라 전체인 '업'에 있다는 것이다. 즉, '무'가 아닌 '업'을 수요한다는 것이다. 이를 통해 자연스럽게 고객은 공급자의 일하는 행태와 멀어지게 되었다. 오늘날 강조되고 있는 프로세스 중심조직은 '무'를 다시 '업'으로 이어 붙여 그 끝단에 있는 고객의 욕구가 단절됨을 막아보고자 하는 시도라 할 수 있다.

전체를 나누어 각 부분의 메커니즘을 밝혀내면 전체를 이해할 수 있다고 믿는 패러다임을 환원주의(reductionism)라 한다. 이는 부분을 모두 합하면 전체가 되고 전체는 다시 부분으로 '환원'될 수 있다는 견해이다. 우리의 교육 또한 이 관점에 입각하고 있어 너무나 익숙하게 쉽게 받아들여지고 있다. 그러나 '코끼리를 반으로 나누면 작은 두 마리의 코끼리가 되지 않는다'라는 상식에 비추어 볼 때 그 불완전성 또한 작지 않음을 쉽게 알 수 있다. 환원주의는 전체를 보지 못하는 오류에 빠지게 할 뿐 아니라 전체는 부분들의 합보다 '더 크다'는 부분들 간의 상호작용을 무시한다. 전통적인 주류 경제학과 과학적 관리론에 입각한 현대 미국식 경영학은 환원주의적 접근의 대표적인 예들이다.

환원주의의 반대는 전일주의(holism)다. 이는 사물과 현상을 구성요소의 합계가 아니라 하나의 통합된 전체로 이해해야 한다는 관점으로, 시스템 사고가 이에 입각하고 있다.

시스템 사고(systems thinking)는 전체를 관망하겠다는 사고에 기초해 지난 50년간 개발되어 온 지식과 도구이자 개념적 틀이다. '전체를 보기' 위해 다시 분리된 조각들을 모으고 재조립하고 조직화하는 사고로서 단선적이고 단편적인 문제 인식에서 벗어나 전체적인 관계를 파악할 수 있도록 인과관계들 간의 고리를 연결하여 파악하는 방법을 제시한다.

시스템 사고를 이해하기 위해서 먼저 시스템을 이해할 필요가 있다. 시스템은 크게 요소와 관계로 구성되어 있다. 요소는 눈에 보여 쉽게 파악할 수 있으나 관계는 그렇지 못하다. 그래서 관계에 대한 이해가 매우 중요하다. 관계는 상관관계와 인과관계가 그 대표적이다. 현대 분석론들의 대부분이 이에 입각하고 있다.

그러나 현실은 대부분이 인과관계를 형성하고 있으며 무엇보다 중요한 것은 그들의 관계는 일방이 아니라 쌍방이라는 것이다. 이 특성을 반영하고 있는 것이 환류 곧 피드백(feedback)이다. 피드백을 고려하겠다는 것이 시스템 사고의 핵심이다. 이 피드백으로 인해 시스템은 순환을 하게 되고 다이나믹스를 갖게 된다. 이는 예상치 못한 방향과 결과의 근본 원인으로 마치 시스템이 살아서 움직이는 생명체와 같은 모습을 갖게 하는 이유이기도 하다.

따라서 시스템 사고가 필요한 이유는 바로 이 다이나믹스를 어떻게 이해할 것인가에 대한 사고이기도 하다. 우리의 사고가 요소에만 집착한다든지 또 요소와 관계를 보고자 하여도 이들의 상관성이나 일방향 인과성만을 기초해 시스템을 이해하고자 한다면 시스템의 움직임을 결코 보지 못할 것이다.

아래 그림은 환원주의와 전일주의의 차이에 대한 직관적 이해를 돕고 있다. 전반적인 시스템의 모습은 왼쪽 그림에 비해 오른쪽 그림이 더 복잡해 보인다. 그러나 오른쪽 그림은 맨 아래에 위치한 요소 하나를 파악하면 나머지 요소들은 이와의 관계 속에서 이해될 수 있음에 반해 왼쪽 그림은 네 가지 요소 모두를 파악해야 전체 시스템을 이해할 수 있다는 측면에서 시스템 파악의 어려움이 가중될 수 있다. 즉, 환원주의가 시스템의 본질에 대한 이해도를 더욱 높일 수 있을 것이라는 기대도 반드시 그렇지도 않을 수 있다 하겠다.

[그림 2-1] 요소와 시스템 비교

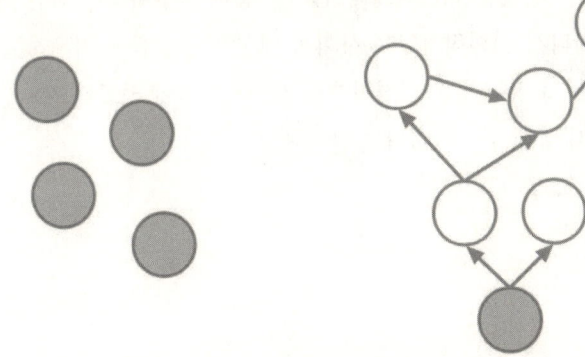

사회에서 분리된 경제를 다시 사회에 이어붙이고 수요와 분리된 공급을 다시 수요에 이어붙이고자 하는 노력이 있다. 바로 사회적경제의 도래가 그것이다. 1997년 외환위기 이후 필요성이 대두된 사회적경제, 즉 사회적기업(social business, social enterprise), 협동조합(cooperatives), 커뮤니티 비즈니스(community business), 임팩트 비즈니스(impact business), 비영리조직(NPO) 등은 정부와 시장의 실패를 극복하기 위한 대안으로 떠오르고 있다.

이들은 공공영역에서 강조되었던 협력과 이타적 합리성을 바탕으로 사적 영역의 강점이었던 기업가 정신을 흡수하여 사회적 가치와 경제적 가치를 동시에 추구하고자 하는 이른바 '사회적 또는 임팩트경제 조직(social or impact economy related organizations)'이다(Dees et al, 2001; 가네코, 2003; Amin, 2009; Bridge et al, 2009; Mulgan, 2011; 도현명·전상욱, 2011; 이윤재 외, 2012). 또한 이들은 미션에 충실한 사업 전개를 우선적으로 추구하며 투명성과 책임성을 바탕으로 창의적인 마케팅과 합리적인 파트너십을 겸비하여 스스로가 존립의 근거를 마련함을 특징으로 하는 사회적경제의 최첨병의 역할을 담당할 것으로 기대되고 있다(Nyssens, 2006; 호소우치, 2006; Doherty et al, 2009; Ridley-Durr & Bull, 2011; 박원순, 2011; 김재구, 2012).

특히, 사회적기업은 전세계의 젊은이들을 가장 매료시키는 주제 중에 하나이다. 이는 기존의 자본주의나 사회 정책의 틀 안에서 해결하지 못했던 다양한 사회적 문제를 비즈니스적 접근을 통해 해결하고자 하는 혁신적 발상이다. 따라서 사회적기업은 사회적 미션을 달성함에 경제적 성과 창출을 활용하는 조직이며, 사회적경제는 사회적기업이 성공적으로 출현할 수 있는 생태계라 할 수 있다.

3. 경영 그리고 사회적 경영을 이해하자

본고에서는 사회적기업이 지속가능한 성장을 도모하기 위해 반드시 충족해야 할 두 단계의 경영적 노력을 소개하고자 한다.

첫 단계는 미션중심적인 조직을 만들어야 한다는 것이며 나머지 한 단계는 그 미션을 성과로 변화시킬 수 있는 조직이어야 한다는 것이다. 여기서 미션성은 사회적 가치를 천명한 것이며 성과는 사회적 성과뿐 아니라 경제적 성과까지 내포하고 있음을 강조하고자 한다. 이로 인해 필자는 이상과 같은 성격의 미션성과 성과를 근간으로 구축된 경영을 기존의 기업 경영과 차별화하여 사회적 경영으로 소개하고자 한다. 이제 이에 대해 좀 더 살펴보고자 한다.

흔히들 경영을 이익을 극대화하는 것이라 한다. 그러나 이는 오해이다. 앞의 정의는 기업 경영을 일컫는 말이다. 경영은 '의도한 일을 되도록 하는 것'이다. 이것이 경영의 본질이다. '의도한 일을 하는 것'을 올바른 일을 하는 것이라 할 수 있으며 그렇게 한 일을 '효과적'으로 일했다고 할 수 있다. 또 '일을 되도록 하는 것'을 올바르게 일을 하는 것이라 말할 수 있으며 이를 '효율적'으로 일했다고 할 수 있다. 따라서 조직은 효과적이면서 효율적으로 일해야 한다. 그 주체는 영리 조직은 물론 비영리조직, 국가, 사회, 종교, 개인도 모두 이에 해당된다. 또 의도한 일 또한 조직의 특성에 따라 다양하게 전개될 수 있으니 경영이 필요하지 않는 대상은 없다 말해도 과언이 아니다.

경영학의 관점에서 보면 경영 또는 경영학이 필요한 근본 이유가 경영의 대상인 사회, 즉 조직적 딜레마에 있다. 다시 말하면 사회적 딜레마는 현대 사회와 조직에서는 너무나 흔히 일어나고 있는 자연스러운 현상으로서 조직의 딜레마를 해결하기 위해 경영(학)이 필요하다.

이 경영의 궁극적인 목적은 생존이다. 생존은 고객을 창출해야만 가능하니 이를 고객창출로 변환하였다 하더라도 다른 이야기가 아니다. 그렇다면 생존 또는 고객을 창출하기 위해서는 성과를 내야 한다. 조직의 성과 달성은 개별 부서의 성과를 달성하고자 하는 노력의 합으로 구성될 수 있는가? 그렇지 않다. 그래서 이를 조정하기 위해 경영(학)이 필요하다. 즉, 부분 최적화의 합이 전체 최적화를 가져 오지 않을 수 있음이다. 앞에서 지적한 환원주의 방식에 입각한 경영은 개인과 부서의 성과가 우선적일 수밖에 없는 경영으로서 이들의 합이 전체 조직의 성과로 이어지지 않음에 입각해 볼 때 경영의 역사는 끊임없는 전체 조직의 성과 창출 즉, 조직의 딜레마를 극복하는 역사라 할 수 있다.

이제 사회적기업을 중심으로 한 사회적경제 조직이 사회적 미션을 확보하면서 또 부분이 아닌 전체 조직의 경제적 성과를 달성하기 위해 반드시 구축해야 할 조직의 모습을 미션과 성과의 관점에서 조금 더 자세히 살펴보자.

4. 미션중심적인 조직을 만들어라

그 첫 번째 단계는 미션중심 조직을 만드는 것이다. 미션이란 조직이 존재해야 하는 이유로서 이는 현대 조직에서 다음과 같은 측면에서 대단히 중요한 역할을 수행한다.

미션이 명확하다는 것은 조직의 정체성이 명료하다는 것을 의미하는 것으로서 이는 구성원으로 하여금 일심동체의 경영체를 구성하게 한다는 점이다. 즉, 명확한 미션은 모든 구성원으로 하여금 스스로 행동 방향을 통일하게 하여 조직적 역량을 집중시킴에 근본적 역할을 수행하게 한다. 구성원은 상사나 타인이 아닌 스스로가 자신을 규율할 수 있어야 한다. 그래야만 일터에서 자아를 찾을 수 있다. 이는 그 어떤 당근과 채찍보다 효과적이다. 스스로가 책임감을 갖고 스스로가 의사결정을 할 수 있게 하는 힘은 바로 미션의 명확성에서 나온다. 이런 측면에서 미션은 장기적 생존을 위해 그 무엇과도 바꿀 수 없는 훌륭한 전략이 된다. 따라서 미션화된 조직이란 자신이 하는 일이 정말 가치 있는 일이며 함께 살아가는 사회를 조금이라도 살기 좋게 만드는 데 기여한다는 자긍심으로 일하게 하는 조직을 말한다. 이런 조직이라면 동기부여, 관리감독, 평가 등 경영관리의 여타 기법들이 자연스럽게 녹아들어 중요하지 않게 된다. 짐 콜린스(Jim Collins)가 강조했던 '좋은 조직'을 넘어 이른바 '위대한 조직'의 전형이 된다.

사회적경제 조직의 미션은 어떠한 사회적 가치를 창출할 것인가를 밝혀 놓은 것으로 이는 마치 순자(荀子)가 말한 '의로움을 앞세우고 다음으로 이로움을 놓는 자가 번영함'(先義而後利者榮)을 실천하는 것과 같다.

이와 관련된 대표적인 두 가지 예를 살펴보고자 한다. 먼저는 메르크(Merck)의 사례이다. 메르크는 기생충으로 인해 실명함을 예방하기 위해 전세계 수백만에게 무료로 약을 제공하는 회사. 스스로를 자선단체가 아니라면서도 무료 약의 공급을 지속하면서 1946년부터 2000년이 들어서도 매년 시장 전체 평균이익의 10배를 상회하는 이익을 내고 있다. 설립자의 아들인 조지 메르크(George Merck) 2세는 다음과 같이 경영 철학을 소개하고 있다.

> 우리는 약이 환자를 위한 것임을 잊지 않으려고 합니다. 약은 이윤을 내기 위한 것이 결코 아닙니다. 이윤은 따라오는 것입니다. 우리가 이 점을 잊지 않는 한 이윤이 결코 나타나지 않은 적이 없었습니다. 이를 잘 기억할수록 이윤은 더욱 더 커졌습니다.[1]

인도에도 좋은 예가 있다. 벤카타스와미(G. Venkataswamy) 원장은 1976년 인도 남부의 작은 도시 마두라의 외곽에 아라빈드 안과병원(Aravind Eye Hospital)을 설립하여 단돈 8만 원이 없어 시력을 잃는 가난한 사람들에게 수술비는 물론 입원, 식사, 교통비까지 무료로 지급하고 있다. 그럼에

---

[1] George W. Merck, Speech at the Medical College of Virginia at Richmond, Dec. 1, 1950, Courtesy of Merck & Company Archives.

도 불구하고 매년 40%가 넘는 수익률을 보이면서 설립 초기 11개 병상이 30여 년 만에 5개 병원에서 매일 7,300여 명의 환자를 진료하고 있다.

물론 가난하지 않은 환자에게는 진료비 전액을 받고 있지만 흥미로운 점은 환자가 부유한지 가난한지를 확인하지 않음에 있다. 아라빈드 병원의 자선적 취지에 공감하여 지불능력을 갖춘 사람들은 스스로 진료비를 지불한다고 한다.

그렇다면 어떻게 하면 미션 중심적인 조직을 만들 수 있는가가 핵심이 될 것이다. 결론부터 이야기 하자면 이는 이롭다는 경제적 가치에 앞서 사회적 가치가 의롭다고 하는 스스로의 자각이 그 전제가 된다. 그렇게 자각한 개인이 조직을 이룰 때 미션중심적인 조직이 된다. 법률적으로 영리를 추구하지 못하게 해서 비영리조직이 되는 것이 아니라 비영리성을 자각하고 받아들일 때 비영리조직이 되는 것이다.

사회적 가치를 자각함에 있어 좋은 예가 바로 죄수의 딜레마이다. 죄수의 딜레마는 전세계 수많은 연구자들을 매료시키면서 협력을 기초로 하는 사회적 가치의 중요성을 이식시킴에 커다란 역할을 수행하고 있다. 의사가 되고자 했던 하버드 대학교의 수학자 마틴 노왁(Martin A. Nowak)을 얼어붙게 만들어 진화 생물학의 길로 들어서게 하여 초협력자(Supercooperators)라는 다섯 가지 협력 법칙을 소개하게 하였으며, 상대가 두 번 연속으로 배신하지 않는 이상 배신하지 않고 협력하는 것이 최선임을 보여준 팃포탯 전략을 세상에 전파하면서 이기적 개인 또한 협력하게 하는 방법을 소개한 미시간 대학교의 로버트 액설로드(Robert Axelrod)에 이르기까지 사회적 가치 자각에 끼친 죄수의 딜레마의 위용은 실로 대단하다 하겠다.

죄수의 딜레마를 살펴보기에 앞서 근간이 되는 게임이론을 간략히 언급하고자 한다. 게임이론은 사람들이 이익을 추구함에 있어 그 크기가 상대의 행동에 의해 영향을 받는다는 이른바 '전략적 상호작용'을 분석하는 이론으로 사람(player, 경기자), 이익(payoff, 보수), 전략(strategy)으로 게임이 구성된다.[2] 게임이론의 분석결과는 상대의 특정 전략에 대해 내게 가장 큰 이익을 주는 전략을 찾는 것이다.

한편 전략적 상호작용은 우리 주변에서 아주 흔하게 일어난다. 전략적 상호작용이 일어나는 이유는 사람(요소)들이 서로 이어져 있기(관계) 때문이다. 바로 시스템 속에 있기 때문이다.

우리는 각자 개개인이 최선을 다해 활동하면 그 개인을 포함한 사회(조직)에게도 최선이 된다고 배웠다. 이를 조금 어렵게 표현하면 부분 최적화의 합은 전체 최적화가 된다고 하였다. 분업과 전문화가 그 대표적인 예가 된다. 전체를 나누어 부분을 만든 다음, 즉 분업을 한 다음 최선을 다하면, 즉 효율과 경쟁을 통해 전문화를 시켜 생산성을 극대화한다면 전체 생산량은 극대화 된다는 논리이다.

아래의 게임의 예를 들어 다시 설명해 보면 개인인 A와 B는 전체가 무엇이든 상관없이 나누어 부분이 된 자신의 이익만을 극대화하도록 최선을 다하면 각자 d, d라는 전략을 취하게 되며 이때 전체의 이익은 합이 6이 되어 그 어떤 전략의 조합보다 가장 큰 이익을 얻게 된다. 지금까지 우리는 이러한 상황에 빈번하게 노출되었기 때문에 의심없이 받아들여졌었다.

		B	
		c	d
A	c	2, 2	1, 4
	d	4, 1	**3, 3**

그런데 문제는 이는 절대적이고 변함없는 상황이 아니라는 점이다. 즉 개별적인 최선이 전체적인 최선으로 이어지지 않을 수도 있다는 점이다. 다음 게임이 이를 나타내주고 있다. 이것이 죄수의 딜레마적 상황이다. 죄수의 딜레마는 배신이 어떻게 협력을 허물 수 있는지를 요약한 강력한

---

2) 이익의 표시는 사람별로 각각 표시한다. 통상 앞은 세로로 표시된 사람, 뒤는 가로로 표시된 사람의 이익을 나타낸다.

수학적 은유라 할 수 있다. 이런 상황이 지속되면 경제 저성장이라는 현상이 전개되면서 개개인들의 삶은 불편해지기 시작하고, 사람들은 뭔가에 대해 불평을 늘어놓는다.

		B	
		c	d
A	c	3, 3	1, 4
	d	4, 1	2, 2

이 불평의 근원은 무엇일까? 바로 개별적 최선이 결코 만능이 아니라는 점이다. 최선을 다하더라도 개별적으로 이루어져서는 안 되겠다는 자각이 필요한 시점이 된다. 위의 게임에서 d, d인 전략이 만나 전체의 합이 4가 아닌 c, c의 전략이 만나 합이 6이 되는 결과를 얻기 위해서는 d를 버리고 c를 얻어야 한다는 자각이 있어야 한다. 이는 자신만 바라보면 결코 얻을 수 없는 이익이다. 남과 함께 해야 얻을 수 있다. 드디어 전체뿐만 아니라 개별적으로도 더 많은 것을 얻기 위해서는 상대와의 협력이 필요함을 자각하는 시점이 온 것이다. 이것이 사회적 가치이며 이를 창출하고자 하는 조직이 사회적경제 조직이며 이를 도모하는 경제가 사회적경제다.

이제 사회적 가치창출의 모태인 협력을 극대화하기 위한 마틴 노왁과 로버트 액설로드의 처방을 살펴보자. 현실은 죄수의 딜레마가 한 번만 전개되는 것이 아니라 지속적으로 전개되고 있다. 따라서 이들의 주장은 반복적 죄수의 딜레마 게임을 해결하기 위한 방안이기도 하다.

1) 마틴 노왁의 연구

마틴 노왁은 '세상을 지배하는 다섯 가지 협력의 법칙'이라는 부제를 단 저서 『초협력자』(*Supercooperators*, 2012)에서 죄수의 딜레마라는 마수에서 벗어나 협력을 도모하기 위해 다섯 가지 방법을 제안하였다.

첫째는 혈연의 선택(kin selection)이다. 피가 물보다 진하다는 본능에 따라 혈연관계가 보다 강할수록 협력하고자 더 애를 쓰게 된다. 부모자식 간의 관계가 그 대표적인 형태이다.

둘째는 직접 상호성(direct reciprocity)이다. 이는 '주고받는 원칙'을 말하는 것으로 '내가 당신의 등을 긁어 주면 그 보답으로 당신도 나의 등을 긁어 주오'의 형태라 할 수 있다. 그 대표적인 예로 맞대응이라 할 수 있는 팃포탯이 이에 해당한다.

직접 상호성이 작동하기 위해서는 지금의 친절이 다음의 친절로 이어질 수 있는 기회가 지속적으로 존재하는 상황이어야 한다. 따라서 양측이 지속적으로 접촉해야 하는 소집단 공동체가 존재하는 마을 내에서 잘 작동하며 그 결과로 인해 단골을 낳기도 한다. 그러나 현재와 같은 거대 도시집단의 경우 직접 상호성은 그 한계에 봉착할 수 있다.

셋째는 간접 상호성(indirect reciprocity)이다. 이는 직접 상호성과 달리 당사자 간이 아닌 이를 안 제3자에 의해 이루어지는 상호성이다. 즉, '내가 당신의 등을 긁어 주면 다른 누군가 나의 등을 긁어 줄 것이다'의 형태라 할 수 있다.

간접 상호성이 극대화되어 보다 거대하게 확장되고 복잡한 상호 연결된 사회로의 진화가 촉진되게 하기 위해서는 평판이 대단히 중요하게 된다. 따라서 선한 일을 한 사람에 대한 소문, 잡담 등의 평판이 잘 작동하는 투명한 사회일수록 협력은 극대화된다. 바로 남의 이목인 평판의 힘 때문에 즉각적인 보상이 없어도 제3자를 돕게 된다.

넷째는 그래프 선택(graph selection)이다. 이는 유유상종이라 할 수 있는 네트워크 상호성(network reciprocity)을 말한다. 협력과 배반하는 사람이 골고루 섞여 있는 상황에서는 배반하는 개인이 유리하나 협력하는 사람끼리 유유상종으로 네트워크를 형성하면 서로 도움을 줄 수 있어 협력을 촉진할 수 있다는 것이다. 이렇게 형성된 네트워크 안에서는 협력하는 사람들은 배반하는 사람들을 이길 수 있다.

다섯째는 집단 선택(group selection)이다. 이는 집단이 갖는 특성과 그 강도에 따라 생존 가능성에 차이가 있다는 것으로 개인 차원에서는 배반자가 유리하지만, 집단 차원에서는 협력하는 집단이 유리한 특성을 보인다는 것이다. 즉, 이기적인 개인이 많다 하더라도 이타적 집단이 존재한다면, 전체적으로 이타적 개인이 많아질 수 있음을 의미한다. 하여 공동체 의식의 함양과 협동심에 대한 강조는 협력을 촉진함에 매우 중요한 역할을 하게 된다. 따라서 협력이 잘 일어나기 위해서는 집단 내 사람 수가 적을수록, 또 집단수가 많을수록 유리하게 된다. 현대 사회에서 커뮤니티의 중요성이 강조되는 대목이다.

2) 액설로드의 연구

『이기적 유전자』(*The Selfish Gene*)로 유명한 리처드 도킨스는 기드온 성경을 대체할 만한 가치가 있다고 평가를 받고 있는 『협력의 진화』(*The Evolution of Cooperation*, 2009)'를 저술한 로버트 액설로드(Robert Axelrod)가 반복적 죄수의 딜레마라는 게임을 풀어가는 과정에서 팃포탯(Tit for Tat)이라는 협력을 이끌어낼 수 있는 흥미로운 결과를 제시하고 있다며 극찬했다. 위 게임 상황에서 좋은 결과를 얻기 위한 컴퓨터 전략경기에서 토론토 대학교의 아나톨 라포포트 교수가 제시한 전략이 두 번에 걸친 경기에서 우승하였다. 팃포탯은 우선 협력으로 시작하여 다음부터는 상대의 대응 방식을 그대로 따라하는 단순한 전략이다.

이렇게 개인이 이기적으로 행동하는 것이 유리한 상황에서 어떻게 협력 행위가 나타날 수 있는지에 대한 이상의 연구에서 액설로드는 다음과 같은 의미있는 결과를 제시하고 있다.

첫째, 이기주의자가 가득찬 상황에서도 협력은 적절한 조건이 충족되면 일어난다는 것이다. 이를 위해서는 개인들이 미래 다시 만날 가능성이 충분히 커야 하며 서로 호혜주의에 입각하여 행위해야 한다. 즉 협력이 일단 호혜주의를 원칙으로 정착되면 협력주의에 입각한 개인들은 스스로를 지켜낼 수 있다는 것이다.

둘째, 참가한 전략들이 토너먼트를 통한 순위상에서 높은 순위를 차지한 전략 집단과 그렇지 못한 전략 집단을 구분하는 유일한 특성이 결코 먼저 배신하지 않는 신사적 행위를 전제로 하였느냐라는 점이다. 상위 순위들은 거의 대부분이 신사적 입장을 견지하였다는 점이고 하위 순위들은 반대로 비신사적이었다는 점이다. 이 또한 시사하는 바가 크다 하겠다. 우리 사회와 공동체가 유지되는 이유가 또한 여기에도 있다.

셋째, 개인들이 협력이론의 내용을 이해하면 협력의 진화가 가속화된다는 것이다. 이 경우에도 자각이 중요하며 교육과 소통이 필요함을 강조하였다.

넷째, 언제나 최고인 단 하나의 전략은 존재하지 않는 다는 것이다. 최선의 전략은 상대와의 상호작용 속에서 결정된다는 점이다. 이 또한 시스템적 관점의 사고이다. 개별적으로 존재하는 요소는 없으며 모두 이어져 있는 관계 속에서 파악되어야 한다.

이상의 연구결과를 통해 액설로드는 반복적 죄수의 딜레마 게임인 상황에서 좋은 결과를 얻은 전략들의 분석을 통해 환경에 주어진 사람들과 이를 변화시킬 수 있는 사람들을 구분하여 다음과 같은 충고 또는 해법을 전하고 있다.

먼저, 죄수의 딜레마라는 주어진 환경에 놓인 사람들이 이 상황을 효과적으로 벗어나기 위해 다음과 같은 몇 가지 충고를 전하고 있다.

첫째, 질투하지 말라는 것이다. 사람들 간의 상호작용이 제로섬 방식일 것이라 생각하는데 대개 그러한 방식에 입각하지 않음을 간과하고 있다. 반복적 죄수 딜레마에서 우승한 팃포탯 전략은 토너먼트 방식으로 치러진 최종 합계가 가장 우수하였다는 것이지 한 번도 상대방보다 높은 점수를 얻은 적이 없다고 한다. 즉 상대를 무찔러서 우승한 것이 아니라 상대와 함께 좋은 점수를 얻도록 이끌었다는 점이다. 따라서 상대의 성공이 내가 성공하기 위한 전제조건임을 자각하는 것, 그런 의미에서 질투할 필요가 전혀 없음을 알아야 할 것이다.

둘째, 먼저 배반하지 말라는 것이다. 좋은 성적을 거둔 전략과 그렇지 못한 전략을 구분하는 유일한 기준은 신사적인가의 여부였다는 것이다. 즉 상대방보다 먼저 협력을 하고 상대방이 협력적인 한 계속해서 협력을 선택하는 것이 유리하다는 것이다. 비신사적인 전략은 처음에는 유망해 보여도 결국 성공할 수 있는 환경을 스스로 파괴하여 결국 몰락하게 됨을 제시하고 있다.

셋째, 협력이든 배반이든 그대로 갚아주라는 것이다. 팃포탯 전략은 맨 처음 게임에서 협력을 하고 그 다음부터는 상대방이 이전에 한 대로 그대로 한다는 것이다. 이는 배반하면 바로 배반함으로써 즉시 응징하고 협력하면 바로 협력함으로써 즉각 관용을 베풀어야 함을 의미한다. 그렇지 못할 경우 자칫 영원한 복수로 이어질 수 있음을 경계해야 한다. 이는 상대의 배반에 대해 처벌과 용서를 적절하고 균형있게 조절해야 한다는 것으로 이런 식의 호혜주의는 어떤 환경에서도 좋은 성과를 내고 있음에 주목할 필요가 있다.

넷째, 너무 영악하게 굴지 말라는 것이다. 바둑과 운동경기와 같은 제로섬 게임과 죄수의 딜레마 게임과 같은 비제로섬 게임은 근본적 차이가 있다. 제로섬 게임은 상대가 나의 의도를 모르게 하는 것이 유리함에 반해 비제로섬 게임은 상대와 협력을 격려하고 유도하는 것이 핵심이 된다. 따라서 비제로섬 게임에서 좋은 성과를 내기 위해서는 자신의 의도를 가능하면 분명하고 간단하게 드러내는 것이 주효하다.

다음으로 주어진 환경을 변화시켜 상호 협력을 증진시키고자 하는 전략가 및 정책가에게도 충고를 전하고 있다.

첫째, 현재에 드리우는 미래의 그림자를 확대하는 것이다. 이는 두 가지 측면에서 가능한데 현재에 비해 미래에 얻을 수 있는 이득이 월등히 커지도록 더 자주 만나도록 하는 것과 상호작용이 오래 지속되어 보복이 충분히 이루어지도록 하면 호혜주의에 바탕을 둔 협력을 더욱더 촉진시킬 수 있다.

상호작용의 빈도와 지속성을 강화하기 위해서 어떤 하나의 쟁점을 작게 나눌 필요가 있다. 이는 매우 중요한 한두 차례의 큰 선택보다 상대적으로 덜 중요한 작은 선택을 여러 번 하게 할 수 있는 기회를 만들어 호혜주의에 입각하도록 조치하는 것이다. 즉, 당장의 배신을 통한 이익이 미래 남은 이익에 비해 크지 않게 하는 것이다.

둘째, 보수 자체를 바꾸라는 것이다. 이는 정부나 기업의 최고 경영자가 쉽게 할 수 있는 일로서 죄수의 딜레마에 빠지지 않게 보수의 크기를 변경시키는 것이다. 현재 배반하면서 얻는 이득이 장기적 협력보다 작도록 보수 체계를 설정한다면 협력은 지속적으로 일어날 수 있다.

셋째, 서로에 대한 배려와 호혜주의를 가르치라는 것이다. 이는 이기적인 태도뿐 아니라 무조건적인 도덕적 태도 또한 협력 증진에 도움이 되지 않음을 인식시키는 것이다. 서로에 대한 배려를 가르침을 통해 신사적으로 행동하게 하고 상대가 배반하더라도 도덕적 태도에 입각해 배반하지 않는 것이 아닌 즉각적으로 배반하는 것이 상대로부터 보다 용이하게 협력을 이끌어 낼 수 있음을 주지시켜야 한다. 이러한 가치관의 정립은 설령 죄수의 딜레마 상황에 놓이더라도 협력을 보다 용이하게 도출해 낸다.

넷째, 인식 능력을 높이라는 것이다. 상호 협력을 제고하기 위해서는 앞에서 강조한 교육만으로 부족하다는 것이다. 이와 함께 과거에 상호작용했던 상대를 알아보고 그가 어떤 행동을 취했었는지를 인식하는 능력의 개선이 필요하다는 것이다. 이를 위해 투명한 정보공개와 공정한 평판이 소통될 수 있는 구조를 마련해야 할 것이다.

5. 미션을 성과로 전환시킬 수 있어야 한다

두 번째 단계는 미션을 성과로 전환시킬 수 있어야 한다. 성과 중심적인 조직으로의 전환은 미션과 강력하게 연계되어 실행되어야 한다. 명확한 미션은 조직이 해야 할 일과 그렇지 않은 일을 분명하게 구분 짓게 하여 해야 할 일에 집중하게 함으로써 성과를 보다 효과적으로 창출하는 역할을 한다.

사회적기업을 중심으로 한 사회적경제 조직이 성과 중심의 경영을 실현하기 위한 두 가지 핵심 질문에 대해 답해야 한다. 그 하나는 성과를 무엇으로 볼 것인가이며 또 하나는 성과를 어떻게 측정할 것인가이다.

먼저 성과를 무엇으로 볼 것인가의 문제는 고객이 누구이며 고객이 무엇을 원하는지에 대한 물음과 깊은 관계가 있다. 사회적경제 조직은 사회적 가치와 경제적 가치를 동시에 달성해야 하므로 사회적경제 조직의 고객은 다양한 이해관계자로 구성되며 이들이 원하는 것 또한 다양할 수밖에 없다.

다음으로 성과를 어떻게 측정할 것인가와 관련된 문제로서 사회적 가치는 공익, 연대, 공유, 행복, 사랑 등 쉽게 정량화하기 어려운 다양한 속성들을 갖고 있기 때문에 기존의 정량 중심의 측정 기법들을 어떻게 활용할 것인가에 대한 추가적인 연구들이 축적될 필요가 높다.

이상의 성과와 관련된 물음 또한 철저하게 전일주의의 관점에서 시스템 사고에 입각해 전개되어야 한다. 즉, 성과를 창출하기 위해 부분 최적화의 합을 도모하는 시각에서 벗어나 조직 전체 최적화의 관점에서 성과를 창출해야 함을 다시 강조하고자 한다. 이는 곧 전사적 성과 창출을 위해 부분의 희생이 필요할 수도 있으며 그 희생은 반드시 창출된 전체 성과로부터 보상되어야 함을 전제로 한다는 점이다.

이제 이에 기초해 지금까지 추진되어온 사회적기업을 중심으로 한 사회적경제조직의 국내외 성과평가 동향과 주요 이슈에 대해 살펴보고자 한다.

1) 사회적기업의 성과평가 방향

2007년 '사회적기업육성법'의 제정으로 본격화된 사회적기업에 대한 정부의 지원은 2013년 말 기준으로 1000개를 넘는 사회적기업을 창출한 성과를 나타내고 있다.[3]

그러나 우리나라 산업 지원정책이 항상 그렇듯이 사회적기업에 대한 정부의 정책 방식에 대한 우려의 목소리가 높다. 문제는 90년대 초반 벤처산업 지원에서 보인 정책이 그대로 시행되고 있다는 점이다. 그때도 정부의 지원금은 벤처의 기업가 정신을 살리는 데 초점을 맞추지 못한 채 조건과 형식을 충족한 기업에 지원되는 형식이어서 결국 벤처산업기반 자체를 붕괴시키면서 종료되는 경험이 아직도 생생하다.

현재의 사회적기업에 대한 정책도 민간 주도의 공유 가치 창출의 속성을 살린 투자 중심의 인프라 구축이 아닌 정부 주도의 인건비를 지급해주는 양성 성장 중심의 지원 정책이어서 개별 기업들이 독립적으로 자생할 수 있는 역량 구축에 실패할 가능성이 높다. 초기 산업 형성에 있어 정부의 역할을 아무리 강조하여도 자생력을 살리는 생태계 구축 방향이 아닌 단순 보조금 지원 방식은 그 실효성이 극히 미비할 것이다. 이는 현재 정부의 인건비 지원이 중단되는 경우 근로자 중 약 40%가 다시 실업 상태로 돌아간다는 보고가 이를 입증해준다(국회예산정책처, 2012).

따라서 장기적인 생존역량을 강화하도록 유도하기 위해 가장 중요한 접근법이 사회적기업의 성과 측정과 평가라 할 수 있다. 즉, 사회적기업의 성과는 무엇이어야 하며 이를 어떻게 측정할 것인가이다.

앞서 지적한 환원주의에 근거한 미국식 경영은 끊임없는 정량화를 통해 측정할 수 없으면 관리할 수 없음에 입각하고 있다. 측정은 매우 중요한 문제이지만 이를 계량화에만 매달릴 경우 눈에 보이는 성과 위주로 전개될 수밖에 없어 사회적기업 본연의 모습이 왜곡될 위험이 높다. 왜냐하면 사회적기업은 협력, 신뢰, 연대 등 사회적 가치인 미션에 기초하는데 이는 정량화가 쉽지 않은 특성이 강하기 때문이다. 이를 구체적으로

---

3) 우리나라 사회적기업육성법에서는 사회적기업(Social Enterprise)을 저소득자, 장애인 등 사회의 취약계층에게 일자리를 제공하고 교육·복지등 사회서비스를 공급하며 지역사회의 발전에 공헌하는 이른바 '사회적 목적'을 위해 설립·운영하는 기업으로 규정하고 있음에 반해 영국의 Social Enterprise Coalition(2003)은 사회적 목적을 위해서 시장에서 영리활동을 하는 조직이라고 정의하고 있고 OECD(1999)는 넓게 '기업가 정신아래 조직되고 사회적·경제적 목표를 추구하는 조직'으로 정의하고 있다.

보면 다음과 같은 문제들에 기인한다고 보는데 복수성, 인과성, 측정성의 문제가 그것이다(Doherty, 2008).

첫째, 복수성의 문제는 다수의 후원자 및 투자자의 목적과 최종적으로 달성한 성과 간의 균형이 요구되는 맥락에서 종종 목적이 상호충돌하거나 일관성이 떨어질 수 있는데 이는 성과평가에 문제를 일으킬 수 있다는 점이다. 지지받은 목적은 각기 분명하지만 사회적기업을 운영하는 동안 외부환경과 생존을 위한 단기적 목표들은 수시로 변할 수 있기 때문이다.

둘째, 인과성의 문제는 전략선택과 최종 성과간의 인과관계에 대한 증거가 종종 모호하고 간접적인 관계에 놓여있는 경향이 있다. 이를 극복하기 위한 전략적 성과관리시스템으로 균형성과표의 적극적인 도입이 이루어진 바 있다.

마지막으로 기업 환경에서 활용되는 성과관리도구들은 사회적기업이 목표하는 사회적 성과 및 지속가능성 등 보다 확장된 범주의 성과를 측정하는 데 부적절한 경우가 많다. 특히 소규모의 사회적기업들이 측정의 기반으로 삼을 수 있는 정보를 산출할 만큼 경영시스템을 갖추지 못한 경우가 흔하기 때문에 범용화될 수 있는 도구의 개발이 쉽지는 않다. 또한, 개별 조직들에 대한 개발이 이루어질 경우라도 성과의 확산 및 정보의 활용이 어렵다는 단점이 존재한다.

따라서 측정에 앞서 사회적기업의 미션성을 살려 본연의 '착한 기업'의 모습이 유지되고 또 자생할 수 있도록 성과의 범주를 넓혀야 한다. 이때 고려할 주요 기준들은 다음과 같다.

- 이해관계자가 모두 포함되어야 한다.
- 사회적 가치에 대한 정성적 평가도 고려되어야 한다.
- 평가 요소와 함께 그들 간의 관계도 평가되어야 한다.
- 비즈니스 모델과 연계되어 기업가 정신을 살려야 한다.
- 생태계가 구축될 수 있도록 평가되어야 한다.

[표 2-1] 성과평가의 범주 및 체계

	구조평가	과정평가	결과평가		영향평가
대상	input (투입)	activity/ process (활동)	output (산출)	outcome (결과)	impact (영향,변화)
의미	자원	프로그램	영향받은 사람 수	영향받은 사람의 변화	지속적 변화
예시	암 치료에 대한 지원금	암 치료 지원사업	암 치료받은 환자수	암 환자의 생활기능변화	간병을 담당한 가족의 일상 복귀 및 암 인식변화
측정 내용	효율성 (올바르게 일을 하는 능력)		효과성 (올바른일을 하는 능력)		
구분	성과관리		성과평가		

 이를 〈표 2-1〉과 같이 기존의 성과평가의 범주와 체계를 통해 비교하면 다음과 같은 차이로 이해할 수 있다.
 〈표 2-1〉에서 성과평가의 범주를 기존의 산출, 결과를 넘어 영향으로 확대함을 볼 수 있다. 영향을 성과평가의 범주에 넣음으로써 사회적기업은 보다 고유의 사업에 충실할 수 있다. 이는 사회적기업이 생산한 상품이 이해관계자에게 미친 영향을 반영한 것으로 상품의 소비를 통한 효용이 보다 광범위해지고 지속적인 변화까지 포함되게 된다. 공공병원의 성과를 재무적인 측면에서 살펴보면 적자가 되어 폐업해야 할 상황이 된다고 할 수도 있으나 영향까지 성과로 파악할 경우 오히려 확장해야 할 상황으로 반전될 수도 있다. 분명한 것은, 치료받은 환자로 인해 그 가족들이 다시 일상으로 돌아가 경제활동을 지속함으로써 소득이 높아지고 가족 간에 행복감이 더욱 공고해질 뿐 아니라 삶의 의미를 재해석할 가능성도 매우 높다 하겠다. 40년대 제2차 세계대전 이후 베이비 붐 세대가 형성된 것이 좋은 사례가 될 것이다. 이것도 전쟁 종식이 만든 성과이다.

2) 사회적기업의 성과평가 동향

최근 사회적기업의 성과확산과 생태계 활성화 측면에서 주목할 만한 국외 동향을 살펴보고 그 특성을 고찰함으로써 국내 사회적기업 분야에 시사점을 찾아보고자 한다.

① 조직형태

일반적 조직형태로서 기업의 사회적 책임과 사회적 가치 창출을 용이하게 하는 조직형태를 소개한다.

최근 미국 캘리포니아주에서 유연목적회사(Flexible Purpose Corpotation; FPC)라는 형태의 법인설립 관련 법안이 제출되어 2012년 1월부터 해당 법인으로 등록이 가능하게 되었다. 기존의 모든 회사는 영리 또는 비영리로 구분되고 있는데 영리회사는 주주의 영리추구가 목적이므로 운영에 있어 사회이익을 추구하여 주주들의 영리를 저해하게 되면 그에 따른 책임을 질 수도 있는 구조이다. 이러한 구조 하에서는 기업의 사회적 성과창출이 원활하게 이루어지기 쉽지 않다. 계획단계부터 철저하게 주주의 이해관계를 보호할 수밖에 없기 때문이다.

반면 FPC는 영리를 추구하면서도 사회의 이익과 환경보호를 그 목적으로 할 수 있는 즉, 영리회사와 비영리회사의 설립목적을 동시에 추구할 수 있는 하이브리드 법인이다. 즉, 정관에 공익적인 목적 사업을 기재하게 하고 경영진은 지분투자로 참여한 주주에 대해 객관적이고 투명하게 사회적성과를 창출한 사업 활동 내용과 성과를 보고할 의무를 가지게 된다. 일반적으로 캘리포니아주 법이 인정하는 비영리 기관이 수행하는 자선적 혹은 공익적 목적의 사업 활동을 포함하여 직원, 공급자, 고객, 신용제공자를 비롯해 지역사회, 나아가 자연 환경에 미칠 수 있는 단기·장기의 긍정적인 영향을 촉진하는 활동, 그리고 이해관계자들에게 미칠 수 있는 단기·장기의 부정적인 영향을 상쇄시킬 수 있는 활동들의 범위 내에서 구체적인 목적 사업을 선택해 명시할 수 있다. 이를 통해 기존 사회적기업가나 소셜벤처기업가, 사회공헌을 목적으로 하는 기업들로 하여금 한층 유연하게 법인을 설립할 수 있게 되었으며 법적 보호장치 아래서 효율적으로 기업활동이 가능하게 되었다는 평가를 받고 있다(도현명·박동천, 2011b).

② 금융자본 지원생태계

사회적기업을 대상으로 민간자본을 연계하기 위한 노력이 최근 확대되고 있다. 브라질, 캐나다, 남아프리카공화국에 이어서 최근 아시아에서도 사회적증권거래시장을 통해 아시아지역의 사회적기업을 대상으로 투자하고자 하는 움직임이 가속화 되고 있는데 아시아임팩트투자거래소(Impact Investment Exchange Asia; IIEX)[4])가 그 대표적인 조직이다(사회적기업진흥원, 2011).

　　IIEX는 사회적 과제를 주로 다루는 아시아 지역의 영리 및 비영리 사회적기업 모두를 위해 효과적인 자본조달의 메커니즘을 제공하는 투자시장으로 아시아 지역의 사회적/환경적 복지를 증진하는 혁신적 사회적기업에게 자금을 공급하는 반면, 투자금 회수 조건을 명시하는 임팩트 투자가들을 사회적기업과 연결시켜 주는 역할을 한다. 2013년부터 사회적기업과 투자자들을 위해 현재 사회적기업과 민간 투자자들을 연결하는 impact partners, 사회적기업을 대상으로 증권거래소 역할을 하는 impact exchange, 예비 사회적기업의 교육과 컨설팅을 담당하는 impact incubator라는 3개의 플랫폼을 제공하고 있다.

③ 회계기준 및 투자, 성과보고체계

사회적성과를 측정하여 투자기준 및 성과보고가 가능하게끔 지원하는 글로벌 임팩트 투자 네트워크(GIIN: Global Impact Investing Network)는 가장 대표적인 연합체이다. 이 네트워크에는 어큐먼펀드, 오미디아르 네

---

4) www.asiaiix.com

트워크, 록펠러재단, 캘버트재단 등 대형 재단들이 참여하고 있으며 대표적인 상업 은행 및 대형 연기금들도 회원으로 가입되어 있다. 이들은 사회적 성과에 투자, 지식 및 정보 보급과 공유, 산업 인프라 구축에 기여하고 있는데 특히 Impact Reporting Investment System(IRIS)이라는 임팩트 회계준칙을 제시하여 현재 사회적 투자 및 성과보고체계에 대표적인 기준으로 활용되고 있다. IRIS는 농업, 교육, 에너지, 환경, 금융, 건강, 주거·공동체, 물의 8개 업종을 중심으로 한 조직의 사회적, 환경적, 재무적 성과를 보고하는 성과지표은행이자 성과보고체계를 제공하는 프레임워크로 조직개요, 제품개요, 재무적 성과, 운영효과, 제품효과를 포함한 5가지 분류체계로 구성되어 있다. IRIS는 사회, 환경, 재무적 성과에 대한 표준항목을 명료하게 정의함으로써 사회적기업의 성과현황을 명확하게 제할 수 있도록 돕는 방법론으로서 기여하는 바가 크다.

④ 주요 개별 성과 평가 방법론

㉠ Social Return on Investment(SROI)

미국 비영리재단 REDF(Robert Enterprise Development Foundation)에서 제안한 SROI는 사회적 가치와 경제적 가치를 정량적으로 통합하는 방식으로 가치측정을 수행한다. 특히 사회적 가치측정에 있어 사회적기업의 활동이 시장실패로 일어난 외부효과를 어느 정도 줄였으며 이해관계자들의 사회적 자산을 어느 정도 증가시켰는지 정량화 하는 과정이 핵심이라 할 수 있다. SROI는 투자 대비 사회적 부가가치(사회적 편익-사회적 비용)를 의미하며 앞서 설명한 비용편익분석 및 사회적 회계 분야에서 발전된 분석방법이다.

SROI는 평가원칙에 의거한 일련의 분석프로세스를 따르고 있는데 먼저 성과평가시 고려할 7대원칙은 다음과 같다. 첫째, 이해관계자를 참여시켜라. 둘째, 변화된 사항을 이해하라. 셋째, 중요한 사항들에 대해 가치를 매겨라. 넷째, 구체적이고 명확한 것만을 포함하라. 다섯째, 과대산정 하지마라. 여섯째, 투명하게 처리하라. 일곱째, 결과를 검증하라. 이와 같은 7대 원칙은 SROI분석시 따라야 할 가이드라인으로서 의미를 갖는다.

ⓛ Balanced Scorecard(BSC)

균형성과표는 전략적 성과측정도구로서 조직이 재무적 성과만을 강조하던 기존의 성과측정방식을 벗어나 고객, 내부프로세스, 직원의 학습과 성장지표와 같은 비재무적 지표들을 관리하는 것이 가장 큰 특징이다. 즉, 변화가 심한 환경에 따른 전략과 조직 내·외부 및 선·후행지표의 인과성에 근거한 정렬과 균형관리를 통해 지속가능성을 달성하는 것이 균형성과표를 활용하는 목적이라 볼 수 있다.

사회적기업의 경우 부분적으로 재무지표측정을 할 수 있으나 사회적성과에 해당하는 다양한 결과물 및 영향력은 측정도구의 개발이 어려운 점이 있으나 사회적성과를 고려한 모형이 지속적으로 활용되었다. 그 중 대표적으로 활용되는 모형은 영국의 NEF(New Economic Foundation)가 SEP(Social Enterprise Partership)와 공동으로 개발한 균형성과표가 있다. 그 특징은 사회적 목표를 포함하고 재무적 관점을 넓혀 지속가능성에 중점을 두며, 보다 광범위한 이해관계자를 고려하기 위해 고객관점을 이해관계자 관점으로 확대한 점을 들 수 있다(사회적기업진흥원, 2011).

ⓒ Global Impact Investing Ratings System(GIIRS)

B Lab[5])에서 운영하는 사회, 환경적 성과평가시스템으로 별점등급제를 활용하여 미국 내 사회적 투자자 및 이해관계자들에게는 매우 용이한 도구로 사회적 성과평가분야를 주도하고 있다.

GIIRS는 기본적으로 평가와 보고, 두 가지 분야로 구성되는데 평가는 무료웹기반으로 진행되며 규모에 따라 약 60~90분 이내에 60~200문항을 자체평가하게 된다. 또한 5가지 사회적 성과분야(지배구조, 고용, 지역

---

5) 미국의 사회적기업 지원기관으로서 사회적 목적을 수행하는 기업의 지원, 성과평가, 인증, 관련입법활동을 수행하고 있다.

사회, 환경)에 대해 일반적인 비즈니스모델의 평가를 합산하여 평가를 수행한다. 그리고 평가점수를 별점제로 환산하여 점수와 함께 사회적 투자자 및 관련 이해관계자들이 열람할 수 있도록 한다.

무엇보다도 다른 성과평가방식에 비해 객관적인 평가방식을 채택하고 있는 점이 특징이며 이는 사용자편의성과 커뮤니케이션의 수월함이라는 장점을 가진다. 하지만 이와 동시에 완성된 지표틀에 맞추어 성과를 평가해야 하기 때문에 해당되지 않는 사회적성과에 대한 측정이 용이하지 않다는 단점을 지니고 있다.

⑤ 사회적 성과평가 데이터베이스

각종 사회적 성과평가 방법론 및 도구들은 그 수가 적지 않고 활용측면이나 관심 있는 이해관계자들 또한 광범위하여 개별기업들이 접촉하기에는 다양한 어려움이 따른다. Tools and Resources For Assessing Social Impact (TRASI)는 Foundation Center[6]에서 2010년부터 제공하는 검색기반의 사회적 성과평가 데이터베이스라고 볼 수 있다.

맥킨지(Mckinsey & Co.)와 업계전문가들이 협력하여 데이터베이스를 구축하였는데 검증된 전략 및 평가체계에 대한 지식공유와 활용측면에서 사회적기업가들에게 매우 유용한 서비스로 자리매김하고 있다. 검증된 150가지 이상의 사회적 투자 및 프로그램에 대한 성과측정방식을 제공하고 각각의 측정방법론 및 도구들에 적합한 후원조직들이 연계되어 있다. 또한 미국 내 지역별로 비영리조직, 사회적기업 등의 자선 및 후원현황 데이터를 가공하여 일반사용자들의 접근성을 높인 서비스를 제공하고 있다.

Foundation Center에서는 TRASI와 같은 서비스를 포함하여 사회적기업을 비롯한 사회적경제 조직의 포털서비스로서 정보공유, 성과평가, 네트워킹 등이 활발하게 전개될 수 있도록 조력하고 있다. 정보공유 및 연계성을 개선하여 사회적기업 및 이해관계자들의 부가가치를 증대시킬 수

---

[6] www.foundationcenter.org.

있는 플랫폼으로서 역할을 기대할 수 있다.

 국내·외를 포함하여 아직까지 사회적기업의 성과분석을 위해 공통으로 합의된 도구는 없으며 구체적인 성과지표의 적용에 있어서도 국내 현실에 유효성이 떨어지는 등의 향후 이 분야에 대한 연구는 지속되어야 할 것이다. 앞에서 언급한 내용을 토대로 발전적인 성과 관련 연구를 위해 다음의 몇 가지를 제언하고자 한다.

 먼저 성과는 미션의 구체적 모습을 실제로 달성한 것이기 때문에 성과측정에 앞서 미션을 명확히 밝히고 이를 비전, 목표, 전략 및 핵심성과지표 간에 온전히 정렬된 채로 공유되어야 한다. 즉, 탁월함을 발휘하는 조직이 되기 위해서는 반드시 상단의 미션이 하단의 핵심성과지표로 이어질 수 있도록 미션과 전략을 만드는 계층과 이를 운영하는 계층이 공동참여하여 조직 전체에 걸쳐 깊은 공감대가 형성돼 있어야 한다. 이에 가장 효과적인 방법으로 센게(P. Senge)는 개인적 숙련에 기초를 둔 학습조직을 주장한다. 결국 조직 내 개인 스스로가 높은 열망을 실현시킬 능력을 지속적으로 높여가야 성과가 창출될 것이며 그 기반이 자각이다.

 둘째, 핵심성과지표에는 개별 요소평가뿐 아니라 요소 간의 관계가 평가될 수 있도록 두 측면 모두를 고려해야 한다. 이를 위해 시스템 사고에 입각한 비즈니스 다이나믹스의 인과관계지도(casual loop diagram)를 작성해 볼 것을 권장한다. 이는 시스템을 구성하는 주요 요소와 이들 간의 관계를 도식적으로 표현한 것으로 시스템을 직관적으로 이해하게 하여 전사적 성과 창출 및 환원주의의 한계에 봉착하지 않기 위해 어떤 부분에 전략적 개입을 할지를 발견하게 한다.

 셋째, 사회적기업을 구성하는 외부 형식이 아닌 기업가 정신이라는 내용에 정부 지원이 주어져야 한다. 인건비 등 요소에 대한 지원이 아닌 생태계가 구축될 수 있도록 유도해야 한다. 이는 성과평가의 범주 확대와 비즈니스 모델 평가와의 연계로서도 상당 부분 효과를 기대할 수 있을 것이다. 기업의 핵심적인 가치제안을 중심으로 고객과 자원 및 이해관계자와 함께 명확한 수익구조를 입증할 수 있는 비즈니스를 가진 기업을 인증하고 지원하는 방식으로 개선할 필요가 있다. 비즈니스 모델과 성과평가를 연동하는 것은 성과평가를 모니터링 중심으로 전개할 수 있다는 또 다른 장점을 갖는다. 사업을 종료하고 나서의 평가가 아닌 사업 중에 원하는 방향으로 유도할 수 있게 한다.

6. 마무리하면서

오늘의 우리 삶은 행복한가? 물론 이는 사람마다 다를 것이고 또한 개인 선택의 문제이기도 하다. 그렇다 하더라도 이는 개인의 문제만은 아니다. 무수한 개인이 연결되어진 사회의 문제이기도 하다. 개인은 사회 속에 존재하며 사회는 개인에게 끊임없는 영향을 주고 또 받는다. 이러한 측면에서 사회는 개인이라는 구성 요소와 이들의 관계로 구성된 시스템이다. 개인의 문제는 바로 이 시스템 속에서 파악되어야 한다.

시스템은 요소와 관계로 이루어져 있다. 또 시스템은 부분이 아닌 하나의 전체를 구성하고 있다. 그 하나인 시스템을 본질을 찾는다는 이유로 또 명확히 이해한다는 명목으로 분절해서는 안 된다. 관계가 사라진 요소만으로는 절대로 원래의 모습을 이해할 수 없다. 세상은 그렇게 무관하고 개별적인 힘들로 이루어져 있지 않음을 잘 알고 있음에도 불구하고 바라보는 시각은 이에 입각하는 오류를 범하고 있다.

따라서 이러한 환상을 없애고 전체적 관계를 파악하는 본능적 감각을 되찾아 와야 한다. 시스템을 이해한다는 것은 관계를 통해 전체를 구원하고자 하는 사고이다. 인간이 만든 시스템은 자연이 만든 시스템과 달리 부분이 서로 부딪힌다. 경쟁하고 시기하고 질투하며 전체가 어찌 돌아가는지 모르는 체 자신의 배만 불리게 된다. 이 모두는 인간 자체가 실제 그러한 측면도 있을 것이지만 그렇게 길들여진 부분도 있을 것이다.

세상에 완벽한 이념은 없을 것이다. 현재 우리가 인식하고 있는 자본주의 이념도 인류의 풍요로움을 확대함을 추구하고 있다. 그러나 그 근본정신이 편견이나 취약함 없이 그대로 발현되는 것은 아니다. 이는 근본적으로 추구하고자 했던 가치의 불완전성에도 기인하겠지만 이를 추진하는 정부, 기업가, 경영자 등이 그 이념을 의심 없이 받아들였다는 점에도 그 원인이 있다. 이념 또한 상황에 부합되게 고쳐 쓸 수 있어야 함에도 불구하고 그 늪에 빠져 이념에 구속되어버렸는지도 모르게 구속되어버리게 된다.

그러나 분명한 점은 이제 더 이상 이러한 사고에 사로잡혀 있어서는 안 된다는 것이다. 공급이 부족하던 시절, 성장이 보다 용이하게 달성되던 시절, 지향해야 할 가치가 단조롭던 시절에는 결과적으로 유효했던 가치였다. 문제는 상황이 변하여 이제는 공급이 아니라 수요가 부족한 시절이 되었으며 결코 성장이 용이하지 않을 뿐 아니라 각자의 삶의 지향점이 다양하고 경중을 따질 수도 없을 정도로 개성화되어지고 있다. 물질 만능과 성장 위주의 삶이 우리에게서 인간성을 상실하게 하였다.

이를 확대 해석해 보면 어떠한 이념과 관념도 절대적인 것처럼 인식할 필요가 없다. 사회적경제 또한 마찬가지다. 다만 우리가 주목하고자 하는 바는 어떤 이념이 보다 더 바람직한가에도 있지만 이보다 이를 어떤 방식으로 작동하게 할 것인가에 주어져야 한다. 이를 위해 과도하게 관리하고 통제한다면 그 또한 부작용이 어느덧 커져 순기능을 삼키고 말 것이다. 이타적인 사람만이 아닌 이기적인 사람도 환경이 적절히 마련되면 충분히 협력할 수 있음에도 불구하고, 또 경쟁은 스스로 하고 남과는 협력하는 방식을 통해 경쟁과 협력을 모두 살릴 수 있음에도 불구하고 우리는 이들을 나누고 또 상대를 나에게서 분리함으로써 본성에 애써 반한다.

이제 보다 유연하고 자연스럽게 작동될 수 있는 기제를 찾아야 한다. 그 기제는 개인 스스로가 미션에 입각함일 수 있으며 입각된 미션은 '소유'에 기초한 '경쟁'이 아닌 '존재'에 근거한 '협력'일 수 있음을 강조하고자 한다. 어떠한 형태로 불리든 우리 삶 본연의 모습에 좀 더 가까운 '경합'에서 '비경합'적 가치를 실현시킬 지혜가 필요한 때이다. 이는 액설로드의 주장처럼 배신과 같은 신사적이지 않은 전략은 처음에는 전도유망해 보이나 장기적으로는 자기 성공에 필요한 환경을 스스로 파괴하여 결국 전체가 몰락한다는 점에 대해 유념할 필요가 있다. 단적인 사례가 있다. 최근 100년 동안 미국의 소득 상위 1%가 전체 부의 약 25%에 근접한 경우가 두 번 있었는데 그 첫 번째가 1928년에 23.9%를 소유한 경우였으며 두 번째가 2007년도에 23.5%를 소유한 경우였다. 그런데 각각 그 이듬해인 1929년에 대공항이 일어났고 2008년에 금융위기가 발생했다. 시사하는 바가 실로 크다 하겠다.

따라서 과거의 자본중심적 시장경제에서 우리를 지배했던 '제로섬(zero sum)' 양식과 이에 대응하는 기제로 '이기적' 인간으로서 '경쟁'을 통해 '효율성'을 극대화해야 한다는 단선적이고 분절적 사고에서 벗어나는 계기로 사회적경제를 맞이해야 한다. 사회적경제는 '포지티브섬(positive sum)' 양식과 이에 대응하는 기제로 '상호적' 인간으로서 '신뢰와 협력'을 통해 '연대'를 강화하는 방향으로 운영되어야 한다. 호혜주의적 상호성에 입각하는 사회적경제는 자본중심적 시장경제와 달리 자기 성공의 발판을 파괴하지 않을 것이다.

마지막으로 'Nice guys (   ) first.'에 알맞은 동사가 'become'이 아니라 'finish'임을 음미해 보고자 한다. 사회적경제는 이상에서 이야기한 방향과 힘의 집중과 함께 인내심 또한 요구하고 있으며 그 긴 여정은 자각된 미션화에서만 비롯됨을 강조한다.

참고문헌

자본시장연구원(2012), 사회적기업 육성을 위한 자본시장 조성방안 연구.
가네코 이쿠요(2003), 김정복 역『커뮤니티 비즈니스의 시대』, 이매진.
국회예산정책처(2012), 사회적기업 육성사업평가.
김도훈(2005), "시스템사고로 본 정부의 규제정책",『한국시스템다이내믹스 연구』6(2), pp. 53-71.
김동환(2011),『시스템 사고』, 선학사.
김순양(2008), "사회적기업에 대한 성과평가 지표의 개발 및 적용",『지방정부연구』12(1), pp. 31-59.
김재구(2012), "수익창출하면서 삶의 질 향상 혁신의 프론티어, 사회적기업 키우자",『동아비즈니스리뷰』117, pp. 82-87.
김현대·하종란·차형석(2012),『협동조합, 참 좋다』, 푸른지식.
노희진(2013), "사회적기업 육성 방안",『자본시장weekly』(6).
도현명·박동천(2011a), "기업경쟁력 높이는 CSV, 첫발은 측정이다",『동아비즈니스리뷰』93, pp. 28-33.
_____(2011b), "기업, 정부, 시민단체의 경계 허무는 창조적 자본주의로 공유가치 창출하라",『동아비즈니스리뷰』92, pp. 34-39.
도현명·전상욱(2011), "경제적·사회적가치 모두 생산하는 임팩트비즈니스가 온다",『동아비즈니스리뷰』88, pp: 88-93.
문철우 외(2011), "사회적 가치측정 도구를 활용한 사회적기업의 자본투자 활성화 방안 연구", 한국사회적기업진흥원.
박원순(2011),『올리버는 어떻게 세상을 요리할까?』, 이매진.
사회적기업연구원(2011), "사회적기업 사회적가치 측정 지표개발에 관한 연구", 한국사회적기업진흥원.
안은정(2012), "이제 임팩트 투자가 대세, 수익과 사회 혁신 동시에 잡아라",『동아비즈니스리뷰』117, pp: 108-111.
이견직(2010),『의료경영학』, 무역경영사.
_____(2012),『전략적 의료운영관리』, 무역경영사.
이승규(2007),『사회적기업평가도구 개발』, 실업극복국민재단 정책연구원 심포지움.
이윤재·강달원·이화진(2012),『나눔과 상생의 경제: 사회적기업』, 탑북스.
이인재·황주희(2013), "사회적기업 생태계 활성화 방안과 정책적 함의",『한국사회와 행정연구』24(1).
이수연(2013), "협동조합 확산 예상, 우리사회 대안이 되길", 새사연 브리핑.
전병유 외(2012),『사회적기업 실태 조사 연구보고서』, 한국사회적기업진흥원.
정재운 외(2007), "시스템 다이내믹스의 정책지렛대를 활용한 RTE 핵심성공요인 도출에 관한 연구", 『정보시스템연구』 16(4), pp. 177-194.

정희태 외(2007), "BSC기반의 중소병원 경영성과예측 시스템다이내믹스 모델개발", 『한국시스템다이내믹스 연구』 8(2), pp. 209-304.

조달호·김범식·최봉(2012), "서울형 사회적기업의 성과 및 정책방향", 서울시정개발연구원.

조현웅·연승준·김상욱(2007), "BSC의 한계 극복을 위한 시스템다이내믹스의 활용", 『한국 시스템다이내믹스』 8(1), pp. 211-227.

최동석(2013), 『다시쓰는 경영학』, 21세기북스,.

최정규(2009), 『이타적 인간의 출현』, 뿌리와 이파리.

호소우치 노부타카(2006), 정정일 역, 『우리 모두 주인공인 커뮤니티비즈니스』, 이매진.

Amin, A. (Ed.)(2009), *The social economy: international perspectives on economic solidarity*, London: Zed Books.

Anderson, V. and L. Johnson(1997), *Systems Thinking Basics: From Concepts to Causal Loops*, Pegasus Communications.

Axelrod, R.(2009), (이경식 역), 『협력의 진화』, 시스테마.

Benkler, Y.(2011), "The Unselfish Gene", *Harvard Business Review*.

Bloom, D.E., D. Canning, & J. Sevilla(2003), "The Effect of Health on Economic Growth: A Production Function Approach", *World Development* 32(1), pp. 1-13.

Bloom, D.E. and R.B. Freeman(1986), "The Effects of Population Growth on Labor Supply and Employment in Developing Countries", *Population and Development Review* 12(3), pp. 381-414.

Bridge, S., B. Murtagh, and K. O'Neill(2009), *Understanding the social economy and the third sector*, London: Palgrave Macmillan.

Chesbrough, H.(2007), "Business Model Innovation", *Strategy & Leadership* 35(6), pp. 12-17.

Cicourel, A. V.(1981), "Notes on the integration of micro- and macrolevels of analysis," In K. Knorr-Cetina & A. V. Cicourel (Eds.), *Advances in social theory and methodology: toward an integration of micro- and macro-sociologies*, pp. 51-80, Boston: Routledge & Kegan Paul.

Cox, J.F. and J.G. Schleier (Ed.)(2010), *Theory of Constraints Handbook*, McGraw-Hill.

Creswell, J.W.(2005), 조흥식 외 역, 『질적 연구방법론: 다섯 가지 전통』, 학지사.

Crutchfield, L.R. and H. Grant(2010), 김병순 역, *Forces for Good*(『성공한 사회적기업과 비영리단체의 6가지 습관 - 선을 위한 힘』), 소동.

Dees, J.G., J. Emerson, and P. Economy(2001), *Enterprising Nonprofits: A Toolkit for Social Enterpreneurs*, John Wiley & Sons.

Dees, J.G., J. Emerson, and P. Economy(2002), *Strategic Tools for Social Enterpreneurs: Enhancing the Performance of Your Enterprising Nonprofit*, John Wiley & Sons.

Dettmer, H.W.(2007), *The Logical Thinking Process: A Systems Approach to Complex Problem Solving*, ASQ Quality Press.

Doherty(2008), 박대석 역, 『사회적기업경영론』, 시그마프레스.

Doherty, B., G. Foster, C. Mason, J. Meehan, K. Meehan, N. Rotheroe, and M. Royce(2009), *Management for Social Enterprise*, SAGE.

Drayton, B. and V. Budinich(2010), "A New Alliance for Global Change," *Harvard Business Review*.

Fragkandreas, T.(2012), "Reflections on social capital and economic performance," *International Review of Sociology* 22(2), July, pp. 259-271.

Goldratt, E. and J. Cox(1992), *The Goal: A Process of Ongoing Improvement*, North River Press, 59.

Goldratt, E., and E. Goldratt-Ashlag(2008), 최원준 역, *The Choice*(『초이스』), 웅진윙스.

Huh, H., H. Lee and Y. Lee(2007), "Demographic Shift and its Impact on Economic Growth," *Korea and the World Economy VI Conference*, University of Wollongong.

Iansiti, M. and R. Levien(2004), "Strategy as Ecology," *Harvard Business Review*.

Johnson, M.W., C.M. Christensin, and H. Kagermann(2008), "Reinventing Your Business Model", *Harvard Business Review* 86(12), pp: 50-59.

Juzhong, Z. and I. Ali(2010), "Poverty, Inequality, and Inclusive Growth in Asia," *Anthem Press and Asian Development Bank*, 1-31.

Kaplan, S.(2012), *The Business Model Innovation Factory*, John Wiley & Sons.

Kaplan, R.S. and D.P. Norton(1996), *The Balanced Scorecard*, MA: Harvard Business School Press.

Kinsley, M.(2008), 김지연 역, 『빌 게이츠의 창조적 자본주의』, 이콘.

Lynch, K. and J. Walls(2009), *Mission, Inc.: the Practitioner's Guide to Social Enterprise*, Berrett-Koehler Publishers.

MacLeod, G.(2012), 이인우 역, 『협동조합으로 지역개발하라: 몬드라곤을 보는 또 다른 시각』, 한국협동조합연구소.

Malone, T.W., R. Laubacher and C. Dellarocas(2010), "The Collective Intelligence," *MIT Sloan Management Review* 52(3).

Meadows, D.H.(2008), *Thinking in Systems*, Chelsea Green Publishing.

Morecroft, J.(2007), *Strategic Modelling and Business Dynamics: A Feedback Systems Approach*, John Wiley & Sons.

Mulgan, G.(2011), 김영수 역, *Social Innovation: What Is It, Why It Matters and How It Can Be Accelerated*(『사회혁신이란 무엇이며, 왜 필요하며, 어떻게 추진하는가』), 시대의 창.

Nowak, M.A. and R. Highfield(2011), 허준석 역, 『초협력자』, 사이언스북스.

Nyssens, M. (Ed.)(2006), *Social Enterprise: at the crossroads of market, public policies and civil society*, London: Routledge.

OECD(1999), *Social Enterprises*, OECD.

Park Y., J. Glenn, T. Gorden, and E. Florescu(2012), 김건우 외 역, *UN, The Millennium Project* (『유엔미래보고서 2030』), 교보문고.

Poter, M.(1990), *The Competitiveness Advantage of Nations*, New York: The Free Press.

Porter, M. and M.R. Kramer(2011), "Creating Shared Value," *Harvard Business Review*.

Porter, M. and M.R. Kramer(2012), 우정이 역, "Creating Shared Value"(이익+사회공헌, 공유가치를 창출하라), 동아비즈니스리뷰.

Prahalad, C.K.(2006), 유호현 역, *The Fortune at the Bottom of the Pyramid*(『저소득층 시장을 공략하라』), 럭스미디어.

Prahalad, C.K. and G. Hamel(1990), "The Core Competence of the Corporation," *Harvard Business Review*.

Ridley-Duff, R. and M. Bull(2011), *Understanding Social Enterprise: Theory & Practice*, SAGE.

Schumpeter, J.A.(2011), 변상진 역, 『자본주의 사회주의 민주주의』, 한길사.

Sen, A.(1999), 원용찬 역, 『센코노믹스: 인간의 행복에 말을 거는 경제학』, 갈라파고스.

Senge, P.(1996), 안중호 역, 『제5경영』, 세종서적.

Social Enterprise Coalition(2003), *There's more to business than you think: a guide to social enterprise*.

Sproull, B.(2009), *The Ultimate Improvement Cycle: Maximizing Profits through the Integration of Lean, Six Sigma, and the Theory of Constraints*, CRC Press.

Sterman, J.D.(2000), *Business Dynamics: Systems Thinking and Modeling for a Complex World*, Irwin McGraw-Hill.

The Roberts Enterprise Development Fund(2003), *Measuring Impact: REDF workforce development outcome measurement*.

Yin, R.K.(2008), 서경식·서아영 역, 『사례연구방법』, 한경사.

Zamagni, S. and V. Zamagni(2009), 송성호 역, 『협동조합으로 기업하라』, 북돋움.

제 I 부

사회적경제(Social Economy)와 생태계

제3장
한국의 사회적경제 현황 및 전망[1)]

김정원(자활정책연구소 소장)

1. 들어가며

최근 사회적경제에 대한 관심이 뜨겁다. 2014년 벽두부터 여야는 국회 교섭단체 대표 연설에서 공통적으로 사회적경제의 중요성을 강조하더니 지방선거를 앞두고 여야 공동으로 사회적경제 공약을 적극 개진할 것을 표명하기도 했다. 그런가 하면, 사회적경제기본법 제정을 위한 움직임이 여야 공통적으로 진행되고 있어 사회적경제 전반을 아우르는 제도의 등장도 곧 있을 것으로 예상된다.

사회적경제가 우리 사회에서 담론 차원에서 등장한 것은 1990년대 후반의 외환위기 시절이었다. 당시 미증유의 경제위기가 가져온 빈곤과 실업 문제에 대한 시민사회 차원의 적극적 대응 속에서 제기되었던 사회적경제는 당시만 해도 어려운 용어였다. 용어 자체가 어려웠을 뿐 아니라 이념적으로 지나치게 한 쪽으로 기울어진 우리 사회에서 경제 앞에 '사회

---

1) 이 글은 2013년에 발행된 <사회적경제리뷰> 봄호(통권) 제2호에 필자가 발표한 "사회적경제와 국가 – 한국의 흐름에 대한 비판적 고찰"의 내용을 보완하고 문제의식을 발전시켜 구성했다.

적'이라는 수식어를 붙이는 것은 다소 불편한 접근 방식이었을 수도 있었다. 지금은 잘 쓰지 않게 된 사회적 일자리라는 개념은 그래서 좀 더 접근하기 쉬운 개념으로 채택된 것이었다. 이처럼 우회적인 접근을 시도해야 했던 사회적경제가 이제는 제도적 지원을 앞둘 정도로 시민권을 확보한 개념이 되었다. 이는 외환위기 이후 우리 사회가 사회적경제의 필요성이 계속적으로 강조되고 그 조직화가 계속 확장되어 왔으며, 그 과정에서 사회적경제에 대한 동의가 계속 이뤄져오는 방향으로 작동했음을 뜻한다.

오늘날 한국에서 사회적경제가 이처럼 지지를 받고 있는 이유는 아마 여러 가지가 있을 것이다. 그 중에서도 굳이 하나를 들어야 한다면, 시장의 작동 방식을 최우선적인 가치로 삼는 사회 시스템이 야기하는 문제를 어떤 방식으로든 치유할 필요가 있다는 데에 대한 동의일 것이다. 사회적경제가 주로 '대안'의 한 방식으로 거론되는 것도 이 때문이다. 사회적경제의 등장 배경이나 흔히 사회적경제라 일컬어지는 조직들의 작동 방식을 살펴보면 사회적경제가 이념형적으로는 '대안'으로서의 의미를 지니고 있음을 부인하기 어렵다. 그러나 사회적경제는 국가 및 시장과 접촉을 하면서 작동한다. 이는 국가 및 시장에 영향을 미치기도 하지만 국가 및 시장으로부터 부단한 영향을 받을 수밖에 없음을 뜻한다. 또한 일국적 차원에서 작동하는 사회적경제는 그 사회의 문화나 역사, 그리고 이념적 지평으로부터 자유로울 수 없다.2) 그런 의미에서 사회적경제에 기대하는 '대안'은 사실은 제한적일 수밖에 없다. 이는 사회적경제가 갖는 '대안'의 의미가 그리 크지 않음을 지적하고자 하는 것이 아니다. 막연하게 '대안'으로서 이해하고 접근하는 것이 사회적경제에 대한 바람직한 이해를 오히려 가로막을 가능성이 큼을 지적하려는 것이다.

이 글의 문제의식은 바로 여기에서 출발한다. 한국의 사회적경제 역시

---

2) 이는 그리 새삼스러운 지적이 아니다. 드루프니와 드벨트레(Defourny & Develtere, 1999)는 세계적으로도 종교 및 지리적-민족적 정체성과 같은 문화적 특성과 결합하는 다양한 방식의 연대 경제가 있음을 지적하기도 했으며, 아민(Amin, 2009)는 사회적경제에 대해서 전세계적으로 대략 네 개의 경로가 있음을 설명하기도 했다.

국가 및 시장, 문화나 역사, 그리고 이념적 지평이라는 일종의 환경을 기반으로 어떤 특성을 지니고 있을 것이다. 이러한 문제의식을 바탕으로 이 글은 한국 사회적경제의 현황과 전개과정을 짚어보면서 이를 바탕으로 한국의 사회적경제가 갖는 특성을 규명하는 데 기여해보고자 한다.

2. 사회적경제에 대한 개념적 이해

1) 역사적 접근

사회적경제는 경제학에서 도덕적 접근을 강조하기 위해서 1830년에 프랑스의 자유주의 경제학자 샤를 드노와이에(Charles Dunoyer)에 의해 처음 사용된 개념으로 알려져 있다(Chaves & Monzon, 2012). 처음 그가 사용한 사회적경제라는 용어는 오늘날과 같은 의미를 갖는 것이 아니었다. 그러나 오늘날 사회적경제는 자기조정적 시장과 전통적 시장경제에 대한 해법으로 경제민주주의를 강화시키거나(Chaves & Monzon, 2012) 또는 시장경제의 절대화 및 그것의 부수물인 시장사회와 경쟁하는 새로운 정치사회적경제 프로젝트로 여겨지는 등(Laville, 2003) 대안적 경제 개념으로 언급되곤 한다.[3]

역사적으로 사회적경제는 종종 구사회적경제(the old social economy)와 신사회적경제(the new social economy)로 구분된다(Defourny & Develtere, 1999; Fontan & Shragge, 2000; Ninacs, 2002). 구사회적경제는 18세기 후반에서 19세기 초에 이르는 시기에 나타난 협동조합 조직화의 실험에서 기인한다(Chaves & Monzon, 2012). 당시 자본주의적 시장 경제 시스템의 고착화와 함께 노동자들은 백인 노예로 불릴 정도로 비참한 상황에 놓여

---

[3] 신명호(2013)에 의하면 이와 같은 현대적 용례에 가깝게 사회적경제라는 용어를 사용한 것은 샤를 지드(Charles Gide)로 그는 협동조합과 같은 '사회적경제'를 성장시킴으로써 자본주의의 문제, 특히 분배의 불평등을 점진적으로 개선해 나갈 수 있다고 확신했다고 한다.

있었다(정진성, 1991). 이런 상황에서 노동문제는 가장 중요한 사회적 문제였고 당시 상황에 비판적이던 다양한 사조들의 영향을 받은 이론가들과 실천가들은 다양한 대안적인 문제 제기와 실험을 시도한다. 협동조합의 조직화나 공제조합의 등장은 이런 실험의 일환이었다. 이는 당시 사회적경제 조직들의 역할이 시장경제의 등장과 함께 나타난 사회적 위험에 대한 노동자들의 집합적 이해의 방어와 증진이었음을 뜻한다(Fontan & Shragge, 2000). 특히 협동조합이나 공제조합 등은 1인 1표라는 형식을 통해 민주적인 의사결정을 실현하는 특성을 지녔는데, 이는 '자본 이전에 인간'이라는 원칙이 강조된 데서 기인한다(Ninacs, 2002). 이런 탓에 오늘날 사회적경제는 종종 '인간 중심의 경제'로 그 특성이 규정되기도 한다.

19세기 중반 이후 크게 활성화되었던 사회적경제는 복지국가의 등장 및 확산, 시장경제와의 경쟁 속에서 동화 내지 침윤을 겪으면서 퇴조해갔으나 1970년대 이후 새로운 동력으로 조직되기 시작한다. 그것은 일반적으로 고용창출과 서비스 공급을 그들의 역할에 포함시켜 사회적 협력, 상호 부조, 그리고 저항을 결합하는 동시에 사회적 결속과 적극적인 사회참여를 쟁점으로 결합시키는 것이었다(Laville, 2003). 이 시기는 경제위기와 함께 실업의 확산과 사회적 배제가 대두하는 와중에 기존의 국가 복지가 이에 대해 적절한 치유를 하지 못하고 있다는 비판이 높아져가던 시기였다. 이런 상황에서 협동조합, 공제조합, 결사체들은 자신들의 활동이 공통적인 특성을 가지고 있음을 발견하게 되었고, 비전을 파악하고 서로의 유사 관계를 재확인하면서 자신들의 활동을 사회적경제로 규정한다(Defourny & Develtere, 1999). 특히 프랑스에서는 이런 움직임의 일환으로 사회적경제 조직들에 의해서 1980년에 사회적경제헌장이 제정되기도 한다. 여기에는 공적영역에 속하지 않으면서 구성원들이 평등한 권리와 의무를 지니는 민주적으로 운영되는 조직으로, 소유권과 이윤의 분배를 실현하며, 잉여는 고용을 위해 활용되고 구성원과 사회를 위한 서비스를 증진시키는 조직을 사회적경제로 규정하는, 이른바 오늘날 사회적경제의 특징으로 규정되는 내용이 담긴다(Chaves & Monzon, 2012). 이러한 활동의 결과물로 시민사회 내에서 새로운 집합적 기업가정신이 강조되고 법적·제도적 결합을 낳기에 이르는데 1970년대 이래 새롭게 등장한 이러한 활동을 신사회적경제라고도 한다. 이런 움직임에 대해 올손(Olsson)은 민주주의와 연대에 기반을 둔 기업적 활동이자 시민들의 조직화된 경제적 협력이라고 말하며(Lorendahl, 1997), 라빌(Laville, 2003)은 고용창출과 함께 사회적·정치적 연계를 재생하고 사회의 기본구조를 공고히 할 수 있으며, 아울러서 시민사회의 변화도 추구한다고 지적한다.

이처럼 사회적경제는 역사적으로 자본주의적 시장경제 시스템이 가져오는 문제를 경제의 조직방식을 달리해서 대응하려는 시도였다. 특히 오늘날 사회적경제가 주목받는 배경에는 시장경제를 강조하는 주류 진영에서조차 자본주의가 현재와 같은 형태로 생존할 수 있는지에 대한 의문이 제기될 정도로 자본주의의 지속가능성에 대한 문제제기가 확산되는 것이 자리잡고 있기도 하다. 그 결과 시장경제의 사회화에 대한 문제의식이 확산되고 있으며, 사회적경제는 여기서 그 역할과 잠재력을 평가받고 있는 것이다(Amin, 2009).

2) 사회적경제의 범주

사회적경제의 범주에 대한 접근은 통상 조직의 성격과 운영 원칙을 중심으로 이뤄진다. 이러한 접근 중 가장 일반적으로 받아들여지는 것은 유럽의 사회적 기업 연구 네트워크인 EMES 네트워크의 드푸르니(Jacques Defourny)의 정의이다. 그에 의하면, 사회적경제는 협동조합(co-operatives), 공제조합(mutual societies), 결사체(associations), 재단(foundations)으로 구성되며, '① 이윤보다는 구성원이나 지역사회의 이익을 위한 활동이 우선적 목표, ② 독립적 운영, ③ 민주적 의사결정과정, ④ 자본보다는 인간과 노동을 먼저 고려한 소득 배분'을 그 운영 원칙으로 한다(Defourny, 2004). 그러나 니낙스(Ninacs, 2002)는 협동조합, 공제조합, 결사체 등의 조직은 구사회적 경제에 해당하며 여기에 협동조합의 특성을 가지고 있는 사적 부문의 기업과

[그림 3-1] 니낙스(Ninacs, W)가 제시한 사회적경제 구성

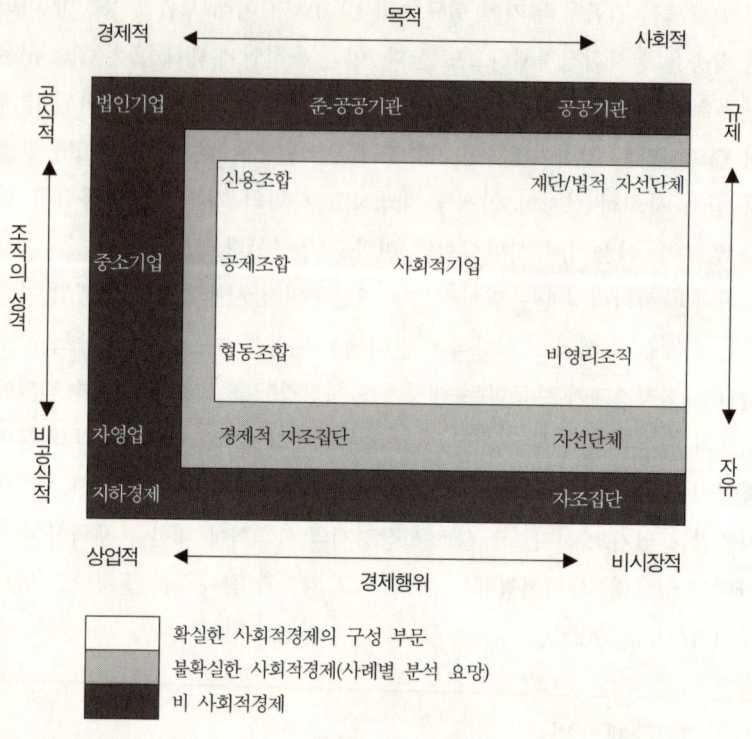

자료: Ninacs(2002:7)에서 인용.

상대적으로 자율적인 공공부문의 기관을 포함해야 한다는 주장을 펼치면서 여기에 비교를 위해서는 목적과 가치를 기준에 덧붙일 것을 제안한다(〈그림 3-1〉 참조). 그런가 하면 퀘백사회투자기금(Réseau d'Investissement Social du Québec)에서는 사회적경제를 지역사회에 기반한 협동적 기업가정신 위에 세워진 모든 활동과 조직으로 규정하며, 조직의 작동 원리와 규칙으로 다섯 가지를 제시한다. 이 중 네 가지는 드푸르니와 유사한데, 덧붙여지는 하나는 사회적경제가 개인과 지역사회의 참여, 임파워먼트와 책임성의 원리에 기반을 두고 활동한다는 것이다.

사회적경제의 범주를 조직의 성격과 운영원칙이라는 두 측면에서 접근하는 것은 중요한 의미를 지닌다. 굳이 분류를 하자면 조직의 성격은 형식이고 운영원칙은 실체라 할 수 있을 것이다. 이는 사회적경제를 조직의 성격이라는 측면에서만 접근하면, 형식적인 접근이 될 수 있음을 함의한다. 따라서 사회적경제를 좀 더 실체적인 측면에서 접근하려면 운영원칙이 얼마나 구현되고 있는지를 함께 살펴봐야 할 것이다.

3. 한국의 사회적경제 현황

1) 한국의 사회적경제의 범주 설정

한국의 사회적경제 현황을 짚어보기 위해서는 우선 사회적경제의 범주를 규정해야 할 것이다. 그간 한국에서도 사회적경제의 범주를 설정하려는 시도가 종종 있었다. 가장 멀리는 노대명(2007)에 의해 시도된 적이 있었다. 그는 국가와 시장의 중간 지대로 사회적경제를 설정하고 국가와 사회적경제와의 사이를 정부의존과 자립지향이라는 대칭적 관계로 구분했으며, 사회적경제와 시장의 사이를 비영리와 영리라는 대칭적 관계로 구분한 뒤 한국 사회적경제의 구성을 소개하였다(〈표 3-1〉 참조). 그런가 하면 엄형식(2008)은 드푸르니의 견해를 가져와서 사회적경제를 설명한 후 전통적 사회적경제와 새로운 사회적경제로 구분한 후 전자에 농협, 수협, 산림조합, 새마을금고, 신협을, 그리고 후자에는 소비자생활협동조합과 사회적기업을 포함시키고 있다. 신명호(2009)는 이들의 분류법이 불어권의 개념을 가감 없이 대입시킨 결과라고 주장하며, 농협, 수협과 같이 해방 후 조직된 협동조합은 이른바 사회적경제의 네 가지 원칙에 입각해서 생겨나고 발전해왔다고 보기 어려움을 지적하고 규범적 내용을 중심에 놓고 사회적경제를 규정할 것을 주장한다.

이들의 주장이 나름대로 이론적 근거를 가지고 진행되는데 반해 최근

[표 3-1] 노대명의 한국 사회적경제 구성

성격 I	성격 II	유형 분류	세부 설명
국가 ▼ ▼ ○ ○ 사회적경제 ○ ○ ▲ ▲ 시장	정부 의존 ▲ ○ ▼ 자립지향 비영리 ▲ ○ ▼ 영리	공공지원형 일자리사업	장애인 보호작업장/노인생산공동체
			복지부 자활근로사업단
			노동부 사회적일자리사업
		공공지원형 사회적기업	자활공동체
			노동부 사회적기업
		민간 지원기관	대안금융기관
		사회적경제조직	시민단체(서비스 공급형)
			노동자협동조합
			생활협동조합
			농협/수협/산림조합
			신협/새마을금고

자료: 노대명(2007:63)에서 인용.

[표 3-2] 신명호의 한국 사회적경제 조직 분류

경제활동의 영역	사회적경제 조직의 예	
생산	사회적기업, 자활공동체, 사회적 일자리 사업 조직, 노동자협동조합 등	로컬푸드 운동네트워크
소비	생활협동조합, 의료생협, 공동육아협동조합 등	
교환	지역화폐, 아나바나운동단체 등	
분배	자선모금단체, 마이크로크레딧 기관 등	

자료: 신명호(2009:36)에서 인용.

의 경향은 주로 정부의 정책과 결부되어서 범주를 구분하는 경향이 나타난다. 그런 탓에 통상적으로 사회적기업, 마을기업, 농어촌공동체회사, 자활기업, 협동조합 등이 사회적경제 조직으로 규정받곤 한다. 한국의 사회적경제가 정부의 정책 운영과 밀접한 관계 속에서 조직되고 있음을 고려한다면 이 또한 무시할 수는 없을 것이다.

이 글에서는 다음과 같은 조직들을 사회적경제의 범주에 포함시켜서 살펴본다. 그것은 농협, 수협, 산림조합, 신협, 새마을금고, 생협, 사회적기업, 마을기업, 자활기업, 농어촌공동체회사, 협동조합기본법에 의거한 협동조합(이하 '협동조합')이다. 이 중 농협, 수협, 산림조합, 신협, 새마을금고는 국제협동조합연맹(ICA)에 가입되어 있는 조직이고,[4] 생협 중에서도 iCOOP은 국제협동조합연맹에 가입되어 있다. 사회적기업, 마을기업, 자활기업, 농어촌공동체회사, 협동조합 등은 정책과 담론 영역에서 사회적경제 조직으로 흔히 거론되는 조직들이다.

한편, 이 글에서는 사회적경제를 구사회적경제와 신사회적경제로 구분하는 역사적 맥락을 활용하기로 한다. 구사회적경제로는 농협, 수협, 산림조합, 신협, 새마을금고를 설정하고, 신사회적경제로는 생협, 자활기업, 사회적기업, 마을기업, 농어촌공동체회사, 협동조합을 설정한다. 구사회적경제로 설정한 조직들은 긴 역사를 가지고 있으며, 협동조합의 유형 구분을 적용하자면 생산자협동조합과 신용협동조합으로 구성되어 있다. 이들은 그간 한국의 사회적경제 담론에서 중요한 비중을 차지하지 못해왔는데, 그것은 한국에서 사회적경제 담론의 등장이 1990년대 후반부터이기 때문인 것도 있지만 이른바 관제협동조합으로 불리는 현실 때문이기도 하다. 그래서 규범적 측면에서 볼 때 사회적경제로 포함시키기 어렵다는 지적이 있을 수 있다. 그러나 협동조합이 보편적으로 사회적경제로 수용되는 현실에서 이를 제외할 경우 비교 분석이라는 점에서 약점을 노출할 가능성이 크고 이들이 모두 국제협동조합연맹(ICA)에 가입되어 있는 점을 고려해서 포함을 했다. 신사회적경제로 설정한 조직들은 시민사회에 기반을 두고 조직된 경제활동 조직으로서 생협을 제외하고는 1990년대 이후 사회적경제 담론 및 정책의 등장과 함께 확산된 경우가 대부분이다.

이러한 접근이 한국의 사회적경제를 온전하게 살펴보는 데 한계가 있음은 분명하다. 특히 마이크로크레딧 기관이라든지 지역통화 활동 조직,

---

[4] 이들 외에 엽연초생산협동조합과 중소기업협동조합이 개별법을 가지고 있는 협동조합이나 이들은 ICA에 가입되어 있지 않았을 뿐 아니라 그간 사회적경제 담론에서도 전혀 거론되지 않은 조직들이어서 제외했다.

또는 노동자자주관리기업 등 사회적경제에 포함될 수 있는 좀 더 많은 조직들이 제외되었고, 역시 사회적경제로 포함할 수 있는 민간단체도 제외되었다. 그러나 글의 논지를 분명히 하기 위해서는 이들을 제외하는 것이 더 적합하다고 판단했다. 먼저, 한국에서 대부분의 민간단체는 재화와 서비스의 생산 및 판매라는 경제 행위와 거기라 멀다. 사회적경제가 비시장적 가치를 중요시하나 경제 행위가 이뤄져야 하므로 민간단체는 제외할 필요가 있다고 봤다. 둘째, 마이크로크레딧 기관이라든지 지역통화 활동 조직, 또는 노동자자주관리기업 등은 양적으로 많지 않은 탓에 유의미하게 접근하기 어렵다고 봐서 제외했다.5) 셋째, 결국 이 글에서 다루는 사회적경제는 정부의 제도를 기반으로 하는 조직들로 구성되었다. 이는 특히 한국의 사회적경제가 지니고 있는 특성 중 국가와의 관계를 좀 더 분명히 하는 데 도움이 될 것이다.

2) 한국의 사회적경제 현황6)

① 구사회적경제

구사회적경제의 조직화 과정을 살펴보면 크게 두 유형으로 구분된다. 그것은 국가 주도로 조직된 부분과 민간 주도로 조직된 부분이다. 전자는 농협, 수협, 산림조합, 새마을금고이며, 후자는 신협이다. 이 중 농협, 수협, 산림조합은 일제강점기 식민통치의 하부 조직으로서 역할을 했던 관변단체들을 물적 기반으로 조직되었으며, 새마을금고는 쿠데타로 집권한 박정희 정부에서 조직된 재건국민운동이라는 관변단체가 중요한 역할을 했다. 이들과 달리 신협은 빈곤 문제 해결을 위한 방법론으로서 자조에 대한 고민이 낳은 운동으로서 시작되었다. 이들 각각의 현황을 간략하게

---

5) 이들에 대한 제외가 이들이 사회적경제의 구성 부분이 아님을 뜻하는 것은 아니다. 후술할 사회적경제의 전개과정에서 이들의 조직화 시도를 언급할 것이다.
6) 한국 사회적경제의 전반적 현황에 대해 보다 자세한 내용을 접하려면 엄형식(2008)과 장종익 외(2011)를 참조하기 바란다.

기업, 마을기업, 자활기업, 농어촌공동체회사, 협동조합기본법에 의거한 협동조합(이하 '협동조합')이다. 이 중 농협, 수협, 산림조합, 신협, 새마을금고는 국제협동조합연맹(ICA)에 가입되어 있는 조직이고,[4] 생협 중에서도 iCOOP은 국제협동조합연맹에 가입되어 있다. 사회적기업, 마을기업, 자활기업, 농어촌공동체회사, 협동조합 등은 정책과 담론 영역에서 사회적경제 조직으로 흔히 거론되는 조직들이다.

한편, 이 글에서는 사회적경제를 구사회적경제와 신사회적경제로 구분하는 역사적 맥락을 활용하기로 한다. 구사회적경제로는 농협, 수협, 산림조합, 신협, 새마을금고를 설정하고, 신사회적경제로는 생협, 자활기업, 사회적기업, 마을기업, 농어촌공동체회사, 협동조합을 설정한다. 구사회적경제로 설정한 조직들은 긴 역사를 가지고 있으며, 협동조합의 유형 구분을 적용하자면 생산자협동조합과 신용협동조합으로 구성되어 있다. 이들은 그간 한국의 사회적경제 담론에서 중요한 비중을 차지하지 못해왔는데, 그것은 한국에서 사회적경제 담론의 등장이 1990년대 후반부터이기 때문인 것도 있지만 이른바 관제협동조합으로 불리는 현실 때문이기도 하다. 그래서 규범적 측면에서 볼 때 사회적경제로 포함시키기 어렵다는 지적이 있을 수 있다. 그러나 협동조합이 보편적으로 사회적경제로 수용되는 현실에서 이를 제외할 경우 비교 분석이라는 점에서 약점을 노출할 가능성이 크고 이들이 모두 국제협동조합연맹(ICA)에 가입되어 있는 점을 고려해서 포함을 했다. 신사회적경제로 설정한 조직들은 시민사회에 기반을 두고 조직된 경제활동 조직으로서 생협을 제외하고는 1990년대 이후 사회적경제 담론 및 정책의 등장과 함께 확산된 경우가 대부분이다.

이러한 접근이 한국의 사회적경제를 온전하게 살펴보는 데 한계가 있음은 분명하다. 특히 마이크로크레딧 기관이라든지 지역통화 활동 조직,

---

[4] 이들 외에 엽연초생산협동조합과 중소기업협동조합이 개별법을 가지고 있는 협동조합이나 이들은 ICA에 가입되어 있지 않았을 뿐 아니라 그간 사회적경제 담론에서도 전혀 거론되지 않은 조직들이어서 제외했다.

또는 노동자자주관리기업 등 사회적경제에 포함될 수 있는 좀 더 많은 조직들이 제외되었고, 역시 사회적경제로 포함할 수 있는 민간단체도 제외되었다. 그러나 글의 논지를 분명히 하기 위해서는 이들을 제외하는 것이 더 적합하다고 판단했다. 먼저, 한국에서 대부분의 민간단체는 재화와 서비스의 생산 및 판매라는 경제 행위와 거리가 멀다. 사회적경제가 비시장적 가치를 중요시하나 경제 행위가 이뤄져야 하므로 민간단체는 제외할 필요가 있다고 봤다. 둘째, 마이크로크레딧 기관이라든지 지역통화 활동 조직, 또는 노동자자주관리기업 등은 양적으로 많지 않은 탓에 유의미하게 접근하기 어렵다고 봐서 제외했다.5) 셋째, 결국 이 글에서 다루는 사회적경제는 정부의 제도를 기반으로 하는 조직들로 구성되었다. 이는 특히 한국의 사회적경제가 지니고 있는 특성 중 국가와의 관계를 좀 더 분명히 하는 데 도움이 될 것이다.

2) 한국의 사회적경제 현황6)

① 구사회적경제

구사회적경제의 조직화 과정을 살펴보면 크게 두 유형으로 구분된다. 그것은 국가 주도로 조직된 부분과 민간 주도로 조직된 부분이다. 전자는 농협, 수협, 산림조합, 새마을금고이며, 후자는 신협이다. 이 중 농협, 수협, 산림조합은 일제강점기 식민통치의 하부 조직으로서 역할을 했던 관변단체들을 물적 기반으로 조직되었으며, 새마을금고는 쿠데타로 집권한 박정희 정부에서 조직된 재건국민운동이라는 관변단체가 중요한 역할을 했다. 이들과 달리 신협은 빈곤 문제 해결을 위한 방법론으로서 자조에 대한 고민이 낳은 운동으로서 시작되었다. 이들 각각의 현황을 간략하게

---

5) 이들에 대한 제외가 이들이 사회적경제의 구성 부분이 아님을 뜻하는 것은 아니다. 후술할 사회적경제의 전개과정에서 이들의 조직화 시도를 언급할 것이다.
6) 한국 사회적경제의 전반적 현황에 대해 보다 자세한 내용을 접하려면 엄형식(2008)과 장종익 외(2011)를 참조하기 바란다.

사회적경제의 범주를 조직의 성격과 운영원칙이라는 두 측면에서 접근하는 것은 중요한 의미를 지닌다. 굳이 분류를 하자면 조직의 성격은 형식이고 운영원칙은 실체라 할 수 있을 것이다. 이는 사회적경제를 조직의 성격이라는 측면에서만 접근하면, 형식적인 접근이 될 수 있음을 함의한다. 따라서 사회적경제를 좀 더 실체적인 측면에서 접근하려면 운영원칙이 얼마나 구현되고 있는지를 함께 살펴봐야 할 것이다.

3. 한국의 사회적경제 현황

1) 한국의 사회적경제의 범주 설정

한국의 사회적경제 현황을 짚어보기 위해서는 우선 사회적경제의 범주를 규정해야 할 것이다. 그간 한국에서도 사회적경제의 범주를 설정하려는 시도가 종종 있었다. 가장 멀리는 노대명(2007)에 의해 시도된 적이 있었다. 그는 국가와 시장의 중간 지대로 사회적경제를 설정하고 국가와 사회적경제와의 사이를 정부의존과 자립지향이라는 대칭적 관계로 구분했으며, 사회적경제와 시장의 사이를 비영리와 영리라는 대칭적 관계로 구분한 뒤 한국 사회적경제의 구성을 소개하였다(〈표 3-1〉 참조). 그런가 하면 엄형식(2008)은 드푸르니의 견해를 가져와서 사회적경제를 설명한 후 전통적 사회적경제와 새로운 사회적경제로 구분한 후 전자에 농협, 수협, 산림조합, 새마을금고, 신협을, 그리고 후자에는 소비자생활협동조합과 사회적기업을 포함시키고 있다. 신명호(2009)는 이들의 분류법이 불어권의 개념을 가감 없이 대입시킨 결과라고 주장하며, 농협, 수협과 같이 해방 후 조직된 협동조합은 이른바 사회적경제의 네 가지 원칙에 입각해서 생겨나고 발전해왔다고 보기 어려움을 지적하고 규범적 내용을 중심에 놓고 사회적경제를 규정할 것을 주장한다.

이들의 주장이 나름대로 이론적 근거를 가지고 진행되는데 반해 최근

[표 3-1] 노대명의 한국 사회적경제 구성

성격 I	성격 II	유형 분류	세부 설명
국가 ▼▼○○ 사회적경제 ○○▲▲ 시장	정부 의존 ▲○▼ 자립지향	공공지원형 일자리사업	장애인 보호작업장/노인생산공동체
			복지부 자활근로사업단
			노동부 사회적일자리사업
		공공지원형 사회적기업	자활공동체
			노동부 사회적기업
		민간 지원기관	대안금융기관
	비영리 ▲○▼ 영리	사회적경제조직	시민단체(서비스 공급형)
			노동자협동조합
			생활협동조합
			농협/수협/산림조합
			신협/새마을금고

자료: 노대명(2007:63)에서 인용.

[표 3-2] 신명호의 한국 사회적경제 조직 분류

경제활동의 영역	사회적경제 조직의 예	
생산	사회적기업, 자활공동체, 사회적 일자리 사업 조직, 노동자협동조합 등	로컬푸드 운동네트워크
소비	생활협동조합, 의료생협, 공동육아협동조합 등	
교환	지역화폐, 아나바나운동단체 등	
분배	자선모금단체, 마이크로크레딧 기관 등	

자료: 신명호(2009:36)에서 인용.

의 경향은 주로 정부의 정책과 결부되어서 범주를 구분하는 경향이 나타난다. 그런 탓에 통상적으로 사회적기업, 마을기업, 농어촌공동체회사, 자활기업, 협동조합 등이 사회적경제 조직으로 규정받곤 한다. 한국의 사회적경제가 정부의 정책 운영과 밀접한 관계 속에서 조직되고 있음을 고려한다면 이 또한 무시할 수는 없을 것이다.

이 글에서는 다음과 같은 조직들을 사회적경제의 범주에 포함시켜서 살펴본다. 그것은 농협, 수협, 산림조합, 신협, 새마을금고, 생협, 사회적기업, 마을기업, 자활기업, 농어촌공동체회사, 협동조합기본법에 의거한 협동조합(이하 '협동조합')이다. 이 중 농협, 수협, 산림조합, 신협, 새마을금고는 국제협동조합연맹(ICA)에 가입되어 있는 조직이고,[4] 생협 중에서도 iCOOP은 국제협동조합연맹에 가입되어 있다. 사회적기업, 마을기업, 자활기업, 농어촌공동체회사, 협동조합 등은 정책과 담론 영역에서 사회적경제 조직으로 흔히 거론되는 조직들이다.

한편, 이 글에서는 사회적경제를 구사회적경제와 신사회적경제로 구분하는 역사적 맥락을 활용하기로 한다. 구사회적경제로는 농협, 수협, 산림조합, 신협, 새마을금고를 설정하고, 신사회적경제로는 생협, 자활기업, 사회적기업, 마을기업, 농어촌공동체회사, 협동조합을 설정한다. 구사회적경제로 설정한 조직들은 긴 역사를 가지고 있으며, 협동조합의 유형 구분을 적용하자면 생산자협동조합과 신용협동조합으로 구성되어 있다. 이들은 그간 한국의 사회적경제 담론에서 중요한 비중을 차지하지 못해왔는데, 그것은 한국에서 사회적경제 담론의 등장이 1990년대 후반부터이기 때문인 것도 있지만 이른바 관제협동조합으로 불리는 현실 때문이기도 하다. 그래서 규범적 측면에서 볼 때 사회적경제로 포함시키기 어렵다는 지적이 있을 수 있다. 그러나 협동조합이 보편적으로 사회적경제로 수용되는 현실에서 이를 제외할 경우 비교 분석이라는 점에서 약점을 노출할 가능성이 크고 이들이 모두 국제협동조합연맹(ICA)에 가입되어 있는 점을 고려해서 포함을 했다. 신사회적경제로 설정한 조직들은 시민사회에 기반을 두고 조직된 경제활동 조직으로서 생협을 제외하고는 1990년대 이후 사회적경제 담론 및 정책의 등장과 함께 확산된 경우가 대부분이다.

이러한 접근이 한국의 사회적경제를 온전하게 살펴보는 데 한계가 있음은 분명하다. 특히 마이크로크레딧 기관이라든지 지역통화 활동 조직,

---

[4] 이들 외에 엽연초생산협동조합과 중소기업협동조합이 개별법을 가지고 있는 협동조합이나 이들은 ICA에 가입되어 있지 않았을 뿐 아니라 그간 사회적경제 담론에서도 전혀 거론되지 않은 조직들이어서 제외했다.

또는 노동자자주관리기업 등 사회적경제에 포함될 수 있는 좀 더 많은 조직들이 제외되었고, 역시 사회적경제로 포함할 수 있는 민간단체도 제외되었다. 그러나 글의 논지를 분명히 하기 위해서는 이들을 제외하는 것이 더 적합하다고 판단했다. 먼저, 한국에서 대부분의 민간단체는 재화와 서비스의 생산 및 판매라는 경제 행위와 거기라 멀다. 사회적경제가 비시장적 가치를 중요시하나 경제 행위가 이뤄져야 하므로 민간단체는 제외할 필요가 있다고 봤다. 둘째, 마이크로크레딧 기관이라든지 지역통화 활동 조직, 또는 노동자자주관리기업 등은 양적으로 많지 않은 탓에 유의미하게 접근하기 어렵다고 봐서 제외했다.[5] 셋째, 결국 이 글에서 다루는 사회적경제는 정부의 제도를 기반으로 하는 조직들로 구성되었다. 이는 특히 한국의 사회적경제가 지니고 있는 특성 중 국가와의 관계를 좀 더 분명히 하는 데 도움이 될 것이다.

2) 한국의 사회적경제 현황[6]

① 구사회적경제

구사회적경제의 조직화 과정을 살펴보면 크게 두 유형으로 구분된다. 그것은 국가 주도로 조직된 부분과 민간 주도로 조직된 부분이다. 전자는 농협, 수협, 산림조합, 새마을금고이며, 후자는 신협이다. 이 중 농협, 수협, 산림조합은 일제강점기 식민통치의 하부 조직으로서 역할을 했던 관변단체들을 물적 기반으로 조직되었으며, 새마을금고는 쿠데타로 집권한 박정희 정부에서 조직된 재건국민운동이라는 관변단체가 중요한 역할을 했다. 이들과 달리 신협은 빈곤 문제 해결을 위한 방법론으로서 자조에 대한 고민이 낳은 운동으로서 시작되었다. 이들 각각의 현황을 간략하게

---

[5] 이들에 대한 제외가 이들이 사회적경제의 구성 부분이 아님을 뜻하는 것은 아니다. 후술할 사회적경제의 전개과정에서 이들의 조직화 시도를 언급할 것이다.

[6] 한국 사회적경제의 전반적 현황에 대해 보다 자세한 내용을 접하려면 엄형식(2008)과 장종익 외(2011)를 참조하기 바란다.

살펴보면 다음과 같다.

먼저, 농협은 해방 후 농업국가였던 당시 한국에서 농업 발전이라는 주요한 국가적 관심이 배경으로 작동했다. 이런 배경으로 인해 민간과 정부 모두 농협을 설립하려는 움직임을 보였다. 우선, 좌익계열에서는 전국농민조합총연맹이 읍면지회를 동원해 협동조합전국연합회 발기회를 구성했었고, 우익계열에서는 대한독립농민총연맹이 농업협동조합중앙연합회를 결성했었다. 그런가 하면 금융조합연합회는 금융조합을 협동조합으로 개편하려는 시도를 했었다. 정부 역시 한국전쟁 와중에 역시 조합설립을 추진하기도 했었다(장종익 외, 2011). 그러나 이러한 노력들이 성공적이지는 못했고 1957년에 농업협동조합법이 제정되면서 제도적 근거가 마련된다. 농업 종사자들의 자발적인 움직임이 협동조합으로서의 제도적 근거를 마련하지 못한 채 국가 차원에서 먼저 제도적 근거를 마련한 것이다. 이런 와중에 쿠데타로 집권을 한 박정희 정권은 1962년에 농업협동조합 임원 임명에 관한 임시조치법을 발효해 중앙회장을 대통령이 임명하고, 시군조합장과 간부직원을 중앙회장이 임명하도록 했으며, 일제강점기 관제조합 구성원들을 대거 받아들이기도 했다(장종익, 1997). 농협이 개발독재의 하부조직으로 재편된 것이다. 이후 농협은 성장을 거듭해왔고, 그 결과 출자금과 고용인원 등의 경제 규모에서도 압도적인 면모를 보이고 있다. 2010년 기준으로 조합원의 숫자는 2,093천명으로 추산되며, 출자금 총액은 2010년 기준으로 57,423억원, 조합의 숫자는 1,171개에 이른다(장종익 외, 2011). 이처럼 압도적인 경제 규모와 함께 한국을 대표하는 협동조합이라는 대외적 위상을 가지고 있음에도 불구하고 오랫동안 정부정책에 따라 조직이 분할되고 합쳐지는 등 자율성의 측면에서 크게 취약한 면모를 가지고 있으며, 오랫동안 조합원인 농민들로부터 자신의 조직이 아니라 정부 조직으로 여겨지기도 했었다. 농협이 일정하게나마 자율성을 지닐 수 있게 된 것은 1987년 이후 민주화의 흐름 속에서 1988년에 법 개정과 함께 조합장과 중앙회장의 선출제를 도입하면서부터이다.

두 번째, 수협은 일제강점기에 있었던 조선수산업회가 개편된 것이다. 해방 후 조선수산업회는 군정청의 대리기관으로 존속하다가 정부수립 후 한국수산업회로, 그리고 1952년에는 대한수산중앙회로 개칭되었다. 그리고 1962년 수산업협동조합법이 공포되면서 일제강점기부터 이어져온 조직체계가 수산업협동조합이라는 체제로 재편되었다(엄형식, 2008). 2010년 현재 159천명의 조합원에 92개의 조합, 그리고 2,992억원의 출자금 규모를 보이고 있다(장종익 외, 2011). 농협에 비해서는 규모가 상당히 작은 편이다. 수협 역시 농협과 마찬가지로 취약한 자율성을 갖고 있다. 1988년에 법이 개정되어 중앙회장과 조합장을 직선으로 선출할 수 있을 때까지 오랫동안 대통령이 중앙회장을 임명하고 중앙회장이 조합장을 임면했었다. 또한 외환위기 시절 중앙회의 신용 부문에 공적자금이 투입되기도 했었다.

세 번째로 산림조합은 일제강점기에 있던 조선산림연합회가 기원이다. 조선산림연합회는 1949년에 중앙산림조합연합에 재산을 인계하고 폐지되었으며, 1961년 12월 산림법이 제정·공포되면서 산림조합과 대한산림조합연합회로 승계되었다. 초기 선출직이었던 회장은 1973년 산림법이 개정되면서 대통령이 임면하고 조합장은 회장이 임면하는 식으로 바뀌었다(엄형식, 2008). 2010년 현재 485천명의 조합원에 142개 조합, 그리고 2009년 현재 808억원의 출자금 규모를 보이고 있다(장종익 외, 2011). 역시 농협에 비해서는 규모가 상당히 작은 편이다. 산림조합 역시 1987년 민주화의 흐름 속에서 1989년에 법이 개정되면서 조합장과 중앙회장이 선출제로 바뀌게 되었다. 1990년대 들어 한때 임협으로 명칭이 바뀌기도 했으나 협동체로서의 역할보다는 정부의 산림사업을 대행하는 것이 주요 업무라는 평가 속에서 법 개정과 함께 다시 산림조합으로 복귀했다.

넷째로 신협은 1960년에 성가신용협동조합과 가톨릭중앙신용협동조합이 각각 부산과 서울에서 창립하면서 등장했다. 한국에서 신협의 등장은 당시 개도국 민중들의 경제자립운동으로 주목받던 안티고니쉬 운동(Antigonish Movement)[7]을 사상적 배경으로 했었다. 한국전쟁 직후 만연한 빈곤을 '원조'

가 아닌 '자조'의 방법으로 해결하고자 하는 취지였다. 원주가 협동조합운동의 메카로 자리매김하는 데 크게 기여했던 밝음신협이나 홍성의 풀무신협, 빈민운동을 기반으로 조직된 복음신협(현 '시흥생협'), 성남주민신협, 논골신협 등은 이러한 취지들이 여전히 살아서 전승되고 있는 대표적인 사례이기도 하다. 비슷한 성격의 조직인 새마을금고가 정부의 조직적 활동을 기반으로 성장한 데에 반해 신협은 주민들의 자조적인 상호유대를 근간으로 하였다. 그러나 신협은 1972년에 신용협동조합법이 제정되고 제도화 이후 성장을 하면서 새로운 문제에 직면한다. 그것은 조합의 대규모화와 이를 따라가지 못한 조합원 교육의 경시가 가져온 지도자 육성의 미흡과 공동유대감의 퇴조에 따른 부정적 효과였다. 신협은 1980년대 들어 회계부정 사건이 발생하기 시작하면서 정부의 감독을 불러일으켰고 외환위기 이후 많은 신협이 문을 닫고 공적자금이 투입되면서 제2금융권으로 제도화되고 말았다. 그러나 최근 사회적경제에 대한 관심이 증대하고 신협의 긍정적인 역사적 전통을 계승하는 일부 신협을 중심으로 지역사회 내 사회적경제의 조직화에서 중추적인 역할을 하는 사례들이 등장하고 있기도 하다. 2010년 현재 신협은 963개소가 있으며, 5,579천명의 조합원이 있는 것으로 알려져 있다(장종익 외, 2011).

다섯 번째로 새마을금고는 1961년의 군사쿠데타 후 출범한 관변단체인 재건국민운동의 적극적인 활동이 배경이다. 당시 재건국민운동은 농촌지역의 마을금고를 역점사업으로 채택해 급성장시켰는데, 마을금고는 재건국민운동중앙회가 해체되는 1975년까지 이의 지도를 받았다. 임의단체였던 마을금고가 법적 근거를 갖게 된 것은 1972년 신용협동조합법의 제정이었다. 이후 1982년 독자적인 새마을금고법 제정 전까지는 신용협동조합법에 의해 설립되어야 했다. 한편, 1970년대 새마을운동과 함께 표준시

---

7) 안티고니쉬 운동은 캐나다 동부 해안지역에 위치한 노바스코시아주의 안티고니쉬 마을에 있는 세비어대학(St. Francis Xavier University)의 교도부 활동에서 기인한 성인교육운동으로 1920년대에 시작해 한국의 신협운동뿐 아니라 제3세계의 협동조합운동에 큰 영향을 미쳤다(박승옥, 2011; 윤형근, 2013).

책의 하나로 규정받으면서 급속한 성장의 기회를 맞이하기도 했다. 이 시기에 명칭이 '새마을금고'로 바뀐다(김필동, 1995). 그런가 하면, 유신체제 붕괴와 함께 단위 금고의 부실 등으로 1981년과 1985년에는 정부로부터 44억 4,200만 원을 지원받기도 하는 등의 정부의 공적자금 지원으로 어려움을 헤쳐나가야 하는 상황을 맞이하기도 했다(엄형식, 2008). 1982년에 독자적인 새마을금고법 제정으로 공신력을 높이기는 했으나 외환위기 당시 다시 강도 높은 구조조정 진행을 경험해야 했다. 그럼에도 불구하고 지속적인 성장세를 보이고 있는 새마을금고는 2010년 현재 1,501개소에 19,448천명의 조합원이 있는 것으로 알려져 있어 농협보다도 조합 수가 많다(장종익 외, 2011).

② 신사회적경제

신사회적경제로 규정할 수 있는 조직들은 대체로 1990년대 이후 우리사회에 모습을 드러내기 시작해 2000년대 이후 급속한 성장을 보여주었다. 구사회적경제가 생산자협동조합과 신용협동조합으로 국한되어 있고, 비록 국제협동조합연맹에 가입해 있으나 관변 또는 제2금융권 등의 표현이 사용되는 등 대부분의 경우가 최근의 한국의 사회적경제 조직화와는 거리가 먼 모습들을 보인데 반해 신사회적경제는 사실상 한국에서 사회적경제의 본격적인 조직화에 해당한다고 할 수 있다. 이들의 현황을 살펴보면 다음과 같다.

먼저, 생협은 1980년대 중반부터 본격적인 조직화가 이뤄졌다. 생협의 기원은 1920년대 소비조합운동으로까지 거슬러갈 수 있다(김형미, 2012). 또한 해방 후에도 다양한 소비조합들의 조직화가 시작되었다. 그러나 본격적인 소비자협동조합운동은 1980년대 중반 이후 일본생협의 사례를 받아들이면서 '안전한 먹거리 공동구입형' 생협이 만들어지면서부터라고 할 수 있는데, 1985년에 조직된 안양의 바른생협과 1986년부터 사업을 시작한 한살림에서부터 현재의 생협 형태가 만들어졌다는 평가이다(장종익 외, 2011). 생협은 1990년대 들어서 전국적인 조직화가 시도되는데, 한살

[표 3-3] 한국 생협 조직화의 네 유형

기원	내용
신협의 농산물 직거래 활동	- 1985년 안양의 '바른생협'이 최초 - 1980년대는 중간 유통마진 축소 취지로 직거래 추진하고 1990년대는 상시적인 직거래와 생명운동, 공동체운동으로서 농산물 직거래 요구하면서 생협 조직. 현재의 두레생협.
농민운동, 협동조합 운동	- 한살림 - 농산물 직거래를 '농산물 제값 받기'의 일환으로 시작했으며, 1989년 한살림선언으로 '안전한 먹거리' 직거래 추구. 한살림선언 이후 생명사상은 한국 생협운동의 중요한 이념적 지표가 됨.
시민단체의 활동	- '여성민우회생협(현 '행복중심생협)'이 대표적 - 1987년 민주화운동 이후 종교단체와 여성민우회 등 시민단체의 활동을 모체로 설립. 1990년대 초반에는 각 지역에서 소규모 지역생협 출현
민중운동의 지역운동으로의 전환	- iCOOP이 대표적 - 노동운동, 학생운동 등을 거친 활동가들이 중심이 되어 서울과 인천 등 대도시와 울산, 창원 등의 공단 지역에 조직한 지역생협들이 뿌리이며, 2002년 한국생협연합회(현 iCOOP생협연합회)를 설립.

자료: 정은미(2012:316-325) 참조 구성.

림, 두레생협, 여성민우회생협, iCOOP생협 등은 전국적인 조직망을 갖춘 대표적인 조직들(연합회)이다. 이들 외에 연합조직에 가입하지 않은 무소속 생협도 전국에는 많다. 정은미(2012)에 의하면 한국의 생협은 크게 네 개로 유형이 구분된다(〈표 3-3〉 참조).

한편, 생협의 제도적 기반은 1999년에 이르러서야 소비자생활협동조합법이 제정되어 제도적 기반을 마련했다. 최근 생협은 안전한 먹거리에 대한 관심이 확산되면서 조합원의 가입이 증가하는 등 확장되고 있다는 평가인데, 전반적 현황은 〈표 3-4〉와 같다.

둘째, 자활기업은 1990년대에 도시빈민밀집지역에서 조직되었던 노동자협동조합운동을 뿌리로 한다. 이 운동에서 지역사회에 기반을 둔 탈빈곤 활동에 주목한 정부는 당시 노동자협동조합운동 진영의 의견을 받아들여 1996년부터 자활지원센터 시범사업을 진행한다. 이 사업은 외환위기를 거쳐 1999년 국민기초생활보장법의 제정과 함께 자활사업으로 제도

[표 3-4] 주요 생협의 조합원, 매출액, 출자금 현황

	지역 조합수	전국 판매장수	조합원수 (명)	공급총액 (억원)	출자총액 (백만원)	1인당 출자액(원)	1인당 월 매출(원)
한살림	전국 19	120	240,590	1,900	19,990	98,860	65,181
iCOOP 생협	전국 77	100	118,824 <85,712>**	2,600	7,618 <15,453>**	96,930 <196,620>**	222,442
두레생협 연합	수도권 17	73	84,712	약 600	1,624	24,219	51,524
여성민우 회생협	서울 3, 경남 1	19	20,000	약 200	1,514	77,312	65,949

* 2010년 말 현재 자료이나 출자총액과 1인당 월 매출은 2009년 수치임. 두레생협연합회의 출자금은 회원조합이 연합회에 출자한 금액임.
** iCOOP생협은 가입비만 낸 일반조합원과 월정액 조합비를 납부하는 <조합비 조합원>으로 구분함. 출자의 < >는 목적출자(차입)를 포함함.
자료 : 정은미(2012:335)에서 인용.

화되고 지역자활센터를 주요 인프라로 하며, 자활근로사업을 기반으로 해서 자활기업을 창업시키는 시스템을 갖추게 된다. 지역자활센터는 2013년 현재 전국 각지에 247개의 지역자활센터가 존재하는데 이들은 정부로부터 지정을 받으며, 정액보조금을 지원받는다. 공교롭게도 자활사업이 제도화되면서 노동자협동조합은 차츰 소멸해갔다.

자활기업 중 일부는 사회적기업으로 인증을 받기도 하며, 협동조합으로 설립되거나 사회적협동조합으로 인가받은 사례도 있다. 마을기업으로 지정된 경우도 있다. 사실 자활기업은 사회적기업육성법 제정 이전에는 사회적기업으로 규정을 받기도 했었으며, 자활사업은 한국에서 사회적경제 담론 및 정책의 진원지이기도 하다. 일반적으로 사회적경제 조직으로 규정받기도 하나 자활기업은 제도적으로 자활근로를 통해 창업한 조직을 일컬을 뿐 조직 형식의 측면에서 특정 법인격을 갖춰야 할 필요는 없으며, 사회적경제로 일컬어지는 내용을 조직 형식에 적용해야 할 의무는 없다.8) 심지어 사업자 등록을 내지 않는 경우도 빈번하다. 이런 점들은 정

---

8) 자활기업은 수급자 및 차상위자가 상호 협력해 조합 또는 부가가치세법 상의 사업자로 설립하고 보장기

부 정책 속에서 오랫동안 사회적경제보다는 창업 자체에 초점을 두는 시장경제를 지향하는 조직으로 규정되었음을 말한다.

숫자로는 2012년 말 기준으로 1,330개에 8,862명(수급자 2,988명, 차상위 및 일반 5,864명)이 참여할 정도로 신사회적경제의 전체 영역에서 큰 규모를 차지하나 사회적경제로서의 정체성을 좀 더 강화하기 위해서 제도적 보완이 필요한 실정이다. 성별로는 남성보다 여성이 훨씬 더 많이 참여하며, 큰 규모의 자활기업도 존재하나 2~3명이 가장 많은 규모를 차지하며, 1인당 월평균 급여는 90만원 수준에서 형성된다(김정원, 2012). 자활기업의 주요 업종은 돌봄서비스와 청소, 집수리, 자원재활용 등에 분포되어 있으며, 외식업체나 세탁업도 적지 않은 수준이다. 자활기업은 주로 지역자활센터가 창업을 시키는 기초자치단체 수준에서 조직되는 경우가 대부분이나 일부 지역에서는 2개 이상의 기초지자체 수급자 등이 참여해 자활기업을 구성할 경우 해당되는 광역자활기업도 존재하며, 최근 복지부는 2개 이상의 광역지자체를 포함하는 경우를 대상으로 전국자활기업을 인증하기 시작했다. 지역자활센터 외에 광역자활센터와 중앙자활센터 등을 지원조직으로 하고 있다.

셋째, 사회적기업은 취약계층에게 사회서비스 또는 일자리를 제공하거나 지역사회에 공헌함으로써 지역 주민의 삶의 질을 높이는 등의 사회적 목적을 추구하면서 재화 및 서비스의 생산·판매 등 영업활동을 하는 것을 목적으로 하면서 일정한 요건을 갖춰 정부로부터 인증을 받아야 한다. 여기서 사회서비스란 교육, 보건, 사회복지, 환경 및 문화 분야의 서비스, 그 밖에 이에 준하는 서비스로서 대통령령으로 정하는 분야의 서비스를 말한다. 개인사업자나 정부/지자체/공공기관 출자·출연 조직은 사회적기업으로 인증을 받을 수 없다.

사회적기업은 자활사업과 2003년에 시범사업으로 시작된 사회적일자

관으로부터 인정을 받으면 된다. 많은 자활기업들이 정관을 구성하고 협동조합적인 방식의 운영을 모색함을 정관에 밝히고 있기도 하나 의무적인 것은 아니다.

리창출사업의 경험을 바탕으로 2006년에 사회적기업육성법이 제정되면서 제도적 근거를 마련했다. 사회적기업은 정부 주무부처인 고용노동부가 인증하는 인증 사회적기업과 기타 중앙부처 및 지자체가 지정하는 예비사회적기업으로 구분된다. 예비사회적기업은 처음부터 있었던 것은 아니며 제도를 보완하는 과정에서 등장했다. 예비사회적기업의 등장과 함께 사회적기업은 '예비사회적기업 지정 → 사회적기업 인증'의 과정을 거치는 것으로 정착되었다. 그러니 예비사회적기업은 정식 사회적기업으로 등록하기 전에 인큐베이팅 단계의 조직형태인 셈이다. 예비사회적기업은 1년씩 최대 3년까지 지정기간을 설정하고 있다.

사회적기업육성법 시행과 함께 정부는 2012년까지 1,000개의 사회적기업을 만들겠다는 목표를 설정하고 사회적기업을 육성하기 위한 활동을 전개했다. 인건비 지원, 세제지원, 컨설팅 지원을 비롯한 많은 지원책이 이에 따라 마련되었고, 2013년 12월 현재 1,012개의 인증 사회적기업이 존재한다. 2011년 기준으로 전일제 근로자 월평균 임금은 1,191천원 가량이며(전병유 외, 2012), 2013년 현재 기업당 평균 근로자 수는 22.3명이고 이 중 취약계층이 60.6%이다(고용노동부, 2014). 정부의 적극적 지원 정책에 따라 지자체들도 지원 조례를 제정하는 등 적극적으로 동조하고 있다. 한국사회적기업진흥원을 중앙 단위의 지원조직으로 하고 있으며, 각 광역지자체 단위에서 사회적기업지원기관을 민간위탁 방식으로 두고 있다.

넷째, 마을기업은 마을주민이 주도적으로 지역의 각종 자원을 활용하여 수익사업을 통해 지역공동체를 활성화하고 지역 주민에게 소득 및 일자리를 제공하여 지역발전에 기여하는 마을 단위의 기업이다(허준영 외, 2013). 이명박 정부 시절의 지식경제부가 중앙부처로 진행했던 '커뮤니티비즈니스' 시범사업과 역시 이명박 정부 시절의 행정안전부(현 안전행정부)가 수행했던 '희망근로사업'과 그것의 뒤를 이은 '자립형 지역공동체사업' 등이 그 뿌리인데, 2011년부터 마을기업이라는 명칭으로 최종 확정되어 정책이 운영되고 있다. 그간 시범사업으로 운영되다 2013년 들어서

도시재생 활성화 및 지원에 관한 특별법에 법적 근거를 마련했다.

마을기업이 되기 위해서는 법인, 영농조합, 협동조합, 상법상 회사 등 조직형태가 법인이어야 하며 지역 주민 5인 이상이 출자해 참여해야 하고 지역 주민 비율이 70%를 넘어야 한다. 또한 특정 1인과 그 특수관계인 지분의 합이 50%를 넘지 않아야 한다. 전국적으로 15개의 권역별 통합지원기관이 사업 지원을 하고 있으며, 2012년 말 현재 787개 마을기업의 고용인력은 6,533명으로 업체당 8.3명이 근무하는 것으로 알려져 있으며, 마을기업당 연평균 매출액은 6,252만원인 것으로 알려져 있다(유정완, 2013).[9]

다섯째, 농어촌공동체회사는 이명박정부 시절에 농림수산식품부가 농어촌 활성화를 위해 커뮤니티 비즈니스 또는 사회적기업 개념을 도입하고자 한 사업이다. 농어촌 지역 주민이 자발적으로 참여해 기업경영방식을 접목 지역의 자원을 활용함으로써 지역의 일자리와 소득을 창출하고 서비스를 공급하여 지역의 문제를 해결하고 지역 활성화에 기여하는 것을 목적으로 한다. 농업법인, 비영리민간단체, 임의단체, 상법상 회사, 민법상 법인·조합 등으로 구성이 되어 있는데, 이 중 농업법인이 가장 많은 비중을 차지하고 있으며, 이어서 임의단체가 뒤를 잇고 있다. 다만, 임의단체 비중은 줄어들고 있고 농업법인 비중이 증가하는 추세이다(허준영 외, 2013). 활동유형은 농식품산업형이 가장 큰 비중(55.0%)을 차지하고, 이어 도농교류형(28.1%), 복합형(6.5%), 지역개발형(5.3%), 사회복지서비스형(5.1%) 순으로 비중이 높은 것으로 조사되었으며, 2012년 현재 725개소에 15,924명이 고용되어 있는 것으로 알려져 있다 (농림축산부 보도자료, 2014).

---

[9] 한편, 서울시는 안전행정부와 별도로 2012년부터 서울형 마을기업을 운영하고 있다. 서울시 마을공동체종합지원센터에서 '서울시 마을기업 육성 사무'를 위탁받고 있으며, '서울시 마을기업사업단'을 통해 사업 계획 및 집행, 필수 교육 및 의제 발굴 교육, 홍보, 사회적경제 주체간 네트워크 등을 진행하고 있다. 또한 25개 자치구에 마을기업을 준비하는 마을과 주민의 성장을 돕는 '인큐베이터'를 설치해 마을기업 형성을 돕도록 하고 있다.

[표 3-5] (일반)협동조합과 사회적협동조합의 비교

	(일반)협동조합	사회적협동조합
정의	재화 또는 영역의 구매, 생산, 판매, 제공 등을 협동으로 영위함으로써 조합원의 권익을 향상하고 지역사회에 공헌하고자 하는 사업조직으로 영리법인으로 명시하지 않고 법인으로 명시(비영리적 성격 반영)	협동조합 중 지역 주민들의 권익, 복리증진과 관련된 사업을 수행하거나 취약계층에게 사회서비스 또는 일자리를 제공하는 등 영리를 목적으로 하지 않는 협동조합으로 비영리법인으로 명시, 기타 협동조합 설립목적과 기본원칙을 그대로 적용
주요 사업	- 설립목적에 따라 필요한 사업을 자율적으로 정하되, 교육, 훈련, 정보제공, 협동조합 간 협력, 홍보 및 지역사회를 위한 사업 등은 정관에 필수적으로 포함 - 인허가가 필요한 사업을 위해서는 관련 법률에 따라 사업요건을 갖춰야 하며, 신용 및 공제사업은 허용되지 않음	- 공익사업을 40% 이상 시행하며, 다음과 같은 유형 구분 ① 지역사회 재생, 지역경제 활성화, 지역 주민들의 권익·복리증진, 기타 지역사회가 당면한 문제해결에 기여하는 사업 ② 취약계층에게 복지·의료·환경 등의 분야에서 사회서비스 및 일자리 제공하는 사업 ③ 국가 및 지자체로부터 위탁받은 사업 ④ 기타 공익증진 사업 중 하나 이상을 주 사업(전체 사업량의 40%)으로 함 - 신용 및 공제사업은 허용하지 않지만, 조합원 대상 납입출자금 한도 내에서 소액대출과 상호부조 가능

여섯째, 협동조합은 2012년에 협동조합기본법이 시행되면서 본격적인 발걸음을 내딛었다. 협동조합기본법의 제정은 협동조합운동 진영의 오랜 숙원이기도 했는데, 법 제정 이후 급속한 확장을 거듭하고 있다. 협동조합기본법 제정 이전에 존재했던 각 개별협동조합법에 입각해 설립되었거나 설립될 협동조합에 대해서는 협동조합기본법이 적용되지 않는다. 협동조합기본법은 협동조합을 (일반)협동조합과 사회적협동조합으로 구분하고 있다. 그리고 이들은 각각 연합회를 구성할 수 있다.

협동조합기본법이 시행되면서 협동조합의 지향을 가졌거나 협동조합을 표방했지만 법적 기반이 없어 다른 형식의 외피를 갖고 있던 조직들이 속속 협동조합으로 전환하고 있기도 하다. 조직적으로는 과거 의료생협연대에 소속되어 있던 조직들이 의료복지사회적협동조합으로의 전환을 하고

[표 3-6] 신사회적경제 주요 현황(생협 제외)[10]

구분	사회적기업	마을기업	농어촌 공동체회사	자활기업	협동조합*
소관부처	고용노동부	안전행정부	농림수산식품부	보건복지부	기획재정부
근거법령	사회적기업 육성법	도시재생 활성화 및 지원에 관한 특별법	농어업인 삶의 질 향상 특별법	국민기초생활 보장법	협동조합 기본법
시작연도	2007년	2010년	2011년	2000년	2012년 (12.1.시행)
주 참여자	취약계층 중심 (사회적기업육성법 근거)	지역주민 중심	농어촌주민 중심	저소득층 중심 (수급자 및 차상위)	이해 당사자 중심+이해관계자
정책목표	고용창출+사회서비스 공급	지역공동체 활성화	농이촌 고용창출+소득증대	탈빈곤	새로운 법인격 도입을 통해 시장경제 문제점 보완
지원내용	인건비 및 사회보험료, 경영컨설팅, 법인세·소득세 50% 감면, 경영·회계·노무컨설팅, 세제지원	시설비, 경영컨설팅 등 최대 2년, 기업당 8,000만원	제품개발비, 경영컨설팅 등 기업당 5,000만원	인건비 지원(기초생활수급자 최대 2년), 초기 사업자금 융자, 자활근로 매출적립금 활용	협동조합 상담 및 컨설팅, 교육 및 홍보
개수	1,012개 ('13.12월기준) *예비사회적기업, 약 2000개	781개	720개	1,342개 9천여 명 종사	'14.1.31.현재 일반 3,459개소 사회적 122개소
중간지원조직	사회적기업진흥원, 권역별 통합지원기관	권역별 통합지원기관	농어촌공사	지역, 광역, 중앙 자활센터	사회적기업 진흥원

* 협동조합기본법 제정 이전에도 8개 개별법(농협법, 수협법, 엽연초법, 산림조합법, 중기협법, 신협법, 새마을금고법, 소비생협법)상 협동조합 존재.
자료: 새누리당 보도자료(2014), 김정원(2012:70) 참조 구성.

---

[10] 여기에 포함하지 않았으나 향후 주목해볼 필요가 있는 조직 중 하나가 <고령자친화기업>이다. 아직까지는 노인일자리사업의 프로젝트 중 하나이나 꾸준히 그 숫자가 증가하고 있다. 고령자친화기업은 전체 고용의 70% 이상을 60세 이상의 고령자로 구성하는 기업으로 직접 또는 다른 기관을 통해 지원 신청액의 70% 이상 대응투자를 약정해야 한다. 지정 주체는 복지부이며, 고령자친화기업으로 지정될 경우 3억원 이내에서 전문인력 인건비, 기본 사업비, 관리운영비의 지원이 이뤄진다. 한국노인인력개발원 홈페이지에 의하면 모두 44개가 있는 것으로 소개되고 있다(http://www.kordi.or.kr. 2014년 4월 25일 접속).

있으며, 주식회사가 직원협동조합으로 전환하는 사례도 발견된다. 2013년 현재 일반협동조합은 3,210개, 사회적협동조합은 148개, 협동조합연합회는 18개이며, 업종별로는 도소매업(29.5%)이 가장 많으며, 교육서비스업(12.2%)이 그 뒤를 잇고 있다. 설립동의자는 평균 14.9명(일반 12.2명/사회적 93.3명)이며, 설립시 일반협동조합의 평균 출자금은 약 1,886만원, 사회적협동조합은 약 3,830만원이다(기획재정부, 2014). 일반협동조합의 유형에서는 2014년 1월 현재 사업자협동조합(65.56%), 다중이해관계자협동조합(20.76%), 직원협동조합(7.34%), 소비자협동조합(6.34%) 순으로 나타나고 있어 사업자협동조합이 압도적인 비율을 보이고 있다(http://www.cooperatives.go.kr. 2014년 4월 30일 접속). 아직까지는 매우 폭발적인 증가세를 보이고 있고, 사회적으로도 큰 주목을 받고 있지만 협동조합의 안정적 정착 가능성에 대해서는 좀 더 두고 봐야 한다. 영세한 협동조합이 많은데다 협동조합 신고 후에도 사업자등록을 내지 않는 경우가 많기 때문이다.

4. 한국의 사회적경제 전개 과정과 그 특성

1) 사회적경제 전개 과정의 개요

한국의 사회적경제를 역사적인 측면에서 구성한다면, 그 시작은 어디일까? 많은 이들이 사회적경제의 특성을 이야기할 때 '호혜(reciprocity)'를 든다. 호혜이라는 개념의 진원지가 인류학임을 고려한다면, 한국 역시 호혜적인 경제의 조직 방식은 오래 전부터 있어왔음을 부인하기 어렵다. 실제로 우리 역사에서도 오래 전부터 호혜성을 기반으로 작동하는 협동 조직이 존재해왔다. 두레, 품앗이, 계 등은 널리 알려진 우리 역사 속의 전통적인 협동 조직이다.

근대적인 의미에서 사회적경제라 부를 수 있는 조직은 1907년부터 설립된 금융조합과 1910년대부터 설립된 산업조합을 꼽을 수 있다. 그러나

이 조직들은 조선총독부가 엄격하게 간섭한 관제조합이며, 자주적인 면에서 최초의 협동조합으로 평가받는 것은 1919년에 결성된 '강계공익조합(江界共益組合)'이다. 그리고 1920년 5월 15일에 설립된 '목포 소비조합'은 최초의 소비자협동조합으로 평가를 받는데, 이후 여러 지역에서 소비조합이 설립되기 시작한다. 당시 협동조합의 조직화는 사회운동의 일환이기도 했다. 최초의 본격적인 노동운동조직으로 평가받는 조선노동공제회가 '조선노동공제회소비조합'을 1921년에 창립했으며, 1925년에 천도교에서 설치한 조선농민사가 만든 농민공생조합(農民共生組合)은 각 지역의 실정에 맞춰 소비조합, 생산조합, 이용조합, 신용조합으로 다양하게 조직되기도 했었다. 그런가 하면 YMCA도 1926년부터 농촌협동조합을 적극적으로 조직해나가기도 한다. 그러나 일제의 전시체제가 강화되고 민족말살정책이 전개되었던 1937년 이후 이러한 협동조합운동은 거의 명맥이 끊기게 된다(김형미, 2012).

짧은 기간이었으나 활발하게 조직되었던 협동조합의 조직화가 일제의 탄압으로 막을 내린 한국의 사회적경제는 해방 후 새로운 전기를 마련한다. 무엇보다도 신생독립국으로서 근대 국민국가를 새롭게 주조하는 과정은 다양한 이해관계가 충돌하는 상황을 낳았고 협동조합도 중요한 갈등과 경쟁의 장에서 예외가 아니었다. 그러나 민간 차원의 자주적인 협동조합 건설을 위한 시도는 성공하지 못했고, 협동조합 재조직화의 주도권은 국가로 넘어간다. 결국, 앞서 소개한 것처럼 1957년에 농업협동조합법이 제정되면서 본격적인 협동조합의 조직화가 국가 주도로 이뤄지게 되었고 1961년 산림법 제정, 1962년 수산업협동조합법이 제정되면서 이른바 관제협동조합의 틀이 갖춰지게 된다. 이들 협동조합들은 일제강점기 때부터 존재하던 관제조합의 시스템과 인력을 그대로 물려받았으며, 설립과 운영이 모두 관제적인 성격을 갖고 있다. 1987년 6월 항쟁 이후 시민민주주의가 확장되기 전까지는 대통령을 중앙회장이 임명하는 등 오랫동안 조합원들이 자신들의 조직이기보다는 정부 조직 정도로 여길 수밖에 없는 실정이었다. 이들과는 다르지만 민간 차원의 자발적인 신용조합

활동을 군사정권의 조직적인 개입으로 재탄생시키고 확장을 도모한 것이 새마을금고이다. 이런 점들은 적어도 1960년대 이후 한국의 협동조합들은 국가의 강력한 통제 하에서 국가 시책에 부합하는 활동을 통해 성장을 했고 이 과정에서 경제개발의 주요 수단이자 기층 민중에 대한 주요한 통제수단이었을 가능성이 큼을 뜻한다(엄형식, 2008). 이들과 비슷한 시기에 출현했으나 결을 달리했던 것이 신협이었다. 민간 차원의 자발적인 활동으로 시작했고 자조를 통해 빈곤에서 벗어나려는 의지로 출발했던 신협은 특히, 협동교육연구원을 통해 전문적인 협동조합 활동가들을 배출하는 등 한국의 협동조합 조직화에 큰 의미를 지닐 수 있는 조직이었다. 그러나 신협 역시 제도적 기반이 마련되면서 정부의 개입이 강화되고 조직의 성장 속에서 부정적 요소들이 나타나는 등의 문제를 낳았고 결국 경영 부실 등의 문제가 발생하면서 공적자금이 투입되고 제2금융권으로 자리매김하고 말았다.

한편, 이른바 구사회적경제라 할 수 있는 사회적경제 조직들의 이와 같은 자리매김에도 불구하고 일각에서는 오늘날 사회적경제의 원형적 규범이라 할 수 있는 의미를 부여할 수 있는 활동들이 조직되기 시작한다. 주로 1970~80년대이다. 이러한 움직임은 삶의 영역에서 생산 활동과 자치 권력의 질서를 통합하고자 하는 대안공동체운동이라고도 후일 평가된다(박주원, 2007). 1966년 원주에서 설립된 원주신협과 1969년 홍성에서 설립된 풀무신협은 일종의 시발점이라 할 수 있는데, 이후 홍성과 원주에서는 오늘날 한국의 지역사회 차원의 사회적경제 조직화의 모범으로 자리매김하게 되는 다양한 시도가 진행된다. 홍성이나 원주에서 나타나는 활동은 농민생산자운동의 형성의 맹아가 되었다고 할 수 있으며, 1970년대 이후 빈민운동의 흐름 속에서 빈민들의 자조적인 경제공동체를 조직하려는 시도들이 등장한다. 주로 기독교계의 진보적인 성직자와 활동가들이 결합되었던 이런 움직임들은 수도권을 중심으로 나타났다. 노동운동에서도 협동조합 조직화 시도가 있었다. 도시산업선교회의 다양한 협동조합의 조직화 시도나 원풍모방, 동일방직 등의 개별 노조에서 진행된 소비조합과 신협의 운영이 그것이다. 그 밖에도 의료협동조합의 조직화나 양서협동조합의 조직화 시도들이 진행되었다. 이러한 움직임들은 이후 한국의 사회적경제가 사회운동으로 등장하는 데 중요한 기여를 한다. 특히 이 과정에서 프레이리(Paulo Freire)의 교육 방식, 알린스키(Saul Alinsky)의 조직 방식은 큰 영향을 끼쳤으며, 함석헌이나 장일순은 사상적으로 큰 영향을 미쳤다고 평가를 받는다(하승우, 2008).[11]

그리고 1980년대 중반 이후 바른생협과 한살림의 등장은 한국에서 사회적경제의 조직화가 본격적으로 시민운동과 결합하면서 자리매김하는 시발점이 된다. 생협의 조직화는 사실상 1990년대부터 본격화되기 시작하는데, 이 시기는 신사회운동의 등장 및 확산과 시기적으로 일치한다. 실제로 생협의 본격적인 등장이 이뤄지는 배경과 주요 리더들의 개인사, 그리고 생협이 추구하는 목적은 생협의 조직화를 신사회운동의 일환으로 접근할 수 있는 여지를 충분히 제공한다. 그런가 하면, 의료 문제에 대한 대안적 접근으로 의료생협이 등장해 확산되기 시작했으며, 공동육아에 대한 관심을 기반으로 공동육아협동조합도 등장한다. 오늘날 마을공동체의 상징적인 사례로 거론되는 성미산공동체는 공동육아에 대한 관심이 씨앗이 된 것이기도 하다. 한편, 1990년대 초반에는 빈민밀집지역에서 노동자협동조합을 조직하려는 시도가 확산된다. 이 시도에 주목한 정부는 자활지원센터 시범사업을 통해 이른바 생산적·예방적 복지[12]의 구현을 이끌어내려 하면서 오늘날 한국의 신사회적경제를 규정하는 중요한 흐름이 싹트게 된다. 이후 외환위기 시기에 발생한 민간 차원의 자발적인 실업극복운동은 빈곤과 실업극복을 위한 대안으로 사회적경제의 역할을 촉발시켰다. 당시 노동현장과 시민사회에서는 마이크로크레딧, 지역통화,

---

11) 하승우는 이를 풀뿌리민주주의의 사상적 기원으로 설명하나 그가 설명하는 지점이 오늘날 사회적경제의 활동 영역이고 실제 현장에서 이들의 방법론과 사상이 큰 영향을 미쳤다는 점에서 한국 사회적경제의 사상적 기원으로 봐도 무리가 없다고 생각한다.
12) 생산적복지가 김대중 정부의 담론임에는 분명하나 김영삼 정부 시절 자활지원센터 시범사업이 준비되는 과정에서 처음 등장했다.

노동자자주관리기업, 사회적기업과 같은 개념이 제시되고 실천이 조직되었으며, 정부는 이와 같은 시민사회의 활동을 적극 수용하여 정책화를 추구한다. 자활기업의 기반인 국민기초생활보장법을 비롯해서 사회적기업 육성법, 협동조합기본법 등은 모두 이의 결과라고 할 수 있다. 정부에 의한 제도적 기반의 마련은 각 지역에서 사회적경제에 대한 관심을 촉발시키고 지평을 확장하는 계기로도 작용했다. 각 지역에서 정부의 제도에 기반한 각급 사회적경제 조직들이 확장되기 시작했고, 또한 이들 조직 간의 네트워크의 조직화를 비롯해 협력적인 사업이 조직되고 있기 때문이다. 이와 같은 일련의 과정에서 취약계층의 고용창출과 사회서비스 공급과 같은 복지 담론이 결합하면서 사회적경제 조직들이 복지 공급자로서의 역할을 함께 하고 있다는 평가가 나타나는가 하면, 지역 재생과 같은 담론이 결합하면서 사회적경제가 지역사회를 변화시키는 중요한 주체라는 평가도 함께 나타나고 있다.

2) 한국 사회적경제 전개 과정에 대한 평가

한국의 사회적경제가 갖는 주요 특성을 간략하게 제시하면 다음과 같다.

첫째, 사회적경제의 역사적 조직화에서 단절이 존재한다. 살펴본 바와 같이 한국에서는 1920년대부터 협동조합의 조직화가 시도되었다. 이는 기층 민중들의 조직화와 경제적 역량 강화라는 점에서 일정한 성과를 보였으나 일제의 탄압에 의해 소멸되고 말았다. 남은 것은 관제협동조합이었고, 이는 해방 이후 이른바 관제협동조합의 조직화에 기여하게 된다. 아마도 일제의 가혹한 탄압으로 협동조합들이 소멸되지 않고 계속 발전했다면 한국의 사회적경제가 갖는 토양은 지금과는 달라졌을 것이다.

둘째, 구사회적경제와 신사회적경제의 확연한 구분이 형식적으로도 내용적으로도 나타나고 있다. 구사회적경제는 1차 산업과 신용 사업 중심이며, 신사회적경제는 고용창출과 서비스의 제공, 지역재생 및 공동체 구축 등의 다양한 결합이 나타난다. 이러한 차이는 물론 사회적 변화가 그

원인이다. 아무래도 구사회적경제가 조직되던 시기는 1차 산업이 중심적인 역할을 했었던 시기였으며, 국가 주도의 개발 정책이 이뤄지던 시기였다. 따라서 1차 산업의 시스템 구축과 경제 개발을 위한 물적 토대 구축을 위한 역할이 이들에게 부여될 수밖에 없었다. 이 과정에서 국가의 강력한 관리가 도모되었고, 그러다 보니 한국의 경우 구사회적경제의 등장과 확산이 서구와 매우 다른 경로를 보였다. 반면에, 신사회적경제는 서구와 유사한 경로를 보이고 있다는 평가를 할 수 있다. 자본주의 축적체제의 변화와 신자유주의의 확산, 그리고 인구학적 변화는 실업과 양극화, 사회서비스 수요의 급증을 낳았고 이에 대한 국가의 역할은 새로운 대응을 요구하게 되었다. 신사회적경제는 이런 상황을 배경으로 한 시민사회의 대응이 낳은 결과물이고 한국 역시 이런 맥락에 위치지워져 있다. 다만, 한국의 경우 복지공급에서 국가 책임의 역사가 부재함에도 불구하고 위와 같은 사회적 변화 속에서 나타나는 사회적 문제에 대한 대응이 국가의 책임 있는 복지 공급을 통해서라기보다는 사회적경제의 활성화를 통해 돌파되고 있는데, 시민사회의 이에 대한 우호적 대응에는 시민사회가 동원할 수 있는 자원의 취약함도 원인의 하나인 것으로 보인다.

셋째, 한국의 사회적경제의 성장은 시민사회의 성장과 밀접한 관계에 있음이 나타난다. 구사회적경제는 농협, 수협, 산림조합, 새마을금고처럼 국가주도하에 조직되었거나 신협처럼 민간 차원의 자율적인 활동이 기반이 되었다 하는 차이가 있다 하더라도 결국은 국가의 강력한 통제로부터 자유로울 수 없었고 그 결과 사회적경제로서의 규범이나 가치를 구현하지 못했거나 퇴색시켰던 탓에 관제협동조합이라는 평가를 받는다. 이는 구사회적경제가 조직되던 시기가 시민사회가 지극히 위축되었던 시기였다는 점도 무시할 수 없다. 그나마 농협, 수협, 산림조합 등이 대통령에 의한 중앙회장 임명에서 조합원 선출이라는 초보적인 수준의 민주적 운영 형식을 갖출 수 있게 된 것도 민주화의 진전에 따른 시민사회의 성장 덕분인 것은 이런 측면에서 상징적이기도 하다. 그런가 하면 사회운동을 경험했거나 명백히 사회운동의 측면에서 사회적경제의 조직화에 참여한 이들이 나타나기 시작한 것 역시 시민사회의 성장에 따른 결과이기도 하다. 게다가 시민사회의 조직적 실천 경험을 정부가 수용하고 이런 활동에 대한 제도적 기반을 마련하기 시작했으며, 이를 바탕으로 사회적경제가 성장의 계기를 마련하게 되는 일련의 과정은 시민사회의 성장이 사회적경제 성장의 중요한 요인임을 보여준다. 그러나 사회적경제의 성장은 다시 시민사회의 성장에 기여할 수 있다. 사회적경제를 통해서 시민사회의 경제적 역량이 강화된다면 시민사회가 국가 및 시장에 대응하는 힘은 더욱 커질 수 있기 때문이다.

넷째, 한국의 사회적경제 성장이 시민사회의 성장에 기반하고 있음에도 여전히 한국의 사회적경제에서 국가의 역할은 매우 크다. 정도의 차이는 있지만 정부에 의한 법적 근거 마련과 정부의 적극적 역할이 사회적경제 성장의 주요 동력이었음은 분명하다. 한국의 사회적경제 전개과정을 보면 한국에서 규모화를 이룬 사회적경제는 법적 근거를 가지고 있음이 확인되었고 법적 근거가 없는 조직들은 활성화에 한계를 보여줬다.13) 양서협동조합과 같이 경우에 따라서는 정부의 탄압 속에서 소멸되는 경우도 있었다. 그리고 농협, 수협, 산림조합 등의 경우 정부의 적극적인 역할이 아니었다면, 일제강점기의 유산을 적극적으로 계승해 물적토대를 마련하는 것이 불가능했을 것이다. 또한 이들의 성장 과정에서 정부의 적극적 역할은 새삼 강조할 필요가 없는 부분이기도 하다. 새마을금고 역시 정부의 주도적인 역할로 조직되었다. 아래로부터의 조직화라는 출발의 역사를 갖는 신협도 새마을운동과 맞물리면서 정부의 행정적 지원을 받

---

13) 마이크로크레딧은 신나는조합과 사회연대은행을 중심으로 운영되다가 정부가 지원하는 미소금융재단의 등장과 함께 크게 위축되었다. 지역통화는 대전의 한밭레츠를 제외하고는 꾸준하게 운영된 사례를 찾기 힘들다. 그런 가운데 서천, 과천, 인천 등 몇몇 지역에서 지역통화 운동이 시도되기 시작했고 2011년에 한밭레츠를 중심으로 한국지역통화네트워크가 조직되어 새로운 조직화가 도모되고 있기는 하다. 노동자협동조합은 자활사업의 실시와 함께 소멸되다시피 했으나 최근 협동조합기본법이 시행되면서 직원협동조합이라는 명칭으로 제도적 기반을 마련하면서 새로운 주체들이 조직되고 있다. 최근에는 이들 중 꾸준하게 노동자협동조합의 부활을 시도했던 이들을 중심으로 <대안노동자협동조합연합회>가 결성되기도 했다.

[표 3-7] 해방 이후 한국 사회적경제 관련 제도의 주요 흐름

연도	내용	비고
1957년	농업협동조합법 제정 농업은행법 제정	
1961년	산림법 제정 농협·농업은행 통합	
1962년	수산업협동조합법 제정	
1972년	신용협동조합법 제정	
1980년	산림조합법 제정	산림조합 독자입법
	축산업협동조합법 제정	
1982년	새마을금고법 제정	
1988년	인삼협동조합법 제정	
	농협법 개정 수협법 개정	직선제 도입
1989년	산림조합법 개정	직선제 도입
1993년	산림조합법 임업협동조합법으로 개정	임협 체제
1999년	농·축·인산협 통합	임협은 제외되면서 임협은 산림조합연합회로 개편 결정
	소비자생활협동조합법 제정	
	국민기초생활보장법 제정	자활사업 제도화/사회적경제 담론의 본격적 출발
2000년	임업협동조합법 산림조합법으로 개정	
2003년	사회복지사업법 개정	2007년부터 도입된 사회서비스전자바우처사업 도입의 근거
2006년	사회적기업육성법 제정	사회적기업의 제도화
2007년	노인장기요양법 제정	2008년부터 노인장기요양보험제도 도입
2010년	자립형마을공동체사업 도입	2011년에 마을기업으로 명칭 변경
	농림어업인삶의질 향상법 개정	농어촌공동체회사의 제도적 근거 마련
2011년	협동조합기본법 제정	
2013년	도시재생 활성화 및 지원에 관한 특별법 제정	마을기업의 제도적 근거 마련

으며 성장할 수 있었다. 수협과 신협은 외환위기로 인한 어려움을 타개하는 과정에서 정부로부터 공적자금을 지원받기도 했다. 자활기업, 사회적기업, 마을기업, 농어촌공동체회사 등은 정부의 지원이 물적 토대의 중요

구성 부분을 이룬다. 이처럼 국가의 역할이 크다보니, 신사회적경제조차도 그 조직적 실천이 시민사회의 연대에 기반한 흐름을 우선으로 도모되기보다는 국가의 기획에 따라 분절되는 모습들이 아직은 지배적이다. 여전히 한국의 사회적경제를 구성하는 조직 중 많은 부분이 국가의 제도와 자원에 대한 의존성이 크며, 심지어 사회적경제의 담론도 정부가 주도하는 경향이 강하다. 이는 정부의 정책 향배에 따라 사회적경제의 조직화 흐름이 크게 영향을 받을 수 있음을 의미한다.14) 이를 극복하기 위해서는 사회적경제를 구성하는 조직들이 좀 더 긴밀하고, 조직적이며, 높은 수준의 연대를 통해 역량을 강화시켜야 한다.

5. 맺으며: 향후 과제

지금까지 한국의 사회적경제 현황을 짚어보고 그 전개 과정을 분석 및 평가해봤다. 애초 이 글은 이와 같은 과정을 통해 한국의 사회적경제가 갖는 특성을 규명하는 데 기여하고자 했다. 이 글의 내용을 바탕으로 거칠게나마 정리하자면 한국의 사회적경제는 '역사적 단절', '구사회적경제와 신사회적경제의 확연한 구분', '시민사회의 성장에 따른 결과물', '국가의 강한 영향력' 등이 특성으로 나타난다.

한국의 사회적경제는 최근 커다란 전기를 마련하고 있으며, 아마도 향후 지속적인 성장을 이뤄나갈 수 있을 것으로 보인다. 그러나 그 성장이 국가의 기획과 영향력에 따른 성장이 아닌 시민사회의 성장과 함께하는 성장이어야 할 것이다. 그러기 위한 몇 가지 과제를 제시하고 글을 맺고자 한다.

---

14) 이런 점에서 2014년 벽두부터 여야가 공통적으로 강조하는 사회적경제의 중요성과 사회적경제를 지원하는 법 제정을 위한 시도는 우려스럽다. 지금 한국의 사회적경제가 어떤 수준이며, 무엇이 부족하고, 어떤 역할을 해야 하는지에 대한 사회적 합의 없이, 일부 전문가(및 명망가)와 정치권이 결합한 산물이기 때문이다. 이 과정에서 설사 일련의 '선의'가 개입되어 있다 하더라도 본질은 정치이벤트라고 할 수 있다.

첫째, 지역사회의 공동체적 조직화에 초점을 두어야 한다. 사회적경제의 조직화는 풀뿌리 단위에서 경제활동을 통해 시민사회의 경제적 역량을 강화시키는 것과 접목되어야 한다. 그래서 사회적경제의 중요한 실천 방법론이 지역사회 조직화이기도 하다. 최근 이와 관련한 실험들이 한국에서도 확장되고 있는 것은 분명하다. 그러나 좀 더 확장될 필요가 있다.

둘째, 현재 한국의 사회적경제는 제도에 기반한 움직임이 주를 이루고 있다. 그러나 사회적경제가 좀 더 성장하기 위해서는 이를 넘어서는 확장적인 실천이 필요하다. 굳이 예를 들자면 지역통화의 조직화나 공유경제의 조직화 등이 해당될 것이다. 현실적으로 제도적 기반은 불가피한 부분이기도 하지만, 제도에 기반한 움직임으로만 국한된다면 그것은 사회적경제가 국가의 기획이라는 틀 내에서만 작동하는 것을 뜻하는 것이니 사회적경제가 국가의 정책적 목표를 달성하는 도구로 전락할 위험성을 우려할 수밖에 없다.

셋째, 국가에 대한 자원의존도를 줄이기 위한 노력이 필요하다. 자원의존도가 심해질수록 자율성도 약화될 수밖에 없다. 특히나 한국은 오랫동안 강한 국가(strong state)의 역할이 두드러졌던 탓에 국가의 관리 및 통제 욕구가 매우 강한 편이다. 국가의 정책과 여기에서 창출되는 물적 토대를 사회적경제가 활용할 필요는 있으나 이에만 의존하는 것은 사회적경제의 대안성을 약화시키게 된다. 실제 정부는 사회적경제를 지원해야 할 대상으로 여기고 있고 사회적경제의 많은 조직들 역시 정부로부터 지원을 받아야 할 대상으로 스스로를 여기고 있다. 이런 현실을 극복하고 대안적 역할을 강화하기 위해서는 사회적경제를 구성하고 있는 조직 간의 협력을 통해 자생성을 기르기 위한 노력을 해야 한다.

끝으로, 사회적경제의 조직화가 풀뿌리민주주의의 동력임을 인식할 필요가 있다. 사회적경제는 '착한' 경제활동이 아니라 국가와 시장에 의해 지배받는 일상에 저항하는 경제활동이다. 실제로 한국의 사회적경제 조직화에 영향을 미쳤던 주요 사상들이 풀뿌리민주주의의 사상적 기원으로 평가받고 있기도 하다. 지역사회 풀뿌리 운동이 일상의 문제를 대중 스스로 처리하고 결정하면서 능동적 주체로 자리매김하도록 돕는다면(하승우, 2008), 사회적경제는 경제활동을 통해 국가와 시장의 지배에 저항하는 능동적인 경제 주체를 조직하는 활동이다. 그래서 사회적경제의 조직화는 풀뿌리민주주의의 동력이라 할 수 있다. 결국 사회적경제의 각급 주체들은 자신들의 활동에 따라 우리 사회의 민주주의 향배가 달라질 수 있음을 유념해야 필요가 있다.

참고문헌

고용노동부(2014), "사회적기업 정책 추진현황 및 계획". 2014.1.22.
기획재정부(2014), "협동조합기본법의 개요 및 정책현황". 2014.1.22.
김정원(2012), "자활사업의 제도 측면에서 바라본 자활기업-평가와 대안 모색", 『사회적경제와 자활기업』, 아르케.
김필동(1995), "새마을금고 조직형성의 역사적 배경과 발전과정", 『사회과학과 정책연구』, 17(1): 33-63.
김형미(2012), "한국생활협동조합운동의 기원-식민지 시대의 소비조합운동-을 찾아서", 『한국생활협동조합운동의 기원과 전개』, 푸른나무.
노대명(2007), "한국 사회적경제의 현황과 과제-사회적경제의 정착과정을 중심으로-", 『시민사회와 NGO』 5(2): 35-71.
농림축산식품부 보도자료, 2013년 7월 1일자, "농촌공동체회사, 농촌일자리 창출에 기여- 전국 725개소, '11년 대비 '12년도 매출액 19% , 고용인원 9% 증가 -".
박승옥(2011), "'죽 쒀서 개 준'꼴인 한국 신협 운동", 『인터넷 프레시안』, 2011. 9. 22.
박주원(2007), "한국 민주주의의 또 다른 기원-1970년대 이후 민주화운동에서 '대안공동체 민주주의 운동'의 성격과 역할", 『기억과 전망』 17: 175-201.
새누리당 보도자료(2014), "사회적경제 통합생태계 구축을 위한 '사회적경제기본법(가칭)' 제정 추진".
신명호(2009), "한국의 '사회적경제' 개념 정립을 위한 시론", 『도시와 빈곤』, 89: 5-45.
_____(2013), "사회적경제와 국가, 그리고 민주주의", 『사회적경제리뷰』, 2: 8-32.
엄형식(2008), 『한국의 사회적경제와 사회적기업 : 유럽 경험과의 비교와 시사점』, 실업극복국민재단 함께일하는 사회 정책연구원.
유정완(2013), "KB daily 지식 비타민 : 마을 기업에 대한 이해 및 현황", 2013.6.12.(13-074호), KB금융지주경영연구소.
윤형근(2013), 『협동조합의 오래된 미래, 선구자들』, 그물코.
장종익(1997), "한국협동조합운동의 역사와 현황", (www.nowonnanum.org 자료실, 2012년 4월 24일 접속).
장종익·김기태·김연민·박범용(2011), 『한국 협동조합 섹터의 발전방향과 사회적기업과의 연계 가능성』, 한국협동조합연구소.
전병유 외(2012), 『사회적기업 실태조사연구보고서』, 한국사회적기업진흥원.
정은미(2012), "1980년대 이후 생협운동의 다양한 흐름과 갈래", 『한국 생활협동조합운동의 기원과 전개』, 푸른나무.
정진성(1991), "일본의 새로운 사회운동—생활협동조합 운동을 중심으로", 『사회와 역사』 32: 241-260.
하승우(2008), "한국 풀뿌리민주주의의 사상적 기원에 관한 고찰", 『기억과 전망』 18: 40-72.

허준영·채종헌·김종수·김명진·송민혜(2013), 『사회적경제 공동체 지원체계 진단』, 안전행정부.

Amin, A(2009), "Locating the social economy," *The Social Economy : International Perspective on Economic Solidarity*. LONDON & NEW YORK : Zed Books.

Chaves, R. and Monzon, J. L(2012), *The Social Economy in the European Union*. CIRIEC/EESC.

Defourny, Jacques., Develtere, Patrick(1999), "The Social Economy: The Worldwide making of Third Sector."
(http://www.emes.net/fileadmin/emes/PDF_files/Articles/Defourny/Defourny·Develtere_SE_NorthSouth_Chap1_EN.pdf Accessed 03.05.2007)

Fontan, Jean-Marc., Shragge, Eric(2000), "Tendencies, Tensions and Visions in the Social Economy," *Social Economy: International Debates and Perspectives*. Montréal : Black Rose Books.

Laville, Jean-Louis(2003), "A New European Socioeconomic Perspective," *Review of Social economy* LXI 30:389-405.

Lorendahl, Bengt(1997), "Intergrating the public and cooperative/social economy-Towardes a new Swedish model-," *Annals of Public and Cooperative Economics* 68(3):379-395.

Ninacs, William(2002), "A Review of the Theory and Practice of Social Economy in Canada," *SRDC Working paper Series* 02-02.

Réseau d'Investissement Social du Québec(2009), SOCIAL ENTERPRISE'S ANALYTICAL MODEL(http://communityrenewal.ca/sites/all/files/resource/Chantier_trainer-analytical-model.pdf. Accessed 02.01.2013).

http://www.cooperatives.go.kr.

http://www.kordi.or.kr.

제4장

유럽의 사회적경제 현황 및 전망[1]

장원봉(사회투자지원재단 상임이사)

1. 유럽에서 사회적경제의 역사적 궤적

이윤 획득에 우선하지 않고 공동체의 이익을 위하는 경제조직은 최근의 현상만은 아니다. 공동체 구성원들의 공동 이익을 위한 자조적인 경제활동이라는 측면에서 이들 활동을 살펴보게 되면, 오랜 역사적인 경험을 가지고 있음을 알게 된다. 이러한 시도들을 포괄적으로 '사회적경제(Social Economy)'라는 개념 속에서 이해하고자 하는 경향이 일반적이다.

사회적경제는 항상 자본주의의 거대한 변화의 과정 속에서 제기되어왔다고 할 수 있다. 그것은 19세기의 자본주의 산업화와 더불어 양산된 도시 노동자들이 다양한 사회적 위험에 대한 자조적인 전략으로 등장하였다. 농촌공동체를 벗어나 도시로 이주해온 노동자들은 원자화되었으며, 자신이 속한 국가나 기업이 외면하는 다양한 사회적 필요와 위험에 대해서 개별적으로 대응해야만 했다. 협동조합이나 공제조합 혹은 각종 결사

---

[1] 이 글은 필자의 『사회적 경제의 이론과 실제』(단행본)와 "사회적 경제의 대안적 개념화"(연구논문)의 내용을 발췌한 내용에 기초해서 작성된 글이며, 「이코노미21」 2013년 12월호에 실렸던 원고임을 밝힌다.

체(association) 등의 전통적인 사회적경제 조직들은 이렇듯 원자화된 노동자들이 개별적으로 대응해야 하는 다양한 사회적 필요와 위험에 대해서 그들 스스로 집합적인 대응의 양식으로 고려되기 시작하였다. 협동조합은 생산수단의 소유로부터 분리된 노동자들의 불평등한 지위를 극복하기 위해서 집단적 생산과 소비의 양식으로 제기되었다. 공제조합과 각종 결사체는 질병, 사고, 사망 등과 같은 사회적 위험과 실업과 파업으로 인한 직업적 위험 그리고 거주와 급식과 같은 기본적인 필수품으로부터의 소외에 대응하기 위해서 고려되었다. 그리고 소규모 생산자들과 금융소외계층을 위한 신용협동조합이 건설되었다.

물론 이러한 사회적경제의 활발한 전개에 대해서 우려의 시각도 존재하였는데, 그것은 사회적경제가 지닌 구성원들 내부의 조합주의적인 경향이 가지는 개인주의적인 속성에 대한 비판적 시각과 거대하게 확장되어가고 있는 자본주의 시장경제 질서 속에서 그들은 시장경쟁력에서 취약성을 드러내면서 결국은 도태될 것이라는 비관적 시각이 대표적이었다. 이러한 비관적 시각은 20세기에 접어들면서 현실로 드러났다. 그동안 노동자들 스스로 자신들의 필요를 충족하기 위한 자조전략으로 확대되었던 사회적경제는 복지정책의 확대와 완전고용의 실현을 통해 국가와 시장에 의해서 대체되었다. 다양한 사회적 위험에 대비하였던 공제조합과 각종 결사체들은 국가의 복제체계에 편입되어갔으며, 신용협동조합과 농업협동조합은 대규모 자본투자의 산업 환경 속에서 시중은행과의 경쟁에 직면하게 되었다. 특히 소비자협동조합과 생산자협동조합 등은 대량생산·소비의 시대에 완전고용을 통한 노동자들의 구매력 향상과 노동조합의 성장을 통한 가족임금확보로 인해 더 이상 애초의 존재가치를 잃어가면서 시장의 일부분으로 존재하게 되었다.

하지만 1970년대에 접어들면서 사회적경제는 다시 사회적 관심의 대상이 되었다. 자본주의 경제의 세계화 속에서 각국의 경제구조는 광범위한 변화를 수반하게 되었으며, 인구구조의 변화와 노동시장의 완전고용 체계의 붕괴는 대량실업과 복지국가의 재정부담으로 이어지게 되었다. 이러한 자본주의의 새로운 변화 속에서 또다시 사회적경제는 국가와 시장의 공백 속에서 제기되고 있었다. 유럽 각국에서 새롭게 대두되는 사회적 문제에 대응하기 위한 다양한 지역사회의 자조조직들이 생성되었으며, 1990년대 들어서 본격적으로 사회적경제는 고용창출 및 사회서비스 그리고 지역개발을 위한 새로운 대응방안으로 정책결정자들 사이에 인식되어 갔다. 1990년대 초반에 이탈리아의 사회적협동조합은 대표적인 사례라고 할 수 있는데, 1970년대 말부터 지역사회의 취약계층을 위한 노동통합과 사회서비스의 필요를 충족하기 위한 지역주민들의 자조조직들이 건설하였던 '사회적연대협동조합'은 1991년 '사회적협동조합법'이 정부에 의해서 재정되면서 공식적으로 법적 조직으로 인정되면서 광범위하게 확대되어 갔다. 이러한 시민사회의 자조적인 움직임에 주목하면서 유럽의 연구자들은 유럽 각국의 사례연구를 진행하였으며, 이들의 연구는 『사회적기업의 등장』(the Emergence of Social Enterprise)이라는 단행본을 통해서 그들의 활동을 사회적기업이라는 개념으로 이해되는 계기를 마련하였다. 현재 사회적기업은 각국에서 폭넓은 개념으로 사용되고 있으며, 다양한 사례를 통해서 실천되고 있다.

역사적으로 보면, 사회적경제는 자본주의 사회의 변화 과정 속에서 국가와 시장의 위기에 대처하기 위한 노동자 혹은 시민사회의 집합적 대응전략으로 모색되어 왔다고 할 수 있다.

2. 유럽 복지모델의 위기 속에서 사회적경제의 고려

1970년대에 들어서면서, 유럽의 복지모델은 점차 위기의 징조를 보이기 시작했다. 무엇보다 자본주의의 축적체계의 위기는 전통적인 계급타협의 산물인 완전고용과 포괄적 복지를 위태롭게 하였다. 경제의 세계화는 각국 산업의 구조변화를 강제함으로서 노동시장구조의 대폭적인 붕괴를 야기하였다. 상당수의 제조업 분야의 생산시설이 제3세계 등으로 이전하면

[그림 4-1] 유럽 주요국들의 실업률 추이(1970~2005년)

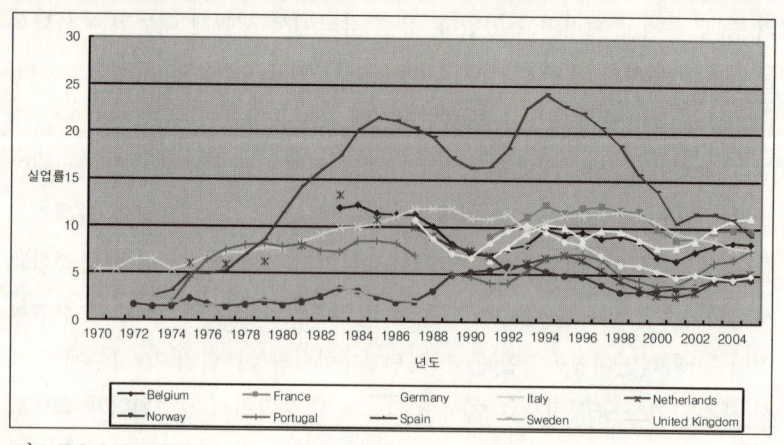

자료: ILO, LABORSTA Internet.

서 미숙련 노동력의 수요는 급격하게 줄어들었으며, 국제경쟁력에 직면한 기업들은 지속적으로 노동비용을 이윤압박으로 인식하게 하였다. 이 같은 상황은 유럽 각국에서 실업률의 증가로 이어지게 하였고, 실업률은 유럽 국가들이 직면한 가장 큰 사회적 이슈가 되었으며, 정부의 주요 정책과제가 되어왔다. 유럽 주요 국가들의 실업률 추이를 보여주고 있는 위 표는 1970년대 중반이후에 실업률이 급증하다가 다소 완화국면을 거치면서 1990년도 중반에 또다시 급증해온 추세를 보이고 있다.

경제 성장의 둔화는 이 같은 실업상황이 호전되지 못하게 하는 주요한 요인이 되기도 하였지만, 복지국가의 재정적 위기의 근원이 되기도 하였다. 전통적인 남성노동 중심의 가족임금체계가 붕괴는 여성의 노동시장 진출을 가속화하면서 사회적 지원을 제공하고 있던 가족의 역할은 위협받게 되었다. 뿐만 아니라 노인들의 수명이 늘어나면서 노령인구가 증가하면서, 육아와 더불어 노인에 대한 돌봄 노동의 필요는 사회적으로 더욱 증가되어 갔다. 이 같은 인구학적 구성과 가족구조의 변화는 지속적으로 국가의 사회지출예산을 늘어나도록 하였다.

[그림 4-2] 1980~1998년 GDP 대비 공공사회지출비중 경향

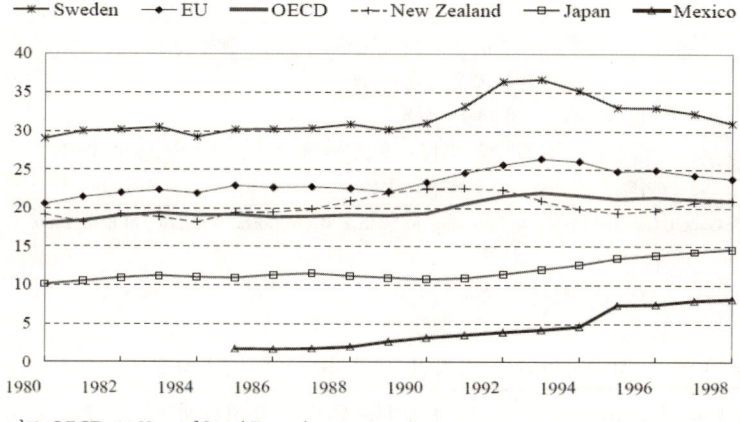

자료: OECD, 20 Years of Social Expenditure, p.5

하지만 어려움에 직면한 경제상황은 정부의 재정지출을 억제하도록 하였으며, 정신장애, 홈리스, 약물중독, 이주민 그리고 장기실업 등의 증대는 전통적인 현금 급여정책을 통해서 해결되지 않는 증대된 사회적 필요들을 해결하기 위한 새로운 사회적 대응방안이 모색되어야 했다. 물론 정부는 공공부문의 서비스 공급 증가를 통해서 이러한 필요에 대응하고자 하였으나, 공적 서비스 기관운영의 높은 비용과 지속적인 복지국가의 재정적 위기는 사회서비스의 공적 제공을 동결하거나 철회하도록 하였다.

이 같은 상황은 재분배와 시장교환 그리고 호혜라는 국가와 시장 그리고 시민사회의 전통적인 역할 분담체계를 와해시키도록 하였다. 물론 세 영역사이의 새로운 관계설정의 방안에 대한 고려들이 제기되기 시작하였는데, 이러한 새로운 관계설정의 모델은 복지혼합(welfare mix)을 통해 두드러지게 나타나기 시작하였다.

복지혼합(welfare mix)은 정부부문과 복지수요에 대한 기능적 동등체로서 시장과 시민사회를 인정하고 있다는 전제 속에서, 양자는 정부와 더불어 복지 서비스의 공급자로 포함하고 있다. 이 같은 복지혼합 속에서

[표 4-1] 복지혼합(welfare mix) 구성원들의 역할

구분		역할
정부		공적인 현금급여의 지급 및 사회적 서비스 제공
시장		민간보험 및 필요 충족을 위한 구매
	기업	종업원들에 대한 기업복지
시민사회		비영리조직 및 지역공동체 조직들에 의해서 제공되는 복지 서비스
	가정	가정 안에서 직접적인 필요의 충족

자료: Gough, Ian·Kim Jin-Wook. "Tracking the Welfare Mix in Korea," University of Bath, 2000.

정부는 공적 현금급여와 직접적인 사회서비스를 제공하고 있고, 시장은 민간보험과 서비스 제공 및 기업복지를 통해서 참여하게 되며, 그리고 시민사회는 비영리조직 및 지역공동체 조직에 의한 복지제공과 가족복지를 통해서 참여하게 된다.

이러한 복지모델의 변화는 새로운 고용창출과 복지제공의 방안을 필요로 하였으며, 정부로 하여금 국가와 시장에 의해서 충족되지 못하는 지역사회의 필요에 대응하는 시민사회의 자조적 노력들과의 협력적 관계설정을 하도록 강제하고 있다. 사회적경제는 정부와 시장 그리고 시민사회의 새로운 관계설정의 주요한 매개체로 새롭게 등장하고 있다.

3. 유럽에서 사회적경제의 주요 역할과 고용규모

유럽에서 사회적경제의 개념에 대한 수용 정도를 공공기관, 사회적경제 기업, 학문적 영역별로 조사한 연구결과에 의하면, 세 가지 집단의 국가군을 발견할 수 있다. 우선 사회적경제의 개념에 대한 높은 수용성을 보인 국가군으로는 프랑스, 이탈리아, 포르투갈, 스페인, 벨기에, 아일랜드, 스웨덴 등을 들 수 있다. 특히 프랑스는 사회적경제의 개념이 태동한 국가이기도 하다. 그리고 사회적경제의 개념에 대한 중간수준의 수용성을

[표 4-2] 유럽에서 사회적경제 개념의 수용정도

국가	공공기관의 수용	사회적경제 기업의 수용	학문적 수용
벨기에	**	**	***
프랑스	***	***	**
아일랜드	**	***	**
이탈리아	**	**	***
포르투갈	***	***	***
스페인	***	***	***
스웨덴	**	***	**
오스트리아	*	**	**
덴마크	*	**	**
핀란드	**	**	**
독일	*	*	**
그리스	**	**	**
룩셈부르크	**	**	**
네덜란드	*	*	*
영국	*	*	**
신규 회원 국가			
키프로스	**	**	**
체고	*	**	*
에스토니아	**	*	*
헝가리	*	*	*
라트비아	*	***	**
리투아니아	**	*	*
말타	**	***	**
폴란드	**	**	**
슬로바키아	n/a	n/a	n/a
슬로베니아	*	**	**

자료: CIRIEC, The Social Economy in the European Union, 2007.

보인 국가로는 키프로스, 덴마크, 핀란드, 그리스, 룩셈부르크, 라트비아, 말타, 폴란드 그리고 영국 등이다. 이들 국가들은 사회적경제에 대한 개념을 비영리부문, 자원활동부문, 사회적기업 등의 개념과 혼용하여 사용하고 있다. 영국은 장애인들의 노동통합을 위한 기업인 사회적 회사(Social Firm)에 대한 정부 지원정책과는 대조적으로 사회적경제의 개념에 대한 인정수준은 낮은 편이다. 끝으로 사회적경제의 개념에 대한 인정수준이 매우 낮은 국가들은 오스트리아, 체코, 에스토니아, 독일, 헝가리, 리투아니아, 네덜란드, 슬로베니아 등이다. 이들 국가들은 사회적경제의 개념보다는 비영리부문, 자원활동부문, 비정부기구 등의 개념이 인정되고 있다.

물론 사회적경제의 개념에 대한 국가별 수용수준에도 불구하고, 일반적으로 유럽에서 사회적경제는 사회서비스와 노동통합 및 지역개발 등의 영역에서 다양한 공익활동을 목적으로 하는 활동을 진행하고 있다.

우선 사회적경제는 지역사회에 사회서비스를 제공하는 역할을 하고 있다. 최근 사회서비스의 제공이 복지혼합 체계에서 이루어진다는 점에서 사회적경제는 복지수요에 대한 정부와 기능적 동등체로 복지체제에 등장한다. 하지만 사회적경제는 몇 가지 점에서 다른 복지수요의 기능적 동등체인 국가와 시장으로부터 차별화된다. 첫째, 사회서비스 영역에서 사회적경제는 복지수요의 공동생산 주체로서 서비스 소비자인 시민들의 실질적인 참여를 촉진하고 있으며, 둘째, 이를 통해서 다양한 지역사회의 유대를 통한 구체적으로 지역사회의 복지정치를 실천할 수 있는 계기를 마련하고 있어서, 셋째, 사회적경제로 하여금 국가의 재분배 영역과 시장의 시장교환 영역 그리고 시민사회의 호혜영역으로부터 다양한 사회적 자원을 매개하도록 함으로써 서비스 수요에 대한 복합자원을 동원하도록 한다. 이를 통해 사회적경제는 새롭게 생성되고 있는 지역사회의 다양한 복지수요를 충족시키는 사회적 전략으로 고려되고 있다.

물론 복지국가의 후퇴 속에서 사회적경제가 대두되고 있는 상황은 그것이 결국 사회서비스 수요의 저렴한 기능적 동등체로 전락되어 갈 것이라는 비관적인 전망이 대두되게 하는 원인이 되고 있다. 이러한 지적은 공공복지의 동결이나 철회 속에서 이를 대체해가고 있는 사회적경제의

[표 4-3] 유럽 사회적경제의 활동 개괄

부문	국가	사례
대인 및 사회 서비스	오스트리아	어린이 그룹(Children's Group): 부모들이 적극적으로 참여하는 보육시설
	프랑스	부모참여 보육조직(Creches Parentale): 부모들이 운영의 일부를 담당하는 탁아시설. ACCEP라는 전국네트워크 구성
	덴마크	사회적 주거(Opholdssteders): 어려움에 처한 아동 및 청소년 입주시설로 기존시설의 대안모델로 구상됨. 교육훈련 및 치료가 강조됨
	영국	재가돌봄협동조합(Home Care Co-ops): 시간제로 부양부담이 있는 여성을 주로 고용
	스웨덴	LKUs: 전국에 걸쳐 존재하는 지역협동조합개발기구로서 정신 장애인을 위한 재활 및 자활 지원
	이탈리아	사회적협동조합 A유형: 보건, 훈련 또는 대인서비스 분야에서 활동
	포르투갈	장애가 있는 어린이들의 훈련과 재활을 위한 협동조합(CERCIs); 1985년에 전국연합조직 구성
교육훈련 및 노동통합	벨기에	직업훈련기업(ETF)와 노동통합기업(EI): 남부지역에 존재. 노동통합기업은 지방정부의 지원을 받으며 시장진입중심으로 정규직 취업을 목적으로 함
	이탈리아	사회적협동조합 B유형: 취약계층의 직업편입 분야에서 활동
	독일	사회적기업(Soziale Betriebe): 시장지향적인 사회적기업으로서 한시적인 정부지원을 받음. 장기실업자의 사회경제적 통합을 겨냥한 일자리창출 및 경제 개발을 목적으로 함. 창출된 일자리는 일반기업 내 취업 또는 신규창업의 형태
	룩셈부르크	환경, 농업, 건설, 폐자원재활용 등의 분야에서 활동하는 노동 및 경제활동을 통한 사회통합을 목적으로 하는 민간단체 혹은 협동조합. 대부분의 경우 국가의 지원을 받는 시범사업
	스페인	장애인 또는 정규노동시장 배제계층을 위한 노동통합기업: 장기적인 보호된 일자리보다는 기존 노동시장의 편입을 겨냥한 단기적 일자리 제공
지역개발	핀란드	노동자협동조합(Labour Co-ops): 9개의 협동조합개발기관(CDA)에 의해 광역단위에서 조직된 노동자협동조합으로서 기초 및 광역단위의 지역경제 개발에 중요한 역할 담당. 이 협동조합은 타 기업에 조합원의 노동력을 하청형태로 제공한다는 점에서 전통적인 노동자협동조합과는 차이가 있음
	네덜란드	지역주민관리기업(BuurtBeheer Bedrijven): 지역의 취약계층주민에게 일반주택 및 공공시설의 유지 및 보수 등의 일자리를 제공하고 이웃주민에게 사회서비스를 제공하는 지역개발을 위한 독립기업
	그리스	농촌관광협동조합: 관광개발의 잠재력이 있는 농촌에 거주하는 여성들에 의해 설립된 협동조합, 숙박, 음식, 수공업 분야의 서비스 제공
	아일랜드	사회적 주거 제공, 노동통합, 신용대출(신용협동조합), 근린서비스 등 다양한 활동을 통한 지역사회개발을 목적으로 하는 다양한 형태의 기업

자료: 드푸르니, "사회적기업: 유럽의 상황을 중심으로", 『사회적기업발전을위한시민사회단체연대회의 토론회 발제문』, 2007.

역할을 떠올린다면 일면 타당하며, 사회적기업이 신자유주의의 대리인으로 전락되는 것에 대해 경계하도록 한다. 실제로 사회서비스 체계가 미약하게 형성되어 있는 한국 상황에서 복지예산과 복지체제의 취약성은 사회적기업이 실질적으로 사회서비스 영역에서 효과적인 역할을 하는 데 장애요인으로 작용하게 될 것으로 보인다. 따라서 사회적경제가 실질적인 복지체제 혁신의 계기가 되기 위해서는 복지체제에 대한 실천적인 개입과 지역사회의 실질적인 참여와 유대를 위한 새로운 시민문화를 생성할 수 있어야 할 것이다.

한편, 사회적경제는 취약계층의 노동통합과 새로운 고용창출의 영역에서 활동을 하고 있다. 물론 전통적인 고용창출의 주체는 국가와 시장이었는데, 국가는 공공부문에서 직접적인 고용창출과 시장부문의 고용창출을 촉진하는 역할을 해왔으며, 시장은 시장수요에 따른 재화와 서비스를 공급하면서 노동시장에서 고용창출을 해왔다. 하지만 최근의 세계 경제 질서의 변화는 기존의 완전고용과 공공복지의 틀을 위협하였으며, 더 이상 이를 기대하기 어려운 '고용없는 성장의 시대'가 도래했다고 할 수 있을 것이다. 특히 선진산업국들 사이의 산업구조의 고도화는 대규모의 미숙련 실업노동자들을 양산했으며, 이들의 노동통합을 위한 직업훈련 및 근로유인을 위한 다양한 프로그램을 요구하게 되었다. 이러한 상황은 사회적기업으로 하여금 지역사회의 일자리 창출과 취약계층의 노동통합을 위한 활동을 하도록 하였다. 이와 같은 사회적경제를 통한 자발적인 시민고용 및 노동통합 프로그램은 유럽연합 차원에서 제도적으로 장려되고 있는데, 유럽연합 중심으로 추진되고 있는 '고용을 위한 국가실천계획(National Action Plans for Employment)'에서는 사회적경제를 통한 새로운 기업정신을 통해서 지역사회의 고용창출 역량을 촉진하는 활동을 장려하고 있다.

마지막으로 사회적경제는 낙후된 지역경제의 재생을 위한 다양한 지역개발 활동을 전개하고 있다. 대표적으로 몰락한 산업도시를 중심으로 하는 지역경제를 살리기 위한 관광사업, 운송사업, 주택사업 등에서 사회적

[표 4-4] 유럽 사회적경제의 유급종사자 규모(2002~2003)

국가	협동조합	공제조합	민간단체	전체
벨기에	17,047	12,864	249,700	279,611
프랑스	439,720	110,100	1,435,330	1,985,150
아일랜드	35,992	650	118,664	155,306
이탈리아	837,024	note*	499,389	1,336,413
포르투갈	51,000	note*	159,950	210,950
스페인	488,606	3,548	380,060	872,214
스웨덴	99,500	11,000	95,197	205,697
오스트리아	62,145	8,000	190,000	260,145
덴마크	39,107	1,000	120,657	160,764
핀란드	95,000	5,405	74,992	175,397
독일	466,900	150,000	1,414,937	2,031,837
그리스	12,345	489	57,000	69,834
룩셈부르크	748	n/a	6,500	7,248
네덜란드	110,710	n/a	661,400	772,110
영국	190,458	47,818	1,473,000	1,711,276
키프로스	4,491	n/a	n/a	4,491
체코	90,874	147	74,200	165,221
에스토니아	15,250	n/a	8,000	23,250
헝가리	42,787	n/a	32,882	75,669
라트비아	300	n/a	n/a	300
리투아니아	7,700	0	n/a	7,700
말타	238	n/a	n/a	238
폴란드	469,179	/a	60,000	529,179
슬로바키아	82,012	n/a	16,200	98,212
슬로베니아	4,401	270	n/a	4,671
전체	3,663,534	351,291	7,128,058	11,142,883

자료: CIRIEC, The Social Economy in the European Union, 2007.

경제가 주요한 지역 주민들의 협력모델이 되고 있다. 특히 지역의 특수한 상황에 적합한 지역사회의 다양한 사회적경제 조직들은 지역필요에 따른 활동계획을 수립함으로써 지역의 욕구에 밀착된 접근을 실천할 수 있다는 장점이 있다. 뿐만 아니라 지역 주민의 폭넓은 참여는 다양한 사회적

자본을 생성함으로써 효율적인 자원배분을 가능하도록 하고 있다. 이렇듯 지역개발에서 사회적경제는 다양한 지역사회의 욕구에 대한 혁신적 해결을 위한 공동생산의 매개로서 기능할 잠재력을 지니고 있다.

무엇보다 사회적경제가 지역사회에서 포괄적으로 기여하고 있는 점은 직접적으로 사회적 배제의 문제에 개입하고 있다는 점이다. 사회적 배제는 기존의 경제적 결핍을 넘어 심리적, 문화적, 정치적, 사회관계적 소외를 포괄적으로 함의하는 개념이라는 점에서 사회적기업은 이와 밀접한 관련을 가지고 활동을 하고 있다고 할 수 있다. 먼저 사회적경제의 주요한 참여자인 장기실업자들이나 이민자 혹은 취약 청소년 등은 이들의 역량강화를 위한 사회적경제의 다양한 프로그램을 통해서 사회통합의 계기를 마련하고 있다.

한편 유럽에서 사회적경제의 고용인원은 2003년 기준 1,100만 명에 이르고 있으며, 유럽의 임금근로자의 6.7%에 이르고 있다.

한편 산업별 노동자협동조합의 전체 노동자조합원 비중의 변화를 살펴보면, 산업별로 노동자협동조합의 고용규모 비중이 상이하게 변화하고

[그림 4-3] 스페인의 산업별 노동자협동조합 전체 노동자조합원수 비중 변화

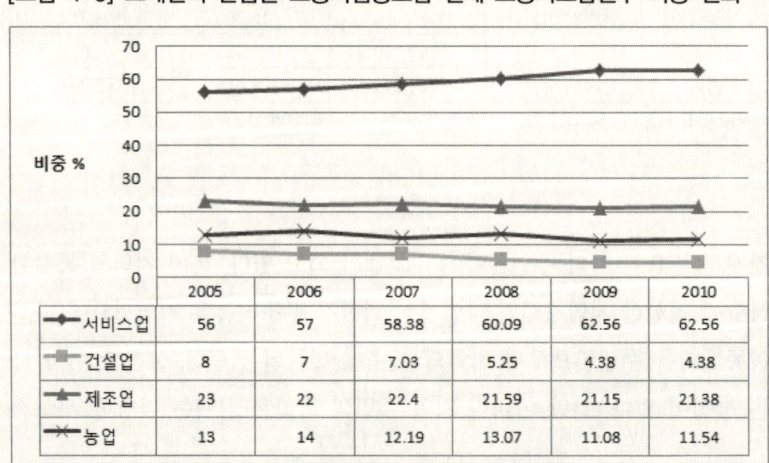

[그림 4-4] 프랑스의 산업별 노동자협동조합 전체 노동자조합원수 비중 변화

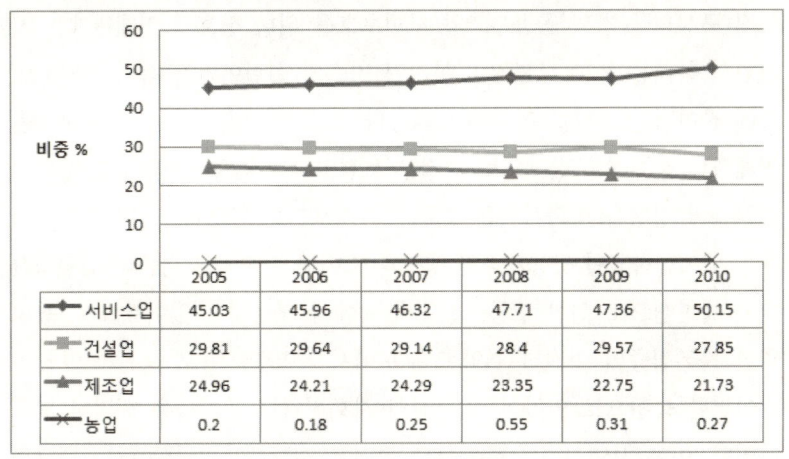

있음을 알 수 있다. 무엇보다 서비스분야 노동자협동조합의 노동자조합원 비중이 지속적으로 늘어갔다는 점은 주목할 만하다. 한편 전통적인 노동자협동조합의 주요한 업종분야였던 건설업과 제조업에서의 비중이 다소 줄어들었다. 이는 유럽에서 사회적경제가 복지제공의 새로운 주체로 성장하고 있음을 보여주는 사례라고 할 수 있을 것이다.

4. 유럽에서 사회적경제의 전망과 과제

서구 자본주의 발전과정은 기존의 협동조합, 공제조합, 연합체 등의 전통적인 사회적경제의 주체들로 하여금 많은 변동을 겪도록 강제하였다. 이러한 변동의 핵심에는 기존에 전통적인 사회적경제 주체들이 수행해오던 공공부조, 사회보호, 공동생산, 공동구매 등의 영역이 시장경제와 복지국가의 경제적 영역 안으로 포섭되어온 주변화의 과정이 위치하고 있다. 즉 전통적인 사회적경제가 가지는 사회적 매력을 공공부문과 시장부문이 대

체해 왔다는 것이다. 공제조합 등의 사회적경제 조직들이 실현하고 있던 조직 구성원들 간의 공공부조와 사회보호를 위한 상호적 연대관계는 시민권의 확대를 통한 보편적인 복지 서비스의 실현이라는 복지국가의 이념에 잔여적인 역할로 전락하게 되었다. 또한 임금소득과 사회적 보호를 연계하는 사회정책의 제도화 과정은 보험영역에서 공제조합들과 상업적 조직들의 경쟁을 심화시키는 결과를 가져오기도 하였다. 한편 협동조합운동이 제공하였던 공동체적인 생산과 소비의 방식은 포디즘의 대량생산과 유통혁신으로 인한 상품생산체제 속에서 경쟁력을 잃어갔으며, 광범위한 자본집중이 여전히 취약한 부문에서만 제한적으로 생존하였다.

이러한 상황으로 인하여, 전통적인 사회적경제 주체들은 현저히 퇴조하였다. 이는 사회적경제 주체들로 하여금 시장에서의 생존력을 제고하도록 강제하였으며, 애초에 사회적경제가 추구하였던 좀 더 급진적인 정치적 비전과 같은 사회적 목적과는 다른 상업적 목적을 추구하도록 하였다. 그래서 많은 사회적경제 조직들은 시장에서 다른 상업적 조직들과 경쟁하기 위한, 이윤추구를 우선시하는 경영합리화를 꾀하게 되었으며, 이는 기존에 사회적경제조직들이 지역사회의 구성원들로부터 다른 상업적 조직들과 차별적인 인식을 형성해나가지 못하게 하는 원인이 되었다.

하지만 완전고용의 종결과 복지국가의 위기에 수반해서 형성되었던 새로운 사회적 필요의 영역은 사회적경제 조직들에게 많은 여지를 남기게 하였다. 특히 새롭게 형성된 많은 연합체들은 이러한 사회적 필요에 적극적으로 대응하기 위한 활동에 참여해왔으며, 정부로 하여금 법적 그리고 재정적 지원구조를 제공받아왔다. 이러한 지원체계를 통해서 이들은 전문적인 복지 서비스 제공자가 되어왔으며 많은 새로운 참여자들의 후견적인 역할을 하였다. 또한 시장지향적인 회사로서 자기 생존력을 유지해왔던 일부의 협동조합과 공제조합 등은 이러한 새로운 사회적 필요에 대응하기 위한 새로운 활동을 전개하기 시작하였다. 이들은 이전의 조합원 구성에 있어서 노동자 혹은 소비자들로 제한적이었던 조직구성을 새로운 사회적 필요에 대한 지역사회의 이해당사자들의 참여로 확대하였으며 구체적인 지역사회의 사회적 필요의 영역으로 활동 범위를 넓혀나갔다. 또한 지역사회를 중심으로 지역교환거래체계(LETS: Local Exchange Trading System)와 마이크로크레디트(micro-credit) 등과 대안적인 경제공동체 활동을 전개하기도 하였다.

그러나 현재 사회적경제 주체들의 활동을 보면, 그렇게 낙관적인 상황만은 아니다. 많은 사회적경제 주체들의 활동이 정부의 자금조달에 전적으로 의존하고 있으며, 그러한 정부의 자금조달이 단기적인 서비스 계약에 의해서 이루어지고 있다는 점은 그 심각성을 더하고 있다. 특히 취약계층의 노동통합과 소득보전을 위한 근로연계복지 프로그램으로 사회적경제 영역을 활용하고자 하는 정책은 정부가 주도적으로 형성해가고 있는 계약문화 속에서 사회적경제 주체들의 자율성을 많은 부분 제약하고 있으며, 고용과 서비스 제공이라는 단기적인 정책목표에 그들을 동원하는 성격이 강하다.

그래서 지역사회와 밀접하게 결합되어 다양한 지역사회의 서비스 욕구에 대응하고 있는 사회적경제 주체들의 활동은 우리에게 좋은 자극이 되고 있다. 이들은 지역의 다양한 이해당사자들의 참여와 결속을 이끌어냄으로써 지속적인 사회적경제의 발전을 꾀하고 있다. 그리고 국가의 요양, 보육, 탁아, 장애 등의 사회보장제도는 사회적경제 조직들이 제공하는 서비스들의 주요 수입원이 되고 있으며, 저소득층이 이러한 서비스를 이용할 수 있는 구매력을 보증하고 있는 효과가 있기 때문에 그들이 사회적경제에 포괄될 수 있는 근거가 되고 있다. 이러한 지역사회의 참여와 결속을 통한 적극적인 사회적자본의 동원과 사회보장제도의 기반은 사회적경제 조직들로 하여금 시장영역에서 민간영리조직들에 대해 경쟁력을 가질 수 있는 계기를 마련하고 있다.

물론 여전히 정부는 사회적 서비스의 질을 개선하는 것보다 예산절감에 더 많은 관심을 가지고 복지혼합(welfare mix)을 추진하고자 한다. 이는 많은 사회적경제를 여전히 비공식부문으로 머무르게 하는 가장 주요한 장애요인으로 작용하고 있다. 한편 이탈리아와 영국의 사례에서 보듯이, 정부의 사회적경제에 대한 법적인 규정을 통해서 역으로 사회적경제의 비공식부문을 공식부문으로 흡수해서 사회적 보호를 받게 하는 과정도 존재한다. 하지만 여전히 사회적경제 영역의 일자리는 사회적으로 선호되는 매력적인 이미지를 형성하고 있지는 못하다. 이러한 점에서 사회적경제의 사회적 가치에 대한 인식은 절실하다. 그래서 사회적경제가 단순히 실업과 빈곤에 대응하기 위한 고용과 사회적 서비스를 제공하는 프로그램으로서가 아니라, 기존의 이윤을 목적으로 하는 시장질서와는 다른 삶의 방식으로서 사회적경제의 이념과 실천이 시민사회를 중심으로 부각되어야 한다는 점도 유럽의 사회적경제가 우리에게 시사해 주고 있는 바이다. 이러한 사회적경제의 이념과 실천을 기반으로 하는 시민사회의 주도성이야 말로 사회적경제가 신자유주의의 민영화 전략의 대리인으로 전락되어서 정부의 프로그램을 수행하는 수용자로서의 위상을 극복할 수 있도록 할 것이다. 이것이 사회적경제 영역이 다양한 가치를 실천하는 장으로서 매력적인 이미지를 형성하도록 하는 출발점이다.

참고문헌

드푸르니(2007), "사회적기업: 유럽의 상황을 중심으로", 『사회적기업발전을위한시민사회단체연대회의 토론회 발제문』.
장원봉(2006), 『사회적경제의 이론과 실제』, 나눔의집출판사.
_____(2007), "사회적경제(Social Economy)의 대안적 개념화: 쟁점과 과제", 『시민사회와 NGO』. 5(2).

CECOP(2012), "The resilience of the cooperative model."
CIRIEC(2007), "The Social Economy in the European Union."
Gough, Ian·Kim Jin-Wook(2000), "Tracking the Welfare Mix in Korea," University of Bath.

제5장

사회적기업 생태계 활성화 방안 [1]

이인재(한신대학교 휴먼서비스대학)

1. 들어가는글: 사회적기업 발전과 사회적기업 생태계

사회적기업 발전을 위해서는 사회적기업의 성공을 가능하게 하는 다양하고 복잡한 지원환경 즉, 사회적기업 생태계가 발달해야 한다. 사회적기업에 대한 관심과 지원을 넘어서 사회적기업이 활동하는 생태계 육성이 필요한 시점이다.

사회적기업은 물론이고 일반 기업 활동에서 생태계 중요성이 주목받고 있다. 기업생태계는 1993년 제임스 무어가 처음 개념을 제시한 것으로, 자연생태계에서의 공생적 관계를 사회과학적 관점에서 파악하고 이를 기업군이 이루는 기업생태계로 확장시킨 개념이다. 기업생태계는 상호작용하는 조직과 개인들에 의해 지원되는 경제공동체이자 비즈니스 체계의 유기체로 정의된다. 즉 기업의 전략 범위가 기업 내부에서 외부로 확장되고 기업 상호간의 협력에 대한 중요성이 강조되면서 다양한 형태로 이루어

---

1) 이 글은 2013년 서울행정학회, 「한국사회와 행정연구」 24권1호에 게재된 이인재·황주희 "Revitalization on the Korean Social Enterprise Ecosystem and its Policy Implications"에 기반하여 작성된 것임.

지는 기업 간의 협력과 경쟁의 관계를 바탕으로 기업 전략의 범위를 새롭게 인식하려는 것이다. 기업생태계의 가장 기본적인 종(구성원)은 고객, 시장 중개자, 공급자, 그리고 기업 자체이며, 그 외 이들 종들의 소유자 및 그들과 관련된 투자자, 정부기관과 규제기관, 고객이나 공급자들의 이익을 대표하는 협회와 단체, 경쟁자 등이 포함된다(배미원·이화영, 2012). 기업의 기존 경영전략 패러다임이 수익창출의 극대화였다면, 생태계 관점의 최신 패러다임은 인본주의적 기업경영으로 변화하고 있다. 따라서 시장경제 중심이었을 때는 공공과 시장이 생태계의 주요 구성요인인 것과 비교하면, 기업생태계 관점에서는 관련 집단이 제3섹터인 비영리기관과 시민사회조직으로 확대되고 있다.

기업생태계의 존재 목적은 서로 연결되어 가치를 제공하는 제품 및 서비스의 집합인 '가치 복합체'를 생산하는 것이다. 가치 복합체란 다양한 제품, 서비스, 기술 등이 서로 결합하고 연결되어 함께 소비됨으로써 가치를 제공하는 제품 및 서비스의 집합이다. 플랫폼은 가치복합체의 구성요소들이 함께 공유하면서 그것을 매개로 서로 연결되어 있는 기반요소를 의미한다. 기업생태계는 가치복합체를 생산하기 위해 플랫폼을 공유하면서 공생과 공진화 관계를 형성하고 있는 기업 상호간의 체계로 볼 수 있다(김창욱 외, 2012). 기업은 자신에게 맞는 기업생태계를 구성하는 것이 경쟁에서 살아남기 위한 전제조건이며 기업생태계 안에서의 자신의 역할을 규명하고 전체 기업생태계의 경쟁력을 높이기 위한 노력이 필요하다. 기업생태계의 발전과정은 네 단계로 구분할 수 있다. 개척시대(1단계) - 확장단계(2단계) - 권위시대(3단계) - 쇄신/소멸시대(4단계). 단계마다 기업생태계가 발전하려면 반드시 극복해야 할 과업과 문제들이 제기된다. 1단계 과업은 기업의 핵심가치 창조, 2단계는 협력적 네트워크 구축, 3단계는 권위적 리더십 유지(공진화 주도), 4단계는 지속적 성과의 개선으로 정리된다. 어떤 기업생태계가 현재 어느 단계에 있는지를 규정함으로써 생태계가 각 단계를 거쳐 갈 때마다 협력과 경쟁이 어떻게 새롭게 정의되는가를 살펴보아야 한다. 기업생태계 개념을 이해함으로써 사회적기업 생태계 개념과 생태계 관점으로의 전환 그리고 사회적기업 생태계 발전단계에 대한 정책적 함의를 도출할 수 있을 것이다.

2. 사회적기업 생태계 개념 및 특성

기업생태계란 기업들이 영위할 수 있는 모든 사업가능 공간에서 혁신적인 아이디어를 통합하여 핵심사업을 중심으로 이해관계자들과 강력한 공존을 꾀하는 경제적 공동체라 할 수 있다. 개별 기업에 대해 가치의 창출과 제공에 영향을 주고, 또 그것으로부터 영향을 받는 기업들(공급자, 유통업자, 아웃소싱 기업, 관련 제품 및 서비스 생산자, 기술 제공자, 기타 조직)의 느슨한 네트워크를 의미한다. 기업생태계란 경쟁과 협력을 바탕으로 투자와 수익의 선순환적 공존 발전을 추구한다. 이에 비해 사회생태계란 협력적-이타적 공진화(co-evolution)을 기반으로 하는 상생과 협력의 선순환을 핵심가치로 하는 것이다.

  사회생태계의 기초원리는 사회를 유지시키는 환경을 구성하는 모든 요소가 전체 조직망의 부분으로서 존재하며, 전체 조직망 내에서 각 요소들이 다른 모든 요소들과 직접적, 간접적으로 상호작용하면서 전체적인 기능에 영향을 미친다는 관점을 바탕으로 한다. 사회생태계의 관점에서 지속가능성과 기업의 사회적 책임이 주요 개념으로 등장한다. 지속가능성이란 일반적으로 특정한 과정이나 상태를 유지할 수 있는 능력을 의미한다. 인간사회의 환경, 경제, 사회적 양상의 연속선에 관련된 체계적 개념이다. 경제, 사회, 환경을 고려하면, 지속가능성은 사회적 정의를 실현하고 자연환경을 유지하며, 경제적 번영을 추구하는 개발 개념 및 접근방법으로 정의할 수 있다. 기업의 사회적 책임이란 기업이 생산 및 영업활동을 하면서 환경경영, 윤리경영, 사회공헌과 노동자를 비롯한 지역사회 등 사회 전체에 이익을 동시에 추구하며, 그에 따라 의사 결정 및 활동을 하는 것을 의미한다(배미원·이화영, 2012).

사회적기업 생태계란 사회적기업이 성장할 수 있는 유기적 환경체계로 사회적기업을 중심으로 다양한 이해당사자 간의 네트워크 체계를 의미한다. 즉 모든 사업가능 공간에서 혁신적 가치 복합체를 생산하기 위하여 다양한 이해관계자들이 공생과 공존의 선순환 관계를 형성하는 네트워크 체계로 볼 수 있다. 사회적기업 생태계란 사회적기업의 성공을 돕는 자본 인프라와 사회경제문화적 환경으로 구성된다. 자본 인프라는 인적자본, 사회정치자본, 금융자본, 지식자본 등을 의미하며, 환경요인은 사회적기업 정책, 언론 홍보와 문화적 인지도, 경제사회적 조건 그리고 유관분야를 포괄하는 개념이다(CASE, 2008).

일반 기업과 마찬가지로 사회적기업 공히 발전단계를 거칠 것이며, 사회적기업 생태계는 이에 맞추어 단계별 과업을 고려해야 할 것이다. 성장단계에서 요구되는 생태계 구성요소는 시장경쟁에서 생존할 수 있도록 사회적기업활동을 지원하는 분야별 전문적 지원조직의 육성과 사회적기업 내부의 자율 규율기제가 마련되어야 한다. 사회적기업 정책의 혁신으로 변이-선택-복제의 원리에 기반한 진화론적 관점의 생태계 조성 전략이 필요하다(라준영, 2012). 변이는 다양한 사회적기업가의 발굴 및 육성, 새로운 비즈니스 실험, 혁신적 비즈니스 모델을 발굴하는 단계이다. 이를 위해서는 지역별 사회혁신 거점센터와 다양한 사회적 실험이 필요. '사회적기업가 다양성 확보'가 핵심 과제가 된다. 선택 단계에는 시장(제품/서비스, 자본, 노동), 제도(정부와 대기업 사회적기업 정책), 네트워크 협력을 통한 우수한 사회적기업의 선택과 자원 집중, 공공 및 새로운 시장 개발, 사회적자본 시장 육성이 필요하다. '시장 메카니즘의 원활한 작동'이 주요 과제가 된다. 복제단계에는 내부 복제를 통한 비즈니스 성장과 외부 복제를 통한 시장성장 및 사회혁신의 확산이 일어난다. 소셜 프랜차이징 모색이 필요하며, 성공이 입증된 사회적기업의 규모 확대와 성장을 지원해야 한다.

3. 사회적기업 생태계 구조와 구성 요소

사회적기업은 공유된 사회적 가치 창출을 목표로 한다. 사회적 가치란 취약계층 일자리 창출, 사회서비스 제공 등 지역사회가 직면한 사회문제를 해결하며, 지역의 경제적·사회적 조건을 향상시키며, 기업의 경쟁력을 높이면서 새로운(혁신적) 가치를 창출하는 것을 의미한다. 생태계 구조는 이를 위한 자본 인프라와 사회경제문화적 환경으로 구성된다(CASE, 2008).

1) 자본 인프라

① 인적 자본

인적 자본이란 사회적기업 활동의 핵심 주체 및 네트워크를 의미한다. 사회문제에 혁신적으로 대응하는 개인과 집단(팀)네트워크로 사회적기업활동의 핵심 요소라 할 수 있다. 지역사회에서 활동하거나 활동을 준비하고 있는 (예비)사회적기업, 마을 기업, 협동조합, 자활, NGO, 자원봉사, 은퇴자 조직, 기업조직 등의 '활동가 풀'로서 현재 제도권 밖에 있는 활동가도 포함한다. 사회적기업집단 간 네트워크뿐만 아니라 민간주체, 지방정부 등 공공기관(지원조직 포함), 지역단위, 업종단위 민간 네트워크도 포함된다. 생태계 집단의 리더는 고객, 주요 생산자, 경쟁자, 투자자들이 공유할 수 있는 비전을 제시하고 투자를 일정한 방향으로 집중시키고, 그 과정에 각 구성원들이 상호보완적 역할을 할 수 있도록 조정과 통합의 역할을 수행해야 한다. 인적자본 육성을 위해 지역 교육인프라 체계도 중요한 요인이 된다.

사회적경제의 대표적 리더는 마이크로크레딧을 만든 방글라데시 유누스박사, 라오스 등 동남아시아에 교육인프라를 제공하는 기업(Room to Read)을 창설한 존 우드(John Wood) 등이 있다. 우리나라에서는 사회적기업과 유사한 마을만들기 생태계 리더 사례로는 전북 진안군 마을만들기 구자인 박사가 있다. 생태계 리더의 일차적 역할은 성공적 마을공동체

의 요건인 주민교육을 통한 리더그룹을 양성하는 일이다(권은정, 2010).

② 사회정치자본

인적 자본이 사회적기업가와 그들의 네트워크를 의미한다면, 사회정치자본은 사회적기업 활동을 지원하는 유무형의 사회적, 정치적 인프라를 의미한다. 예를 들어 사회적기업 온 오프라인 옹호조직, 사회적기업을 위한 지원 공간(무상임대 공간 포함), 사회적기업에 대한 시민들의 긍정적 인식 등이 실례가 되며, 지역사회에서 사회적기업가, 자금 제공자, 연구자, 윤리적 소비자 등이 참여하는 플랫폼 작동 유무 등이 활동 지표가 될 수 있다. 주요 사례로는 대학, 씽크탱크, 컨설팅회사, 전문가 협회를 포함하여 혁신적 벤처기업들이 모여 있는 미국 실리콘 밸리, 대전시 대덕단지가 품고 있는 다양한 사회정치적 인프라를 들 수 있다.

Ferri(2011)의 연구 결과를 보면, 사회적기업 활동에 대한 사회적 태도의 긍정적 영향력를 확인할 수 있다. 사회적 목적 조직 활동의 활성화가 사회적기업 활동에도 긍정적으로 작용하고 있다. 따라서 현실을 바꾸려고 하는 사람들의 욕구를 반영하고 이들이 조직적 활동을 할 수 있도록 플랫폼의 역할이 중요함을 알 수 있다. 많은 사람들이 변화를 꿈꾸게 하고, 이를 행동으로 옮길 수 있도록 하는 변화촉진자의 역할이 필요하다.

③ 금융자본

사회적기업 창업에 필요한 핵심 자본이 금융자본이다. 사회적기업에 대한 사회적 투자에는 일반 기업과의 달리 경제적 성과 외에 사회적(영향력) 성과가 고려된다는 점이다. 금융자본에는 사회적기업 대상 자본시장 규모, 경영 컨설팅 지원기관 및 지원인력, 사회투자 규모와 수급구조, 금융자본 지원의 기준으로서의 사회적 영향력(social impact) 성과지표(일자리, 사회서비스 제공, 사회적 혁신 정도, 지역 마을만들기 등)의 수준 등이 고려요인이 된다. 동시에 사회적기업은 다양한 유형이 있기 때문에, 유형에 따른 사회적 성과지표가 유연하게 적용되어야 한다. 예를 들어 취

3. 사회적기업 생태계 구조와 구성 요소

사회적기업은 공유된 사회적 가치 창출을 목표로 한다. 사회적 가치란 취약계층 일자리 창출, 사회서비스 제공 등 지역사회가 직면한 사회문제를 해결하며, 지역의 경제적·사회적 조건을 향상시키며, 기업의 경쟁력을 높이면서 새로운(혁신적) 가치를 창출하는 것을 의미한다. 생태계 구조는 이를 위한 자본 인프라와 사회경제문화적 환경으로 구성된다(CASE, 2008).

1) 자본 인프라

① 인적 자본

인적 자본이란 사회적기업 활동의 핵심 주체 및 네트워크를 의미한다. 사회문제에 혁신적으로 대응하는 개인과 집단(팀)네트워크로 사회적기업활동의 핵심 요소라 할 수 있다. 지역사회에서 활동하거나 활동을 준비하고 있는 (예비)사회적기업, 마을 기업, 협동조합, 자활, NGO, 자원봉사, 은퇴자 조직, 기업조직 등의 '활동가 풀'로서 현재 제도권 밖에 있는 활동가도 포함한다. 사회적기업집단 간 네트워크뿐만 아니라 민간주체, 지방정부 등 공공기관(지원조직 포함), 지역단위, 업종단위 민간 네트워크도 포함된다. 생태계 집단의 리더는 고객, 주요 생산자, 경쟁자, 투자자들이 공유할 수 있는 비전을 제시하고 투자를 일정한 방향으로 집중시키고, 그 과정에 각 구성원들이 상호보완적 역할을 할 수 있도록 조정과 통합의 역할을 수행해야 한다. 인적자본 육성을 위해 지역 교육인프라 체계도 중요한 요인이 된다.

사회적경제의 대표적 리더는 마이크로크레딧을 만든 방글라데시 유누스박사, 라오스 등 동남아시아에 교육인프라를 제공하는 기업(Room to Read)을 창설한 존 우드(John Wood) 등이 있다. 우리나라에서는 사회적기업과 유사한 마을만들기 생태계 리더 사례로는 전북 진안군 마을만들기 구자인 박사가 있다. 생태계 리더의 일차적 역할은 성공적 마을공동체

의 요건인 주민교육을 통한 리더그룹을 양성하는 일이다(권은정, 2010).

② 사회정치자본

인적 자본이 사회적기업가와 그들의 네트워크를 의미한다면, 사회정치자본은 사회적기업 활동을 지원하는 유무형의 사회적, 정치적 인프라를 의미한다. 예를 들어 사회적기업 온 오프라인 옹호조직, 사회적기업을 위한 지원 공간(무상임대 공간 포함), 사회적기업에 대한 시민들의 긍정적 인식 등이 실례가 되며, 지역사회에서 사회적기업가, 자금 제공자, 연구자, 윤리적 소비자 등이 참여하는 플랫폼 작동 유무 등이 활동 지표가 될 수 있다. 주요 사례로는 대학, 씽크탱크, 컨설팅회사, 전문가 협회를 포함하여 혁신적 벤처기업들이 모여 있는 미국 실리콘 밸리, 대전시 대덕단지가 품고 있는 다양한 사회정치적 인프라를 들 수 있다.

Ferri(2011)의 연구 결과를 보면, 사회적기업 활동에 대한 사회적 태도의 긍정적 영향력를 확인할 수 있다. 사회적 목적 조직 활동의 활성화가 사회적기업 활동에도 긍정적으로 작용하고 있다. 따라서 현실을 바꾸려고 하는 사람들의 욕구를 반영하고 이들이 조직적 활동을 할 수 있도록 플랫폼의 역할이 중요함을 알 수 있다. 많은 사람들이 변화를 꿈꾸게 하고, 이를 행동으로 옮길 수 있도록 하는 변화촉진자의 역할이 필요하다.

③ 금융자본

사회적기업 창업에 필요한 핵심 자본이 금융자본이다. 사회적기업에 대한 사회적 투자에는 일반 기업과의 달리 경제적 성과 외에 사회적(영향력) 성과가 고려된다는 점이다. 금융자본에는 사회적기업 대상 자본시장 규모, 경영 컨설팅 지원기관 및 지원인력, 사회투자 규모와 수급구조, 금융자본 지원의 기준으로서의 사회적 영향력(social impact) 성과지표(일자리, 사회서비스 제공, 사회적 혁신 정도, 지역 마을만들기 등)의 수준 등이 고려요인이 된다. 동시에 사회적기업은 다양한 유형이 있기 때문에, 유형에 따른 사회적 성과지표가 유연하게 적용되어야 한다. 예를 들어 취

회적기업 생태계 개념과 생태계 관점으로의 전환 그리고 사회적기업 생태계 발전단계에 대한 정책적 함의를 도출할 수 있을 것이다.

2. 사회적기업 생태계 개념 및 특성

기업생태계란 기업들이 영위할 수 있는 모든 사업가능 공간에서 혁신적인 아이디어를 통합하여 핵심사업을 중심으로 이해관계자들과 강력한 공존을 꾀하는 경제적 공동체라 할 수 있다. 개별 기업에 대해 가치의 창출과 제공에 영향을 주고, 또 그것으로부터 영향을 받는 기업들(공급자, 유통업자, 아웃소싱 기업, 관련 제품 및 서비스 생산자, 기술 제공자, 기타 조직)의 느슨한 네트워크를 의미한다. 기업생태계란 경쟁과 협력을 바탕으로 투자와 수익의 선순환적 공존 발전을 추구한다. 이에 비해 사회생태계란 협력적-이타적 공진화(co-evolution)을 기반으로 하는 상생과 협력의 선순환을 핵심가치로 하는 것이다.

　사회생태계의 기초원리는 사회를 유지시키는 환경을 구성하는 모든 요소가 전체 조직망의 부분으로서 존재하며, 전체 조직망 내에서 각 요소들이 다른 모든 요소들과 직접적, 간접적으로 상호작용하면서 전체적인 기능에 영향을 미친다는 관점을 바탕으로 한다. 사회생태계의 관점에서 지속가능성과 기업의 사회적 책임이 주요 개념으로 등장한다. 지속가능성이란 일반적으로 특정한 과정이나 상태를 유지할 수 있는 능력을 의미한다. 인간사회의 환경, 경제, 사회적 양상의 연속선에 관련된 체계적 개념이다. 경제, 사회, 환경을 고려하면, 지속가능성은 사회적 정의를 실현하고 자연환경을 유지하며, 경제적 번영을 추구하는 개발 개념 및 접근방법으로 정의할 수 있다. 기업의 사회적 책임이란 기업이 생산 및 영업활동을 하면서 환경경영, 윤리경영, 사회공헌과 노동자를 비롯한 지역사회 등 사회 전체에 이익을 동시에 추구하며, 그에 따라 의사 결정 및 활동을 하는 것을 의미한다(배미원·이화영, 2012).

사회적기업 생태계란 사회적기업이 성장할 수 있는 유기적 환경체계로 사회적기업을 중심으로 다양한 이해당사자 간의 네트워크 체계를 의미한다. 즉 모든 사업가능 공간에서 혁신적 가치 복합체를 생산하기 위하여 다양한 이해관계자들이 공생과 공존의 선순환 관계를 형성하는 네트워크 체계로 볼 수 있다. 사회적기업 생태계란 사회적기업의 성공을 돕는 자본 인프라와 사회경제문화적 환경으로 구성된다. 자본 인프라는 인적자본, 사회정치자본, 금융자본, 지식자본 등을 의미하며, 환경요인은 사회적기업 정책, 언론 홍보와 문화적 인지도, 경제사회적 조건 그리고 유관분야를 포괄하는 개념이다(CASE, 2008).

일반 기업과 마찬가지로 사회적기업 공히 발전단계를 거칠 것이며, 사회적기업 생태계는 이에 맞추어 단계별 과업을 고려해야 할 것이다. 성장단계에서 요구되는 생태계 구성요소는 시장경쟁에서 생존할 수 있도록 사회적기업활동을 지원하는 분야별 전문적 지원조직의 육성과 사회적기업 내부의 자율 규율기제가 마련되어야 한다. 사회적기업 정책의 혁신으로 변이-선택-복제의 원리에 기반한 진화론적 관점의 생태계 조성 전략이 필요하다(라준영, 2012). 변이는 다양한 사회적기업가의 발굴 및 육성, 새로운 비즈니스 실험, 혁신적 비즈니스 모델을 발굴하는 단계이다. 이를 위해서는 지역별 사회혁신 거점센터와 다양한 사회적 실험이 필요. '사회적기업가 다양성 확보'가 핵심 과제가 된다. 선택 단계에는 시장(제품/서비스, 자본, 노동), 제도(정부와 대기업 사회적기업 정책), 네트워크 협력을 통한 우수한 사회적기업의 선택과 자원 집중, 공공 및 새로운 시장 개발, 사회적자본 시장 육성이 필요하다. '시장 메카니즘의 원활한 작동'이 주요 과제가 된다. 복제단계에는 내부 복제를 통한 비즈니스 성장과 외부 복제를 통한 시장성장 및 사회혁신의 확산이 일어난다. 소셜 프랜차이징 모색이 필요하며, 성공이 입증된 사회적기업의 규모 확대와 성장을 지원해야 한다.

3. 사회적기업 생태계 구조와 구성 요소

사회적기업은 공유된 사회적 가치 창출을 목표로 한다. 사회적 가치란 취약계층 일자리 창출, 사회서비스 제공 등 지역사회가 직면한 사회문제를 해결하며, 지역의 경제적·사회적 조건을 향상시키며, 기업의 경쟁력을 높이면서 새로운(혁신적) 가치를 창출하는 것을 의미한다. 생태계 구조는 이를 위한 자본 인프라와 사회경제문화적 환경으로 구성된다(CASE, 2008).

1) 자본 인프라

① 인적 자본

인적 자본이란 사회적기업 활동의 핵심 주체 및 네트워크를 의미한다. 사회문제에 혁신적으로 대응하는 개인과 집단(팀)네트워크로 사회적기업활동의 핵심 요소라 할 수 있다. 지역사회에서 활동하거나 활동을 준비하고 있는 (예비)사회적기업, 마을 기업, 협동조합, 자활, NGO, 자원봉사, 은퇴자 조직, 기업조직 등의 '활동가 풀'로서 현재 제도권 밖에 있는 활동가도 포함한다. 사회적기업집단 간 네트워크뿐만 아니라 민간주체, 지방정부 등 공공기관(지원조직 포함), 지역단위, 업종단위 민간 네트워크도 포함된다. 생태계 집단의 리더는 고객, 주요 생산자, 경쟁자, 투자자들이 공유할 수 있는 비전을 제시하고 투자를 일정한 방향으로 집중시키고, 그 과정에 각 구성원들이 상호보완적 역할을 할 수 있도록 조정과 통합의 역할을 수행해야 한다. 인적자본 육성을 위해 지역 교육인프라 체계도 중요한 요인이 된다.

사회적경제의 대표적 리더는 마이크로크레딧을 만든 방글라데시 유누스박사, 라오스 등 동남아시아에 교육인프라를 제공하는 기업(Room to Read)을 창설한 존 우드(John Wood) 등이 있다. 우리나라에서는 사회적기업과 유사한 마을만들기 생태계 리더 사례로는 전북 진안군 마을만들기 구자인 박사가 있다. 생태계 리더의 일차적 역할은 성공적 마을공동체

의 요건인 주민교육을 통한 리더그룹을 양성하는 일이다(권은정, 2010).

② 사회정치자본

인적 자본이 사회적기업가와 그들의 네트워크를 의미한다면, 사회정치자본은 사회적기업 활동을 지원하는 유무형의 사회적, 정치적 인프라를 의미한다. 예를 들어 사회적기업 온 오프라인 옹호조직, 사회적기업을 위한 지원 공간(무상임대 공간 포함), 사회적기업에 대한 시민들의 긍정적 인식 등이 실례가 되며, 지역사회에서 사회적기업가, 자금 제공자, 연구자, 윤리적 소비자 등이 참여하는 플랫폼 작동 유무 등이 활동 지표가 될 수 있다. 주요 사례로는 대학, 씽크탱크, 컨설팅회사, 전문가 협회를 포함하여 혁신적 벤처기업들이 모여 있는 미국 실리콘 밸리, 대전시 대덕단지가 품고 있는 다양한 사회정치적 인프라를 들 수 있다.

Ferri(2011)의 연구 결과를 보면, 사회적기업 활동에 대한 사회적 태도의 긍정적 영향력을 확인할 수 있다. 사회적 목적 조직 활동의 활성화가 사회적기업 활동에도 긍정적으로 작용하고 있다. 따라서 현실을 바꾸려고 하는 사람들의 욕구를 반영하고 이들이 조직적 활동을 할 수 있도록 플랫폼의 역할이 중요함을 알 수 있다. 많은 사람들이 변화를 꿈꾸게 하고, 이를 행동으로 옮길 수 있도록 하는 변화촉진자의 역할이 필요하다.

③ 금융자본

사회적기업 창업에 필요한 핵심 자본이 금융자본이다. 사회적기업에 대한 사회적 투자에는 일반 기업과의 달리 경제적 성과 외에 사회적(영향력) 성과가 고려된다는 점이다. 금융자본에는 사회적기업 대상 자본시장 규모, 경영 컨설팅 지원기관 및 지원인력, 사회투자 규모와 수급구조, 금융자본 지원의 기준으로서의 사회적 영향력(social impact) 성과지표(일자리, 사회서비스 제공, 사회적 혁신 정도, 지역 마을만들기 등)의 수준 등이 고려요인이 된다. 동시에 사회적기업은 다양한 유형이 있기 때문에, 유형에 따른 사회적 성과지표가 유연하게 적용되어야 한다. 예를 들어 취

약계층 일자리 제공형 사회적기업의 경우에도 근로유지형 사회적기업, 자립지향형 사회적기업 그리고 벤처형 사회적기업 등의 다양한 유형이 있을 수 있다(이인재, 2010).

④ 지식자본
지식자본은 사회적기업 활동을 돕는 사회적기업 운영의 노하우와 성공사례 등 사회적기업 외부가 제공하는 지식 차원의 인프라를 의미한다. 사회적기업가 교육, 연구, 컨설팅, 지원, 평가 등의 사업을 하는 조직 활동, 사회적기업 지원 조직의 주요 프로그램 등이 포함된다. 지역사회 예비창업자들을 사회적기업 창업가가 되고 싶도록 긍정적으로 자극하는 구체적 성공사례가 있는가 하는 점과 보통 사람들도 창업을 통해 성공할 수 있다는 것을 보여줄 만한 사례가 있는지 여부 등이 주요 고려사항이 될 수 있다.

2) 사회경제문화적 환경

① 공공정책
공공정책은 사회적기업 활동에 영향을 미치는 고용정책, 금융정책, 조세정책 등 중앙과 지방정부의 정책을 말하며, 정치인 및 정부 관료 등의 인지도 등도 포함된다. 여기에는 사회적기업에 대한 세재지원, 정부 우선구매, 사회적기업가 육성 등의 다양한 지원정책이 있다. 정부는 사회적기업 활성화를 위해 생태계 참여자를 지원하는 조성자, 협력자, 촉매제의 역할을 수행해야 한다.

　사회서비스 확대는 정부의 공공지출에 주로 의존하고 있다. 선진국의 경우 사회서비스 제공 사회적기업이 주목받고 있다. 그럼에도 최근 경험적 연구 결과(Mair & Marti, 2009 등)는 공공 지출(GDP 대비 공적 지출 비율)의 증가는 새로운 사회적기업 활동에 부정적으로 관련되어 있을 것으로 가정하고 있고, Ferri(2011)의 연구결과 역시 부정적으로 작용하고 있음을 확인하였다. 이러한 결과는 사회적기업은 기존의 공공과 민간영역이 충족시키지 못하는 사회적 욕구에 기반하여 등장하였다는 사실을 확인시켜주고 있다. 그 결과 (전통적)거버넌스 효과성, 즉 정부의 정책집행 능력이 발휘되는 경우는 사회적기업 활동이 상대적으로 활성화되지 않고 있다. 즉 거버넌스의 효과성과 (새로운) 사회적기업 활동 간의 관계는 부적 관계에 있는 것으로 알 수 있다.

② 지역 경제사회문화 상황

사회적기업의 활동 공간인 지역사회의 경제사회문화적 상황은 사회적기업 생태계의 중요한 요소라 할 수 있다. 첫째, 사회적기업 혹은 생산품에 대한 지역사회의 수요를 파악해야 한다. 이를 위해 객관적으로 요구되는 사회적기업의 종류에 비해서 실제로 활동하고 있는 사회적기업의 종류가 양적·질적으로 차이가 있는지를 확인해야 한다. 지역사회에 필요 혹은 수요에 기반한 사회적기업 활동이 성공 가능성이 더 높을 것이기 때문이다. 수요와 공급의 균형이 맞지 않다면, 생태계 구성 요소 중에서 어떠한 요소들이 과소 혹은 과다하게 공급되고 있는지를 확인하는 절차가 필요하며, 이러한 분석에 기초하여 생태계 활성화 방안을 모색해야 할 것이다. 이와 관련해서 사회적기업의 매출액 중 공공시장의 규모도 중요한 지표가 된다.

둘째, 사회적기업에 대한 공공의 인식 즉 윤리적 소비, 자원봉사, 기부 등 사회연대적 활동에 대한 지역사회의 선호도를 파악해야 한다. 이를 위해서는 모범이 되는 사회적기업 성공 스토리 소개와 전파, 언론 및 언론인의 사회적기업 활동에 대한 이해 등 사회문화적 측면에서의 사회적기업 활동의 확산이 필요하다. 윤리적 소비는 물건을 살 때 가격과 품질 뿐만 아니라 생산과정, 사회와 환경에 미치는 영향, 기업의 도덕성 등을 함께 고려하는 것으로, 친환경소비, 공정무역, 로컬푸드. 공정여행 등의 사례가 해당한다. 윤리적 소비행동에는 구매, 불매, 충분한 검증, 관계적 구매, 반소비주의 또는 지속가능한 소비 등이 있다.

3. 사회적기업 생태계 구조와 구성 요소

사회적기업은 공유된 사회적 가치 창출을 목표로 한다. 사회적 가치란 취약계층 일자리 창출, 사회서비스 제공 등 지역사회가 직면한 사회문제를 해결하며, 지역의 경제적·사회적 조건을 향상시키며, 기업의 경쟁력을 높이면서 새로운(혁신적) 가치를 창출하는 것을 의미한다. 생태계 구조는 이를 위한 자본 인프라와 사회경제문화적 환경으로 구성된다(CASE, 2008).

1) 자본 인프라

① 인적 자본

인적 자본이란 사회적기업 활동의 핵심 주체 및 네트워크를 의미한다. 사회문제에 혁신적으로 대응하는 개인과 집단(팀)네트워크로 사회적기업활동의 핵심 요소라 할 수 있다. 지역사회에서 활동하거나 활동을 준비하고 있는 (예비)사회적기업, 마을 기업, 협동조합, 자활, NGO, 자원봉사, 은퇴자 조직, 기업조직 등의 '활동가 풀'로서 현재 제도권 밖에 있는 활동가도 포함한다. 사회적기업집단 간 네트워크뿐만 아니라 민간주체, 지방정부 등 공공기관(지원조직 포함), 지역단위, 업종단위 민간 네트워크도 포함된다. 생태계 집단의 리더는 고객, 주요 생산자, 경쟁자, 투자자들이 공유할 수 있는 비전을 제시하고 투자를 일정한 방향으로 집중시키고, 그 과정에 각 구성원들이 상호보완적 역할을 할 수 있도록 조정과 통합의 역할을 수행해야 한다. 인적자본 육성을 위해 지역 교육인프라 체계도 중요한 요인이 된다.

사회적경제의 대표적 리더는 마이크로크레딧을 만든 방글라데시 유누스박사, 라오스 등 동남아시아에 교육인프라를 제공하는 기업(Room to Read)을 창설한 존 우드(John Wood) 등이 있다. 우리나라에서는 사회적 기업과 유사한 마을만들기 생태계 리더 사례로는 전북 진안군 마을만들기 구자인 박사가 있다. 생태계 리더의 일차적 역할은 성공적 마을공동체

의 요건인 주민교육을 통한 리더그룹을 양성하는 일이다(권은정, 2010).

② 사회정치자본

인적 자본이 사회적기업가와 그들의 네트워크를 의미한다면, 사회정치자본은 사회적기업 활동을 지원하는 유무형의 사회적, 정치적 인프라를 의미한다. 예를 들어 사회적기업 온 오프라인 옹호조직, 사회적기업을 위한 지원 공간(무상임대 공간 포함), 사회적기업에 대한 시민들의 긍정적 인식 등이 실례가 되며, 지역사회에서 사회적기업가, 자금 제공자, 연구자, 윤리적 소비자 등이 참여하는 플랫폼 작동 유무 등이 활동 지표가 될 수 있다. 주요 사례로는 대학, 씽크탱크, 컨설팅회사, 전문가 협회를 포함하여 혁신적 벤처기업들이 모여 있는 미국 실리콘 밸리, 대전시 대덕단지가 품고 있는 다양한 사회정치적 인프라를 들 수 있다.

Ferri(2011)의 연구 결과를 보면, 사회적기업 활동에 대한 사회적 태도의 긍정적 영향력를 확인할 수 있다. 사회적 목적 조직 활동의 활성화가 사회적기업 활동에도 긍정적으로 작용하고 있다. 따라서 현실을 바꾸려고 하는 사람들의 욕구를 반영하고 이들이 조직적 활동을 할 수 있도록 플랫폼의 역할이 중요함을 알 수 있다. 많은 사람들이 변화를 꿈꾸게 하고, 이를 행동으로 옮길 수 있도록 하는 변화촉진자의 역할이 필요하다.

③ 금융자본

사회적기업 창업에 필요한 핵심 자본이 금융자본이다. 사회적기업에 대한 사회적 투자에는 일반 기업과의 달리 경제적 성과 외에 사회적(영향력) 성과가 고려된다는 점이다. 금융자본에는 사회적기업 대상 자본시장 규모, 경영 컨설팅 지원기관 및 지원인력, 사회투자 규모와 수급구조, 금융자본 지원의 기준으로서의 사회적 영향력(social impact) 성과지표(일자리, 사회서비스 제공, 사회적 혁신 정도, 지역 마을만들기 등)의 수준 등이 고려요인이 된다. 동시에 사회적기업은 다양한 유형이 있기 때문에, 유형에 따른 사회적 성과지표가 유연하게 적용되어야 한다. 예를 들어 취

약계층 일자리 제공형 사회적기업의 경우에도 근로유지형 사회적기업, 자립지향형 사회적기업 그리고 벤처형 사회적기업 등의 다양한 유형이 있을 수 있다(이인재, 2010).

④ 지식자본

지식자본은 사회적기업 활동을 돕는 사회적기업 운영의 노하우와 성공사례 등 사회적기업 외부가 제공하는 지식 차원의 인프라를 의미한다. 사회적기업가 교육, 연구, 컨설팅, 지원, 평가 등의 사업을 하는 조직 활동, 사회적기업 지원 조직의 주요 프로그램 등이 포함된다. 지역사회 예비창업자들을 사회적기업 창업가가 되고 싶도록 긍정적으로 자극하는 구체적 성공사례가 있는가 하는 점과 보통 사람들도 창업을 통해 성공할 수 있다는 것을 보여줄 만한 사례가 있는지 여부 등이 주요 고려사항이 될 수 있다.

2) 사회경제문화적 환경

① 공공정책

공공정책은 사회적기업 활동에 영향을 미치는 고용정책, 금융정책, 조세정책 등 중앙과 지방정부의 정책을 말하며, 정치인 및 정부 관료 등의 인지도 등도 포함된다. 여기에는 사회적기업에 대한 세재지원, 정부 우선구매, 사회적기업가 육성 등의 다양한 지원정책이 있다. 정부는 사회적기업 활성화를 위해 생태계 참여자를 지원하는 조성자, 협력자, 촉매제의 역할을 수행해야 한다.

사회서비스 확대는 정부의 공공지출에 주로 의존하고 있다. 선진국의 경우 사회서비스 제공 사회적기업이 주목받고 있다. 그럼에도 최근 경험적 연구 결과(Mair & Marti, 2009 등)는 공공 지출(GDP 대비 공적 지출 비율)의 증가는 새로운 사회적기업 활동에 부정적으로 관련되어 있을 것으로 가정하고 있고, Ferri(2011)의 연구결과 역시 부정적으로 작용하고 있음을 확인하였다. 이러한 결과는 사회적기업은 기존의 공공과 민간영역이 충족시키지 못하는 사회적 욕구에 기반하여 등장하였다는 사실을 확인시켜주고 있다. 그 결과 (전통적)거버넌스 효과성, 즉 정부의 정책집행 능력이 발휘되는 경우는 사회적기업 활동이 상대적으로 활성화되지 않고 있다. 즉 거버넌스의 효과성과 (새로운) 사회적기업 활동 간의 관계는 부적 관계에 있는 것으로 알 수 있다.

② 지역 경제사회문화 상황

사회적기업의 활동 공간인 지역사회의 경제사회문화적 상황은 사회적기업 생태계의 중요한 요소라 할 수 있다. 첫째, 사회적기업 혹은 생산품에 대한 지역사회의 수요를 파악해야 한다. 이를 위해 객관적으로 요구되는 사회적기업의 종류에 비해서 실제로 활동하고 있는 사회적기업의 종류가 양적·질적으로 차이가 있는지를 확인해야 한다. 지역사회에 필요 혹은 수요에 기반한 사회적기업 활동이 성공 가능성이 더 높을 것이기 때문이다. 수요와 공급의 균형이 맞지 않다면, 생태계 구성 요소 중에서 어떠한 요소들이 과소 혹은 과다하게 공급되고 있는지를 확인하는 절차가 필요하며, 이러한 분석에 기초하여 생태계 활성화 방안을 모색해야 할 것이다. 이와 관련해서 사회적기업의 매출액 중 공공시장의 규모도 중요한 지표가 된다.

둘째, 사회적기업에 대한 공공의 인식 즉 윤리적 소비, 자원봉사, 기부 등 사회연대적 활동에 대한 지역사회의 선호도를 파악해야 한다. 이를 위해서는 모범이 되는 사회적기업 성공 스토리 소개와 전파, 언론 및 언론인의 사회적기업 활동에 대한 이해 등 사회문화적 측면에서의 사회적기업 활동의 확산이 필요하다. 윤리적 소비는 물건을 살 때 가격과 품질 뿐만 아니라 생산과정, 사회와 환경에 미치는 영향, 기업의 도덕성 등을 함께 고려하는 것으로, 친환경소비, 공정무역, 로컬푸드. 공정여행 등의 사례가 해당한다. 윤리적 소비행동에는 구매, 불매, 충분한 검증, 관계적 구매, 반소비주의 또는 지속가능한 소비 등이 있다.

셋째, 사회적기업 내부 거래는 물론이고 지역사회 차원에서 호혜적 시장의 규모도 중요한 기준이 된다.

③ **협력 기관**

지역사회에서 복지, 보건, 교육, 고용, 문화 등 사회적기업 유관 분야에서 사회적기업 활동을 이해하고 협력하는 조직이나 기관이 얼마나 존재하는 가를 파악하는 것이다. 여기에는 언론인 이해 정도와 홍보도 포함된다. 일반 기업의 사회공헌활동, 사회적기업 운영 및 지원 정도도 중요한 요인의 하나이다.

사회적기업과 일반 기업의 연계를 통한 공생발전 사례는 우리나라는 물론이고 제3세계에서도 쉽게 찾을 수 있다. 필리핀 Big Brother Small Brother 사례로 CBTED(Community-Based Training on Entrepreneurial Development) 활동을 통해 대기업(Big)은 지역사회 차원 교육훈련서비스를 제공하여 지역조직(Small)이 생산활동에 참여하도록 지원하고 있다. 가구생산협회와 지방정부는 협동으로 최초 5개 지역에서 대나무 가공기술을 교육하여 대기업 하청 대나무 가공기술자로 육성하였다(Dacanay, 2004). 우리나라는 현대기아자동차가 출연한 사회적기업으로 (주)이지무브가 있다.

4. 사회적기업 생태계 육성 과제

사회적기업 생태계 육성은 사회적기업의 지속가능성을 기준으로 구상되어야 하며, 사회적기업의 발전 단계에 따른 발전 과제가 제시되어야 한다. 지속가능성을 위해서는 지속적 혁신과 효율성 제고를 유도하는 규율 기제(discipline mechanism)를 마련해야 한다. 이러한 규율기제의 미흡은 역선택, 도덕적 해이를 초래하고, 그 결과 사회적기업에 대한 공공부문 및 시민사회의 지원을 기대하기 어렵게 된다. 이를 위해서는 조직내부 상호통제 시스템과 갈등해소기제가 필요하다. 사회적기업이 추구하는 민주주의의 정신은 일반 영리기업과는 확실히 다른 노동의 새로운 환경과 조건을 요구한다. 이런 색다른 조건과 환경은 인간의 창발성과 자주성을 발현시키는 데 유리하다. 이러한 특성에도 불구하고 부정적 영향도 나타날 수 있다. 예를 들어 협동조합은 조합원 상호간에 공동체적 성향이 높다. 조직원들 간에 이러한 전인적인 친밀한 관계는 조직의 업무 수행에 어려움이 발생한 상황에서 문제발생 책임의 소재를 규명하고 합리적으로 처리하는 것을 어렵게 한다. 이러한 인간적 친밀도는 상호간 긴장을 피하기 위하여 비판이나 새로운 변화 추구를 회피하는 보수적인 조직 행태를 보이기도 한다. 즉 책임과 성실의 의무가 수반되지 않는 평등주의는 결과적으로 사회적기업의 긍정적인 효과까지를 무력화시키는 자기 파괴적인 요소를 안고 있다. 따라서 민주주의 원칙에 입각해서 노동자 한 사람 한 사람이 최적의 노력을 경주하도록 상호통제할 수 있는 시스템이 있어야 한다. 조직 내부 상호통제 시스템 구축과 동시에 갈등해소 기제도 갖추어야 한다. 모든 조직과정에는 갈등이 발생한다. 문제는 그 조직이 갈등해소를 위한 기제를 갖추고 있는가 하는 점에 있다. 갈등을 조정하고 치유하는 과정은 공동체 내의 인간관계를 발전시켜 나가는 과정이다(이인재, 2006). 사회적기업 생태계 육성을 위해서는 생태계 구조의 주요 구성요소별 다양한 정책과제가 필요하다.

1) 인적자본 육성

인적자본 육성 정책과제는 무엇보다 교육훈련의 비전과 주체, 내용 등에 대한 비판적 고찰이 필요하다. 사회적기업의 교육훈련에서 중요하게 고려해야 할 것은 사회적기업 활동이 궁극적으로 참여자들을 생활의 주체로 변화시키는 관점을 가져야 한다는 점이다. 사회적기업 활동은 사회적 가치 실현에서 시작되었다. 따라서 공동체 통합과 동시에 주체적 인간으로의 역량강화(empowerment)는 사회적기업 활동의 중요한 정체성이 되어야 한다. 사회적 약자에게 일자리를 제공하거나 사회 서비스를 제공하는 경우에도 궁극적으로 이들이 주체적 삶을 살 수 있도록 지원하는 관점으로부터 출발해야 한다(이인재, 2010).

2007년 사회적기업의 제도화 이후 인적자본육성을 위한 다양한 시도들이 있었고, 일정 정도 성과를 가져온바 있다. 그럼에도 사회적기업의 양적 목표달성에 치중하여 사회혁신적 사회적기업가 육성이라는 '사회적기업가 정체성'을 갖춘 인적자본 육성에는 미흡한 것으로 나타났다. 이에 사회적기업 생태계 관점에서 혁신적 사회적기업가 발굴 및 육성이 필요한 시점이다. 적절한 기간동안 사회적기업가 개인적 지원은 물론이고 집단적 육성 그리고 사회적 인프라 구축을 동시에 추구하는 아쇼카재단의 인적 자본 육성모델을 벤지마킹할 수 있을 것이다.

인적 자원 육성의 핵심과제인 교육훈련 분야의 개선방안으로는 먼저, 교육유형 및 프로그램을 다양화해야 한다. 교육 목표를 다변화하고, 사회적기업의 조직형태 유형 및 종사자의 경력에 따른 다양한 교육 프로그램이 제공되어야 한다. 사회적기업 성장단계별 교육훈련이 마련되어야 하며, 특히 사회적기업 인증시 소셜미션 교육을 강화해야 한다. 신규 교육에서는 사회적 목적에 대한 비전 및 윤리의식, 커뮤니케이션 역량, 인문학 감수성 교육 등이 포함되어야 한다. 예비 사회적기업가에게는 스스로 동기화될 수 있도록 교육, 창업프로젝트 수행, 실제적인 창업과 취업 준비 등에 단계적으로 참여할 수 있게 유도하는 교육 프로그램이 제공되어야 한다. 또한 사회적기업가는 물론이고, 사회적기업 종사자에 대한 교육훈련이 확대되어야 한다.

둘째, 성장기 사회적기업 등 현장 중심의 실전형 교육, 사회적기업가 정신을 고취하는 성공한 사회적기업가들의 멘토형 교육훈련 역시 강화되어야 한다. 미국의 사례 즉 성공적 사회적기업 활동 경험을 기반으로 사회적기업가들이 주체가 되어 사회적기업가 네트워크를 결성하고 실무 가이드북을 발간하여 사회적기업 활동을 격려하고 지원한 사례를 참조할 수 있다(Lynch & Walls, Jr, 2009). 우리나라에서도 성공적인 사회적기업가가 다수 배출되어 그들이 사회적기업 확산의 중요한 모델 역할을 할 수 있을 것이다(권은정, 2010). 최근 현대기아자동차재단의 교육사업 등 청년 사회적기업가 육성 프로그램이 확대되고 있다. 민간 차원은 물론이고 공공 차원에서 청년들의 혁신적 창업활동을 격려하고 지원하는 교육훈련인프라가 필요하다. 사회적기업을 비롯한 사회적경제 활성화를 위한 가장 중요한 과제가 혁신적 사회적기업 창업에 도전할 청년 사회적기업가를 양성하는 일이다. 이를 위한 지역단위, 업종단위 다양한 '청년 사회적기업가' 양성 프로그램을 기획, 실천해야 할 것이다. 사회적경제 리더를 육성하기 위해 대학의 산학협력, 창업지원사업을 적극적으로 활용할 수 있을 것이다.

목적별 (취약계층 일자리 및 서비스 제공 목적 외에 지역사회공헌형, 공공서비스혁신형, 사회혁신 등), 분야별(업종별), 단계별(창업 스타트업, 도약기 및 성장기, 성숙기 등)로 해당 성장기 사회적기업이 축적한 노하우를 제공하는 실전형 교육과정 개설이 필요하다. 사회적기업의 내적 경쟁력을 보완하는 환경 조성, 특히 사회적기업 현장의 일터학습이 신설될 필요가 있다. 사회적기업 종사자 교육은 이론 중심의 교육에서 실무자의 역량 강화를 중심으로 이루어져야 하며, 이를 위해서는 종사자의 실무를 세분화하여서 실무 역량을 강화할 목적으로 중간관리자, 재무, 행정 등 담당별 전문 인력 교육 프로그램이 제공되어야 한다.

셋째, 교육주체별/대상별로 차별화된 교육이 이루어져야 한다. 무엇보다, 고용노동부/한국사회적기업진흥원 사회적기업가 교육훈련은 민간주최 교육과 비교하여 일정한 권위와 교육내용의 수월성이 필요하다. 시민사회, 기업주체의 혁신 교육프로그램이 활성화되어야 한다. 사회적기업가 아카데미, 소셜벤처 경연대회, 청년 사회적기업가 육성 등 혁신적인 사회적기업가 발굴 및 프로젝트에 대한 체계적인 교육훈련이 제공되어야 한다. 혁신 교육의 사례로 미국 아쇼카 재단의 혁신적 아쇼카 펠로우 교육과정과 영국 사회적기업학교의 현장학습 중심의 맞춤형 교육과정을 참고하면 된다.

나아가 청년 대상 사회적기업 인턴제(15-24세)를 신설하여 '청년 등 사회적기업가 육성사업'에 진입하기 이전 단계에서 청년들이 직접 창업을 하기 전에 사회적기업에 인턴으로 1년간 근무하면서 향후 사회적기업 창업이나 취업을 준비할 수 있게 지원하는 제도의 신설을 고려해야 한다. 시니어 사회적기업가 육성은 욕구에 따라 경제적 생계형과 사회적 욕구형을 구분되어야 한다. 경제적 생계형의 시니어층에게는 고용형 사회적기업의 창업과 취업을 유도하는 반면, 사회적 욕구형의 시니어층에게는 재능과 경험을 존중하며 활용하는 방향으로 창업에 국한하지 않고 다양한 롤 모델을 제시해야 한다. 창업의 기회 외에 기존 사회적기업에 자원봉사나 프로보노 활동으로 참여할 수 있도록 유도하면서 청년-시니어 세대를 연계하는 것도 한 방안이 된다.

2) 금융자본 육성

인적 자본 육성과 함께 금융자본 육성도 중요한 생태계 과제이다. 최근 정부도 사회적기업에 대한 자본-금융 지원 경로를 확충하기 위해, 미소금융재단융자나 중소기업정책지원자금 규모를 확대하고, 영세소기업 금융지원사업인 희망드림론 지원대상에 사회적기업을 포함하였으며, 모태펀드 출자를 통해 사회적기업투자펀드를 형성하였고, 신용보증을 확대하고 비영리형 사회적기업도 중소기업에 포함하여 금융지원이 능하도록 하였다. 그럼에도 현장에서 일반금융기관이나 정책금융의 사회적기업에 대한 금융지원은 쉽지 않다.

사회적기업들이 장기적으로 정부 지원 없이 사회적경제 생태계 내에서 자립하기 위해서는 사회적자본 생태계가 동시에 형성되어야 한다. 즉 소셜미션재단, 소셜투자자, 일반투자자 등 자본공급자와 자본수요자로서 사회적기업 커뮤니티로 포함되고 정부 등의 이해관계자로 구성되는 사회적자본 생태계가 필요하다. 우리나라는 이 생태계의 많은 요소들이 부족하거나 부재한 실정이다. 현행 사회적기업에 대한 지원은 정부의 대부자금 또는 민간 기부금 형태로 한시적으로 이루어지고 있으므로 사회적기업의 확산 및 실질적 지원 효과는 미미한 수준이다. 따라서 장기적 안목에서 사회적자본시장에서 활동하는 다양한 자금 공급주체들에 의해 자금이 조달되는 관행이 정착되어 사회적기업 자본시장이 발전될 필요가 있다. 따라서 사회적기업 금융지원과 자본시장 시스템을 구축하기 위해서는 사회적기업 전문재단설립과 민간기금조성, 모태펀드를 활용한 사회적자본시장 활성화, 기업사회공헌 기금의 활용, 사회적기업의 모금 역량 강화 등 매우 많은 해결 과제들이 존재한다.

첫째, 우리나라의 경우, 민간재단이 대부분 기업재단이고 기업과의 연계성이 강한 형태로 지원사업을 직접 수행하며 사업관여도가 높기 때문에 소셜미션투자에 제약 요건으로 작용하고 있다. 또한 사회복지 관련 기금은 사회복지공동모금회로, 저소득 빈곤층의 마이크로크레딧은 미소금융중앙재단으로 금융조달채널을 구축하고 있으나, 사회적기업 육성기금의 재원 조성 채널은 부재한 상태이다. 사회적기업은 전체 근로자의 60%가 취약계층인 점을 감안할 때 성공하기 위한 많은 시간이 필요하므로 장기적으로 인내하고 투자할 수 있는 자본(patient capital)의 형성이 요구된다. 동시에 사회적자본시장의 생태계가 부재한 상태에서, 영국의 퓨처빌더스 기금과 같이 사회적기업을 위한 별도의 펀드를 좀 더 큰 규모로 형성할 필요가 있고, 정부가 형성한 모태펀드가 하나의 계기가 될 수 있을 것이다. 현재 정부 주도로 100억 규모의 사회적기업 모태펀드가 형성되어 있다. 이 기금은 가능한 한 지원금(grants)형태로 운영되어 민간 등 매칭펀드를 통해 자금조달 풀을 확대하고 민간자본을 레버리지하는 효과를 가지도록 해야 할 것이다.

둘째, 우리나라의 경우, 재원과 투자의 분리, 사회적 투자의 전문성이 강화되어야 사회적기업 투자 생태계의 형성이 가능한데, 캘버트재단, 어큐멘펀드, 아시온그룹 등과 같은 소셜투자자가 거의 부재하다. 중간금융기관, 마이크로파이낸싱기관, 지역개발은행, 신용협동조합 등 중간기관이 활성화되어 이 역할을 해주어야 할 것이다(문철우, 2011).

셋째, 사회적기업에 대한 기부 또한 제한적인 것이 현실이다. 현재는 영리법인의 사회적기업에 대한 기부 시 기부금 세금공제 혜택을 받을 수 없게 되어 있다. 자체 비영리법인(공익재단)을 설립한 민간 대기업의 경우, 자체 비영리법인에 1차 기부(지정기부금으로 공제) 후 사회적기업을 지원하는 구조로 사회적기업 지원 재원을 확대하고 있지만, 대다수 자체 비영리법인을 설립하지 않은 민간 기업은 세제 혜택을 받을 수 있는 기부를 선호하여 사회적기업 지원에는 소극적이다. 다만, 최근 일부 대기업의 사회공헌 기금이 비영리법인의 성격을 가진 중간지원조직과의 파트너쉽 체결을 통해 사회적기업 지원 사업으로 연계되는 사례가 나타나고 있으며[2] 최근 중간지원조직과 법정기부단체 간 지역을 기반으로 파트너쉽 체결 및 공동프로그램을 계발하여 사회적기업 지원 재원을 조성하는 사업이 모색되고 있다.[3] 중앙의 대형 비영리공익재단 또는 지역을 기반으로 하는 비영리공익재단 등과 협력 프로그램을 계발하여 민간기업의 사회공헌기금을 사회적기업 지원으로 확대될 수 있는 환경이 조성되고 있다.[4]

넷째, 사회적기업에 대한 일반인의 관심과 투자를 유도하기 위한 다양한 금융 기법이나 수단들을 활용하는 방안에 대한 검토도 필요하다. 최근 사회적기업 생태계에서 금융의 역할에 대한 대안적 접근이 확대되고 있다. 전통적 금융(자선, 공 금융 등)부터 최근 혁신 금융(연대 금융, 인내 자본, 전략적 자선투자 등)까지 경제적 수익과 사회적 수익, 환경적 수익 등 복합적 목적 수행을 위한 새로운 제도들이 등장하고 있다. 사회적기업 지원을 위한 혁신 금융으로는 윤리 투자, 사회적 책임 투자, 지역기반 투

---

2) 2012년 대우증권과 사회적기업경기재단의 청년사회적기업가 지원사업, 현대자동차와 씨즈의 청년창업 인큐베이팅 사업 등.

3) 경기사회복지공동모금회와 사회적기업경기재단이 공동프로그램 계발을 통해 사회적기업 지원 재원을 확보하는 방안이 모색되고 있으며, 이는 지정기부금 공제보다 세제 혜택이 큰 법정기부금 공제 혜택을 제공하여 사회적기업 지원 재원을 보다 용이하게 확보하는 방안임.

4) 이 경우 사회적기업 지원으로 기부된 기업의 사회공헌기금을 법정기부금으로 처리하여 이전(transfer)할 시 세제 특혜의 이슈가 발생할 소지가 있기 때문에 조세특례법 상 문제가 없는지를 사전에 검토해야 할 것이다.

자, 프로그램기반 투자, 경제타겟 투자, 미션 투자, 전략적 자선투자 등 다양한 방안이 모색되고 있다. 사회투자 시장의 최근 동향은 '윤리 투자(검증 결과 환경, 인권 기준에 맞지 않으면 투자하지 않는 소극적 투자)'에서 '의식 투자(conscious investment, 적극적 금융, 공익에 기여하는 선도적 투자)'로 전환되는 추세에 있다. 윤리적 투자의 규모는 2006년 미국의 경우 3조 달러 규모, 영국은 116억 파운드 규모에 달하고 있다(Mendell & Nogales, 2009).

3) 사회정치자본과 지식자본 활용

2008년-2012년 1차 5개년 사회적기업 육성정책 평가 결과를 보면(김혜원, 2011), 사회적기업 친화적 문화와 환경 조성 영역의 활동이 미흡한 것으로 나타났다. 사회적기업의 양적 확대만큼 우리나라에서 사회적기업에 대한 이해정도나 친사회적경제 문화의 확산이 충분하지 못하다고 할 수 있다.

민간의 자주적인 역량에 기반을 둔 사회자본은 사회적기업 생태계 및 사회적기업의 발전에 다차원적으로 영향을 미친다. 특히, 활발한 민간 상호 간의 네트워크와 지역사회의 사회적기업 리더들의 활동이 주목할 영역이다. 따라서 정부의 생태계 육성 정책에서 지역 내 네트워크에 대한 활성화 정책은 중요하게 다루어질 영역이며, 이에 대한 과감한 지원 정책이 시행되어야 할 것이다.

한 지역의 사회적경제의 사회 자본은 단 시간에 형성되기 어렵다. 해당 지역의 역사적, 문화적 배경하에 여러 번의 만남으로 통해 만들어지는 네트워크가 중요한 역할을 하기 때문이다. 따라서 사회적기업 온 오프라인 옹호조직, 사회적기업을 위한 지원 공간(무상임대 공간 포함), 사회적기업에 대한 시민들의 긍정적 인식 확산을 위한 정책적 지원이 요구된다. 지역사회에서 사회적기업가, 자금 제공자, 연구자, 윤리적 소비자 등이 참여하는 플랫폼을 만드는 것이 중요한 정책과제가 된다. 사회적기업에 대한 공공의 인식 즉 윤리적 소비, 자원봉사, 기부 등 사회연대적 활동에 대한 지역사회의 선호도를 높이기 위해서는 모범이 되는 사회적기업 성공 스토리 소개와 전파, 언론 및 언론인의 사회적기업 활동에 대한 이해 등 사회문화적 측면에서의 사회적기업 활동의 확산 역시 필요하다.

사회적기업을 지원하기 위해, 중간지원기관이 설립되어 있다. 현실은 이들 기관들이 난립되어 있으며, 전문성 부족, 연속성 부족의 한계를 보여주고 있다. 중간지원기관 시행 5년간의 노하우 축적에 어려움을 겪고 있다. 기초단위 지원센터는 전문성이 부족하며, 광역지원센터와 연계 미흡 등 비효율적 구조를 보여주고 있다. 통합지원센터는 현장밀착형 지원보다는 지자체의 행정지원업무에 치중하고 있다. 운영 주체의 사회적기업에 대한 경험과 역량의 부족은 물론이고, 운영과정에서 지역사회와의 적극적인 결합력이 낮은 점도 개선할 점이다. 물론 이러한 문제는 전국의 기초지자체 단위에 있는 대부분의 사회적기업 중간지원기관들의 현실이라 할 수 있다.

이 문제의 해결방안으로는 기초단위에서 사회적기업 등 사회적경제활동을 지원하는 사회적경제 지원센터을 설치하여, (예비) 사회적기업은 물론이고 자활사업 및 자활기업, 협동조합, 마을기업 등의 활동을 지원할 수 있을 것이다(이인재 외, 2011). 관련해서 2012년 5월 서울시는 '사회적경제 지역생태계 개발 프로젝트'사업을 추진하여 기초단위에서 사회적경제지원센터를 설립하여 사회적경제 모델개발 및 지역사회 역량개발을 도모하고 있다. 서울시 프로젝트는 그동안의 개별 사회적기업 지원이 아니라 지역사회의 민관거버넌스에 기반한 사회적경제 생태계 육성을 지향하고 있어 사회적경제 성과를 통한 지역경제의 발전이라는 선순환적 결과를 기대할 수 있을 것 같다.

중간지원기관 문제를 해결하기 위해서는 첫째, 중간지원조직의 전문성을 제고해야 한다. 이를 위해서는 지원기관 종사자를 위한 전문 교육과정 개설 등이 필요하며 특히 사회적기업 인증지원업무는 인가받은 곳에서 교육받은 자에게만 인증 컨설턴트의 자격을 부여하여 실시할 수 있도록 하는 등의 조치가 필요하다. 지자체와 협력하면서 사회적기업들의 플랫폼으로 역할 수행하는 영국 사회적기업 런던(SEL), 비영리단체에 자금지원, 교육, 창업지원, 전문 컨설팅을 제공하는 미국 자선사업가 그룹(SVPI) 사례를 전문 기관 육성에 참조할 수 있다(배미원 등, 2012).

둘째, 사회적기업 외 마을기업, 농어촌 공동체회사 등 다양한 사회적경제 활동을 지원하는 중간지역조직들의 난립문제를 해결하는 방안으로 두 가지 정책안을 제안한다. 첫 번째 정책안은 다양한 중간지원조직의 업무 연계와 조정을 강화해야 한다. 이를 통해 중간지원기관 간 업무 연계를 강화하는 반면, 행정지원 업무를 간소화할 수 있다. 중간지원조직의 이원화로 인한 부처별, 지역별, 수행 주체별로 서로 상이한 '로컬룰(local-rule)' 적용으로 인한 혼란 최소화 위해 업무를 표준화해야 한다. 중간지원조직 내부에서 상시적, 정기적 업무공유 등을 통해 시행착오를 최소화해야 한다. 사회적기업, 마을 기업, 유관기관, 지원기관 간 네트워크 활성화, 공동 협의체 구성을 통해 시장 거래 교섭력을 확대할 수 있다.

두 번째 정책안은 통합 중간지원기관과 특화형 지원조직을 운영하는 방안이다. 사회적기업, 마을기업, 협동조합 등 사회적경제 조직의 동반성장을 지향하는 방안이다. 상호호혜적 사회적 소비시장, 공동체기업 활성화 강화를 통해 다양한 사회적경제조직간 외부효과 창출, 사회적경제의 규모가 성장할 수 있는 기본 토대를 마련하는 것이다.

경영컨설팅, 교육프로그램, 금융지원, 마켓팅, 혁신 지원, 모니터링 및 평가 등 각기 특화된 중간지원조직을 육성해야 한다. 성공한 사회적기업이 중간지원기관 역할을 수행하는 방안도 고려될 수 있다. 이는 성장기 사회적기업에 대한 간접지원의 의미를 갖는다. 이를 통해, 중간지원기관의 사회적기업화와 사회적기업의 중간지원기관화라는 새로운 발전 방향의 가능성을 고려하는 것이다.

지역단위 중간지원조직의 역할은 다음과 같이 구상할 수 있다. 첫째로, 기초 지자체 단위로 사회적경제 지원센터를 설치하며 그 역할은 다음과 같이 생각할 수 있다. 첫째, 사회적기업 등 사회적경제 조직들의 경영 능력 개선을 위한 지원 활동으로 컨설팅, 홍보 대행, 시장 개척 등의 역할을 수행한다. 둘째, 지역단위 조사 및 연구 사업 수행, 정기적으로 사회적경제 조직들의 실태와 욕구를 파악하고 분석한다면, 이에 의거해서 시의적절한 지원책이 수립될 수 있을 것이다. 셋째, 정보와 노하우의 확산을 시도한다. 정보와 노하우의 발굴과 전파를 통한 효과 즉 사회적자본의 효과를 가져올 것이다. 넷째, 지역 내 각급 자원의 발굴과 조직화를 시도한다. 기초 지자체 내 존재하는 많은 자원을 좀 더 전문적으로 발굴하고 각 조직들에게 분배하는 역할을 할 수 있을 것이다. 쉽게 말해서 지역의 자원이 공유되는 결과로서, 이 역시 시간과 비용 절감에 큰 효과를 낳을 것이다. 다섯째, 지역의 특성을 반영한 사업의 개발이다. 지역 공단과 연계된 사업, 생태환경 가치를 실현하는 사업은 사회적 가치 실현과 상업적 경쟁력을 모두 확보할 수 있는 좋은 아이템이다. 지역형 사업에 대한 지자체 예산 반영으로 공모를 통해 구체적 아이템을 모집하고 이를 사회적경제 지원센터를 통해 육성하는 것이 유력한 방안이 될 수 있다. 여섯째, 통합공동체 육성을 통해 성장을 모색한다. 타 지역의 사례와 규모화의 필요성을 고려해볼 때 지역 내 유사 업종의 통합을 통한 시너지와 효율성 제고는 자활공동체의 성장과 발전에 상당한 기여를 할 것으로 기대된다.

　둘째로, 창업, 경영 등의 지원을 통합적으로 수행하는 '육성센터'를 설립한다. 광역센터 시·도별 1개소 이상, 기초 지자체 단위로 센터 설립을 지원한다. 센터의 역할로는 첫째, 청년 사회적기업 창업, 청년 소셜 벤처, 1인 청년 사회적기업 모델 연구 및 개발한다. 둘째, 은퇴자를 위한 사회적기업 창업 지원 및 개발: 청년 시니어 소셜 벤처를 지원한다. 셋째, 중소기업진흥공단의 중소기업지원서비스와의 연계 체제를 구축한다. 사회적기업이 중소기업지원서비스를 이용할 수 있도록 전담 서비스 지원망을 구축하는 것이다. 셋째, 한국형 사회적기업 지속가능성보고서의 개발 및 보급한다.

4) 공공정책 변화

사회적기업 공공정책 과제는 사회적기업 지원 거버넌스 구축 과제와 정부의 사회적기업 정책 과제를 제시하였다.

① 사회적기업 지원 거버넌스 구축

2007년 사회적기업육성법 제정 후 고용노동부의 사회적기업 지원 외에 부처별, 지자체별 지원이 확대되고 있다. 그러나 기존의 고용노동부 지원과 방식은 유사하나 경쟁적으로 지원 서비스가 제공되기 시작하면서 서비스 중복의 문제가 발생하고 있다. 지식경제부의 커뮤니티비즈니스사업, 환경부의 에너지관련 사업, 보건복지부의 자활사업, 농림부의 농촌공동체형기업사업, 여성가족부의 이주여성자활사업, 문광부 문화예술분야 사회적기업 등 다양한 사업이 상호 조정 없이 진행되고 있다. 사회적기업육성법 개정(지자체장 육성계획 수립 의무화)으로 사회적기업 지원정책의 집행권한이 지자체로 넘어갔으나, 아직 지자체의 사회적기업 육성체계는 미흡한 것이 현실이다. 인증권한의 노동부 독점 및 인증 사회적기업에 대한 배타적 지원으로 인한 중앙-지자체 간, 노동부-타부처 간 협력 문제도 대두되고 있다.

이에 사회적기업을 포함한 사회적경제 육성을 위한 거버넌스 체계의 재편은 중요한 과제가 되고 있다. 중앙단위부터 광역, 기초단위까지 일관된 지원체계 구축이 필요한 시점이다. 사회적경제를 육성하기 위한 거버넌스 구축방안으로 우선, 사회적경제기본법을 제정하고, 대통령산하 사회적경제위원회를 민관 공동으로 구성하여 관련 부처 간 협력과 조정의 역할을 수행하며, 그 산하에 통합 행정지원조직을 설치한다. 이를 통해 사회적경제 조직체 및 관련 지원은 여러 부처를 통해 다양하게 확산하되, 통합행정지원조직이 사회적기업 등 다양한 사회적경제조직들을 일괄 지원하도록 한다.

민관 합동 거버넌스의 대통령직속 사회적경제위원회를 신설해 사회적기업, 협동조합, 마을기업을 통합해 총괄하되, 인증제는 좀 더 확대된 개념의 사회적기업이 다른 영역을 통합하도록 한다. 협동조합, 비영리법인 등 개별 법인격은 각각 법인격으로서 관리한다. 실행조직을 정부부처 소속 '사회적경제청'또는 민간 '사회적경제원' 또는 위원회의 사무국으로 만들어 중앙정부 지원정책을 총괄 담당한다. 지자체 위탁 지원기관이 창업 및 인증지원을, 업종별 당사자조직이 전문지원기관 역할을 하도록 역할을 조정한다.

서울시는 서울시장 직속의 서울혁신기획관 조직을 신설하여 자체 집행예산은 최소로 하되 각 부서별로 나눠 진행되는 사회적경제, 일자리창출, 마을공동체와 마을기업, 사회적기업 등의 유관 사업군을 통합 조정 심의 운영하는 역할을 맡고 있다. 이것이 발전하면 영국의 제3섹터청이나 프랑스의 사회혁신고용노동통합부 같은 모델로 나아갈 수도 있을 것이다.

② 정부 사회적기업정책 활성화
㉠ 사회적기업 협동화단지 및 클러스터 육성

사회적기업 협동화단지 및 클러스터 육성사업은 다양한 정책적 효과를 기대할 수 있다. 사회적기업의 생산력과 품질개선을 통한 시장 확대가 최대 현안인 바, 동종 업종 간 협동생산과 공동마케팅 전략의 수립, 이업종 간 공동사업 개발 추진을 통한 시너지, 소비자와 생산자의 직거래를 위한 유통혁신과 공동물류시스템 구축, 사회적기업 간 내부거래 활성화를 비롯한 공동의 물적토대 형성 등의 활동을 촉진할 수 있는 정책지원이 필요한 상황이다. 이러한 사회적기업 간 공동사업과 공동생산시스템 구축과정이 기반이 되어야 공공구매 확대, 조달시장 접근 등 공공시장 확대정책의 효과를 높일 수 있으며, 지역사회 기반한 사회적기업의 성장을 촉진시킬 수 있다. 입주공간을 공유함으로써 비용절감은 물론 협동생산, 공동사업, 업체간 시너지를 높일 수 있는 새로운 공동사업개발 등의 효과를 기대할 수 있다. 특히 사업모델이 검증된 성장기 사회적기업을 중심으로 형성되는 클러스터는 신규 사회적기업에 대한 멘토링과 peer 컨설팅을 지원함으로써 초기단계 사회적기업의 시행착오를 줄일 수 있을 것이다. 따라서 동종 또는 이업종 간 사회적기업들의 클러스터 형성은 사회적기업 생태계 조성의 핵심요소가 된다(김성기, 2011).

사회적기업 간의 내부시장 구축을 활성화 시키는 전략도 필요하다. 교육과 문화예술·공정여행 사회적기업 간에 융복합서비스를 개발하여 소그룹 형태로 전환되는 중고생 수학여행 시장에 대안상품을 개발하고 공동마켓팅을 수행할 수도 있다. 서울시내 외식업 사회적기업들이 농촌지역 친환경 농산물 재배·가공형 사회적기업과 계약재배를 통해 도시민들의 먹거리 안전문제를 해결하면서 농촌경제 살리기에 일조하는 등 내부거래를 통한 상호 사회적 목적 수행을 지지하는 시스템이 구축될 수 있을 것이다. 이러한 과정은 사회적기업협의체와 같은 당사자 조직들의 네트워크를 활용할 수 있다. 사회적기업에 대한 시민들의 윤리적이고 호혜적인 소비 촉진·사회투자·공익서비스에 대한 후원(취약층 소비자에 대한 대리지불)·자원봉사·비상임 이사로서 지배구조 참여 등 다양한 역할을 개발하고 참여를 독려해 나가는 전략 역시 필요한 상황이다. 이를 위해서는 사회적기업 생산물의 품질제고 노력도 필요하며 시민적 사회자본을 견인해 나가기 위한 대중캠페인과 지속가능보고서 발간을 통한 사회적 가치 홍보 등 다각적 노력이 필요하다.

ⓒ 공공구매 시장 및 사회서비스 시장 발굴

사회적기업의 판로개척을 지원하고자 공공기관 우선구매 제도(사회적기업육성법 제12조)를 실시하고 있으나, 공공기관의 구매실적과 사회적기업 참여도는 모두 낮은 실정이다. 이는 사회적기업의 재화, 서비스가 시장경쟁력을 갖추고 있지 못하기 때문이다. 또한, 사회적기업 제품에 대해 공공기관 구매담당자의 정보 접근성 및 인지도가 낮으며, 사회적기업 역시 공공입찰 및 수주를 위한 노하우가 부족하다. 대다수의 사회적기업가는 공공 구매 정보 접근에 어려움을 겪고 있다.

한정된 공공시장 하에서 사회적기업 간, 장애인 기업 등 유사기관과 경쟁 구조에 있다. 뿐만 아니라, (예비)사회적기업 시장 영역과 기존 관공서 대상 납품처의 영역이 중복되면서 영세 소상공인의 생존권을 침해하는 문제가 발생할 소지도 있다.

현재 입찰 참가 시 가점 등을 부여하고 있으나 제한 경쟁입찰과 수의계약 외에는 혜택을 보기가 어렵다. 주로 최저가 낙찰제도를 활용하는 일반 경쟁입찰에서는 경쟁력이 미흡하다. 낙찰 선정 평가항목은 단기적인 비용의 최소화에 초점이 맞추어져 있으며, 조달 참여 근로자 및 사회적 이해관계자에 대한 고려는 부재하다. 공공기관은 물론 대기업 연계를 통한 조달시장의 확대도 논의되고 있다(이은애, 2012). 예를 들어 서울시는 조달 목표제 도입으로 사회적기업 총매출의 20% 이상에 해당하는 물량을 공공구매를 통해 물품 및 서비스 용역 추진이라는 목표를 수립하고 확대해 나가는 전략을 수립하고 있다. 공공기관 및 대기업이 우선적으로 이러한 '사회적 책임 조달'을 실천함으로써 사회적기업의 사회적 목적 수행을 도울 수 있을 것이다. 이를 위한 법적근거로 기 도입된 '사회적기업 가점 부여제'외에 2003년 일본 오사카부에서 도입한 '종합평가 입찰제도(가격 50점, 기술 14점, 환경 6점, 지역사회복지효과 30점)', 유럽연합의 '사회적 책임 조달제' 등이 벤치마킹 대상이 된다.

사회적기업 제품 및 서비스 구매를 견인하는 공공기관 평가지표가 수립되어 있으나, 평가방식의 문제로 인해 효과성이 낮다. 구매비율(비중) 평가방식(사회적기업 제품 및 서비스 구매액/총 구매액)으로 인해 실제 사회적기업 제품 및 서비스를 많이 구매하였어도 총 구매액 규모가 큰 공공기관의 경우 평가 실적이 낮게 나타나는 현상이 나타나고 있다. 서울시는 500억 규모의 사회적기업 공공구매 목표를 설정하고, 온라인쇼핑몰을 오픈하는 등 사회적기업의 공공구매를 확대하고 있다. 경기도 부천시의 경우 공공시장의 기회 창출을 위해 '시청사 식당 운영', '시청사 청소 및 관리', '공영차고지 식당 운영' 등의 민관위탁 사업에 대하여 사회적기업에 대한 제한경쟁입찰을 시행하였다. 2012년 하반기에는 '부천시 사회적경제제품 구매촉진 및 판로지원에 관한 조례'의 제정을 모색하는 중이다. 이를 통해 사회적기업을 위한 민간위탁 및 다양한 계약 기제의 마련(수의 계약, 제한 경쟁 입찰 등), 행정부의 사회적기업 제품에 대한 기피현상 방지 등을 기대하고 있다.

공공구매 시장가 사회서비스 시장을 확대하기 위해서는 첫째, 사회적기업들이 공공구매 시장에 쉽게 접근할 수 있도록 공공입찰에 대한 정보를 사전에 제공하는 공공입찰 링크 서비스[5]를 개발해야 한다. 공공기관 구매담당자를 주로 이용하는 나라장터 등에 사회적기업 관련 제품 정보와 검색기능을 강화해야 한다. 공공조달 관련 정보의 접근 용이성을 확보하기 위해서는 분산되어 있는 사회적기업 관련 정보들을 하나로 통합할 수 있는 포탈 기능의 채널이 필요하며, 통합하는 과정에서 유관기관별 의견 수렴과 조정, 통합하는 과정이 필요하다.

둘째, 최적가치 낙찰제도 도입을 검토해야 한다. 지역의 실업자를 고용하고 일자리의 질을 보장하는 등 사회적 고려사항을 포함하는 업체에게 좀 더 높은 낙찰확률을 부여하는 제도로의 개선을 추진하는 것이다. 최적가치 낙찰제도란 유지관리비용 등을 포괄한 전생애 비용의 최소화 및 산출과 결과의 효과성과 품질을 강조하는 제도로서 영미권에서 최저가 낙찰제도를 대체, 보완하는 제도로서 확산되고 있다. 조달의 각 단계에서 취약계층의 고용기회, 일자리의 질, 사회권과 노동권의 준수, 사회적경제 조직의 촉진, 제품 및 서비스의 높은 접근성, 공정무역, 사회적으로 책임 있는 기업, 인권 존중, 중소기업에 대한 배려 등의 사회적 고려사항을 하나 이상 검토하면서 조달을 운영하는 것이다.

셋째, 공공기관 평가지표를 개선해야 한다. 공공구매를 활성화시켜야 하는 현 시점에서 구매비율(비중)로 평가하는 현행 평가방식[6]은 공공구

---

[5] 영국의 경우, 비즈니스 링크 서비스(기업활동 진흥정책에 대한 포탈 서비스)를 통해 사회적기업이 소기업 서비스(Small Business Service)와 주요 시책들을 적극 활용할 수 있도록 하고 있다.

[6] 2012년도 공기업·준정부기관 정부권장정책 이행실적 평가 중 사회적기업 생산품 및 서비스 구매실적은 총 100점 중 70점을 차지하고 있으며, 평가산식은 (해당기관 사회적기업 제품 및 서비스 구매액/해당기관 제품 및 서비스 구매 총액)×100(%)로 산출하고 있다.

매 활성화 단계에서는 부적합하다. 공공구매를 활성화시켜야 하는 단계에서는 기관의 규모에 관계없이 총구매액으로도 경영평가를 잘 받을 수 있도록 구매총량 평가지표를 신설하여 평가해야 한다.

넷째, 사회적기업 간 협동 체계를 구축해야 한다. 사회적기업 간 연계, 합병 및 내부시장 형성 지원사업, 사회적기업 소셜 프랜차이징 지원, 규모가 작은 사회적기업 컨소시엄을 형성하도록 업종내 네트워크 사업, 입찰시 컨소시엄 형성에 대한 가점 부여, 지원기관의 계약대행 기능 도입 등을 추진해야 한다.

다섯째, 사회서비스 제공 사회적기업을 육성해야 한다. 정부 사회서비스 일자리 사업과 연계, 보건복지지부 부처형 사회적기업 제도를 활용하여 사회적기업을 육성해야 한다. 예를 들어 간병·요양 전문 사회적기업, 의료서비스의 공공성 확장을 위해 의료생활협동조합 확대, 정부 바우처(voucher)사업과 연계해서 사회적기업을 육성할 수 있을 것이다. 지방자치단체의 복지, 문화, 교육 등의 시설에 대한 민간 위탁 시 사회적기업 활용방안을 모색할 수 있을 것이다.

동시에, 사회서비스 제공기관이 사회적기업으로 성장할 수 있도록 제도적 지원방안을 모색해야 한다. 이를 위해 우수한 사회서비스 제공 사회적기업의 R&D사업 지원, peer 컨설팅, 교육훈련 등 맞춤형 지원, 우수 사회적기업 발굴위한 시범사업 등이 고려되어야 한다(김성기 외, 2012).

여섯째, 공기업의 사회적기업 설립을 신중하게 검토해야 한다. 공기업의 자원과 연계한 사회적기업 개발, 공기업의 사회적기업 물품 구매를 추진하거나, 특정 공기업의 사회적기업 전환도 검토할 수 있다.

5) 협력기관 활용: 민관 협력 방안

교보생명, 포스코, SK, 현대자동차, 삼성 등 대기업 자회사형태의 사회적기업을 직접 설립하는 경우가 활발하게 나타나고 있다. 대기업의 사회적기업 설립은 CSR 차원에서 접근하고 있다. 사회적기업의 발전에 대기업의 사회공헌활동을 통한 직간접적 사업 참여는 사회적기업 활동의 활성에 긍정적 영향을 미쳤다고 할 수 있다. 현대기아차그룹의 이지무브 사례 외에 SK 행복나눔재단, 현대차그룹의 청년사회적기업가 육성, 한화그룹의 친환경사회적기업 지원 등 많은 대기업들이 사회적기업 활동에 참여하거나 지원하고 있다. SK그룹의 경우 UN과 함께 정보기술(IT)을 활용한 전세계 사회적기업 플렛폼(Global Action Hub)을 만들 예정이다. 이를 통해 사회적기업가, 투자자, 전문가 등의 네트워킹 및 정보교류 등 다양한 담론 생성의 기반을 마련하고자 한다. 사회적기업 생태계 관점에서 사회적기업 플랫폼이 만들어져서 우리나라에서 활동하는 (예비)사회적기업의 발전에 기여할 수 있다면 상당한 시너지 효과를 기대할 수 있다. 그럼에도 우려가 되는 것은 대기업의 사회적기업 활동이 지역에 뿌리를 두고 활동하는 풀뿌리 민간조직의 자생적 발전을 어렵게 하는 요인이 될 수 있다는 사실이다. 짧은 시간에 양적 성과에 치중한 사회적기업 정책의 결과, 현재 적지 않은 사회직기입이 비즈니스모델의 미흡, 불충분한 시장수요의 창출, 추진주체의 비즈니스 역량 부족으로 어려움을 겪고 있다. 그럼에도 사회적기업 생태계 육성을 통해 경쟁력을 갖춘 사회적기업이 배출될 수 있는 가능성을 동시에 내포하고 있다. 사회적경제의 기반은 혁신적 사회경제활동을 전개하는 지역 시민사회의 역량이다. 그런 의미에서 물적 자본을 앞세운 대기업의 자회사 형태의 사회적기업이 의도했든 그렇지 않든 지역 시민사회주도의 사회적기업 활동에 장애 요인이 되는 일은 없어야 할 것이다. 대기업에 비해 대학, 노조, 시민사회조직 등 다양한 민간단체의 참여가 활발하지 못한 현실이다.

 민관협력 방안으로는, 먼저 대기업의 경우, 사회적기업의 발전 및 확산을 위해서는 대기업 자회사 형태로 직접 설립보다는 생태계 지원으로 전환이 필요하다. 대기업의 사회적기업 자회사형은 취약계층 고용 사회적기업과 혁신적 모델에 한정하는 것이다. 대기업 직접설립 기업은 정부지원금 신청시 일정 기간 신청자격 유예를 시키는 방법도 고려할 수 있다. 무엇보다, 대기업의 임원의 의식 전환이 필요하다. 사회적기업이 사회공

헌마케팅 대상이 아니라, 기업 동반 성장을 위한 파트너라는 인식을 가지도록 지속적인 교육과 홍보가 필요하다.

1사(대기업) 1 사회적기업 파트너십 지원보다는 1사(대기업) 1 중간지원기관 파트너십 지원으로 전환하도록 유도한다. 사회적기업의 양적 증가가 이루어진 상태에서는 대기업의 지원이 신규 사회적기업 발굴이나 인큐베이팅이 아니라 사회적기업 생태계의 질적 성장을 위해 중간지원기관에 대한 지원으로 집중하거나 성장기 사회적기업의 지속가능한 발전에 기여하는 쪽으로 방향을 바꾸어야 한다. 또한 기업의 사회공헌활동에서 사회적기업 분야에 대한 비중을 확대한다. 기업 사회공헌기금의 10%를 사회적기업 분야에 지원하도록 권고한다.

대기업의 사회적기업 생태계 육성 방안으로, 사회적기업 지원을 위한 중간전문기관을 설립 운영, 기존 민간 중간지원기관 지원, 성장기 사회적기업 지원, 청년 등 사회적기업가 양성 및 지원, 대학, 대학원의 사회적기업가 교육과정 지원, 성장기 사회적기업 소셜 프랜차이징 지원, 금융전문가 풀 조성 등 사회적 금융자본 형성과 운영 지원 등을 고려할 수 있다.

둘째, 대기업 외에 노동조합, 대학 등의 사회적기업 지원방안을 확대한다. 대학 및 언론사의 방과후 학교 교육센터 설립, LG전자 노조의 명장급 팀장의 기술지도 등은 중요한 사례가 된다. 노동조합이 사회적기업의 개발에 참여하는 프로젝트 개발, 노동조합이 지역 시민단체, 지방정부 등과 파트너십을 형성하여 사회적기업을 개발할 수 있는 프로젝트 개발도 가능하다.

셋째, 민간의 사회적기업 운동을 지원한다. 민간 사회적기업 운동의 활성화를 위해 한국사회적기업협의회, 한국지역자활센터협회 등 민간과의 협력체계 구축 등 파트너십을 강화해야 한다.

넷째, 사업 추진에 민관협력 방식을 적극적으로 활용한다. 종래 1사의 1 아이템 방식을 벗어나, 지역경제 활성화의 관점에서 지역의 자원과 산업기반을 활용해서 다양한 주체들이 융합되는 방식을 고려한다. 이를 통해 사회적기업의 자원 및 기술의 한계를 지역의 모든 기반과 자원으로 해소하고, 사회적기업의 지속가능성을 담보할 수 있도록 한다(신명호 외, 2011). 지방자치단체, 영리기업과 비영리기관의 협력모형, 비영리기간의 컨소시엄 모형 등 다양한 방식이 모색될 수 있다.

5. 맺는 글: 사회적기업 생태계와 사회서비스정책적 함의

사회적기업 생태계란 사회적기업이 성장할 수 있는 유기적 환경체계로 사회적기업을 중심으로 다양한 이해당사자 간의 네트워크 체계를 의미한다. 즉 모든 사업가능 공간에서 혁신적 가치 복합체를 생산하기 위하여 다양한 이해관계자들이 공생과 공존의 선순환 관계를 형성하는 네트워크 체계로 볼 수 있다. 사회적기업 생태계란 사회적기업의 성공을 돕는 자본 인프라와 사회·경제·문화적 환경으로 구성된다. 자본 인프라는 인적자본, 사회정치자본, 금융자본, 지식자본 등을 의미하며, 환경요인은 사회적기업 정책, 언론 홍보와 문화적 인지도, 경제사회적 조건 그리고 유관분야를 포괄하는 개념이다.

사회적기업 육성과제로는 먼저, 인적 자본 육성의 핵심과제인 교육훈련 분야의 개선방안은 교육유형 및 프로그램 다양화, 성장기 사회적기업 등 현장 중심의 실전형 교육과 사회적기업가 정신을 고취하는 성공한 사회적기업가들의 멘토형 교육훈련 강화, 교육주체별/대상별로 차별화된 교육이 이루어져야 한다. 금융자본 육성을 위해서는 사회적기업 금융지원과 자본시장 시스템을 구축해야 한다. 사회적기업 전문재단설립과 민간 기금 조성, 모태펀드를 활용한 사회적자본시장 활성화, 기업 사회공헌 기금의 활용, 사회적기업의 모금 역량 강화 등 많은 세부 과제들이 존재한다. 사회정치자본과 지식자본의 확대를 위해서는 사회적기업 온 오프라인 옹호조직, 사회적기업을 위한 지원 공간(무상임대 공간 포함), 사회적기업에 대한 시민들의 긍정적 인식 확산을 위한 정책적 지원이 요구된다. 지역사회에서 사회적기업가, 자금 제공자, 연구자, 윤리적 소비자 등이 참여하는 플랫폼을 만드는 것도 중요한 정책과제가 된다. 환경분야의 정책과제로서 먼저, 공공정책 분야에서는 사회적기업 거버넌스 구축과 사회적기업 정책의 보완이 필요하다. 거버넌스와 관련해서는 사회적기업을 포함한 사회적경제 육성 차원의 재편이 필요하다. 중앙 단위부터 광역, 기초단위까지 일관된 지원체계 구축이 이루어져야 한다. 사회적기업 정책 관련해서는 사회적기업 협동화단지 및 클러스터 육성과 공공구매시장 및 사회서비스 시장 확산이 필요하다. 민관협력 활성화 방안으로는 대기업의 경우 사회적기업의 발전 및 확산을 위해서는 대기업 자회사 형태로 직접 설립보다는 생태계 지원으로 전환이 필요하다.

이상에서 살펴본 사회적기업 생태계 활성화는 궁극적으로 사회서비스 정책 발전에 일정한 함의를 갖는다. 사회서비스 발전과정에서 사회서비스 제공을 둘러싸고 전통적인 비영리기관과 새롭게 등장한 일반기업과의 갈등이 확대되고 있다. 돌봄과 같은 대인서비스에서 영리성보다는 공공성이 우선시된다는 점에서 비영리기관의 역할이 여전히 중요하다고 생각하는 관점과 중산층 이상이 그 대상이 된다는 점에서 사회서비스에서 경쟁과 혁신성을 강조하는 입장이 상충하고 있는 현실이다. 사회적기업 생태계 활성화를 통해 사회서비스 제공형 사회적기업의 발전을 기대할 수 있다. 공공성과 혁신성을 공히 추구하는 사회적기업 조직은 사회서비스 제공에서 상당한 역할을 기대할 수 있을 것이다.

참고문헌

권은정(2010), 『착한 기업 이야기』, 웅진지식하우스.
김성기(2011), 『사회적기업의 이슈와 쟁점』, 아르케.
김성기·송용한·김연아(2012), "사회서비스 제공 사회적기업 모델에 관한 연구-정부 사회서비스 바우처사업과의 연계를 중심으로-", 한국사회서비스학회, 『사회서비스연구』 3권 1호.
김혜원(2011), "정부의 사회적기업 정책에 대한 진단과 정책 발전 방향", 국회 발표문.
김창욱·강한수·윤영수·한일영·강민형(2012), 『기업생태계와 플랫폼 전략』, 삼성경제연구소.
라준영(2012), "사회적기업 생태계와 정책 혁신", 사회적기업육성 기본계획('13-'17) 워크숍 자료집, 고용노동부.
문철우(2011), 『사회적 가치 측정 도구를 활용한 사회적기업의 자본투자 활성화 방안 연구』, 한국사회적기업진흥원 연구용역보고서.
배미원·이화영(2012), 『성남시 사회적기업 생태계 구축방안 연구』, 성남시 사회적기업지원 센터.
송위진·장영배·성지은(2009), 『사회적 혁신과 기술집약적 사회적기업』, 과학기술정책연구원.
신명호·장원봉(2011), 『사회적기업 발굴 육성을 위한 지역자원 조사 및 사업모델 개발연구 보고서』, 서울시 성북구/사회투자지원재단.
이은애(2012), "사회적기업 육성정책 평가 및 기본계획 방향", 사회적기업육성 기본계획('13-'17) 워크숍 자료집, 고용노동부.
이인재(2006), "사회적기업 컴원 성공요인과 발전과제", 『동향과 전망』 66호, 한국사회과학연구소.
_____(2009), "한국 사회적기업의 쟁점과 전망", 『동향과 전망』 75호, 한국사회과학연구회.
_____(2010), "사회적기업의 사회적 목적과 실천적 함의", 『민주사회와 정책연구』 17호, 민주사회정책연구원.
이인재·이문국·조성은·김정원·김병조(2011), 『안산시 자활공동체 활성화 지원방안연구』, 안산시.

CASE(Center for the Advancement of Social Enterpreneurship)(2008), *Developing the field of Social Entrepreneurship*, Duke University.
Dacanay, M. (ed)(2004), *Creating Space in the Market - Social Enterprise Stories in Asia*, Asian Institute of Management and Conference of Asian Foundations and Organizations.
Elisabet Ferri(2011), "Social Entrepreneurship and Environmental Factors: A Cross-Country Comparision", Research paper, University of Barcelona.
Lynch, K. & Walls, Jr. J.(2009), *Mission, Inc. - The Practitioner's Guide to Social Enterprise*, The Social Venture Network Series. Berrett-Koehler Publisher, Inc.
Marguerite Mendell & Rocio Nogales(2009), "Social Enterprises in OECD Member Countries: What are the Financial Stream?" A. Noya(ed), *The Changing Boundaries of Social Enterprises*. OECD.

제II부

사회적 경영(Social Business)과 혁신

제6장
지역경제 개발과 사회적경제 [1)]

김성기(사회적협동조합 SE EMPOWER 이사장, 성공회대 겸임교수)

1. 한국 사회적경제는 어디를 향해 가야 하는가?

바야흐로 사회적경제와 사회적 가치의 제도화 시기가 다가오고 있다. 사회적 가치 기본법, 사회적경제 기본법 등이 그것인데, 2014년에 들어서면서 여당과 야당이 공히 사회적경제의 제도화에 나서고 있다. 사회통합과 경제민주화에 기여하면서 사람 중심의 경제를 지향하는 사회적기업, 협동조합 등 사회적경제 기업이 시대적 관심으로 주목받고 있는 것이다.

한국 사회적경제의 본격적인 시작은 2007년 사회적기업육성법의 시행으로 볼 수 있다. 이 제도의 시행으로 2013년 기준으로 약 1,000개의 사회적기업이 정부로부터 인증을 받았다. 2012년 협동조합기본법이 시행되면서, 협동조합의 설립이 자유롭게 되었다. 제도 시행 1년 만에 약 3,000여 개의 협동조합이 설립되었다. 정부는 향후 5년 이내에 사회적기업 3,000개, 협동조합 10,000개가 활약할 것으로 전망하고 있다. 제도화가

---

1) 이 글은 필자가 『생협평론』 제14호(2014년 봄호)에 게재했던 글임을 밝힌다.

사회적경제의 확장을 강력히 추동하고 있음에 분명하다. 그동안의 시기를 사회적경제의 초기 단계라고 규정할 때, 중요발전 요인은 제도화와 중앙정부의 역할이었다고 할 수 있다. 이 과정에서 서울시, 충청남도, 성북구, 완주군 등 사회적경제 정책을 핵심 의제로 설정한 지방정부도 등장하였다. 물론 사회혁신과 협동사회를 지향했던 시민사회의 역할도 무시할 수 없다.

2014년 사회적기업, 협동조합 등을 아우르는 사회적경제의 제도화가 모색되고 있다. 현 시점에서 향후 한국의 사회적경제는 어떤 목표로 어떻게 가야 할 것인가? 2007년에서 2013년의 시기를 한국 사회적경제의 도입기라고 규정할 경우, 2014년 이후의 시기는 사회적경제의 도약기로 진화돼야 할 것이다. 그렇다면, 도약기를 준비하는 한국 사회적경제가 선택해야 하는 핵심 동력은 무엇인가? 국가(중앙정부)인가? 민간인가? 지역인가? 각각의 역할이 모두 중요하지만, 핵심 동력에 대한 선택은 필요하다. 필자는 그에 대한 선택을 사회적경제의 본질적 속성에서 찾아야 한다고 생각한다. 사회적경제는 사회문제와 사회적 필요에서 동기화되고 기업화되는 모델이다. '동기'가 태동하는 주요 원천은 어디에 있는가가 중요할 것인데, 바로 '지역사회'이다. 따라서 이제 한국 사회적경제의 도약을 위해 지역사회 중심의 사회적경제 발전 전략을 수립하는 것이 요청된다. 이런 시각에서 2014년 새롭게 태동하는 민선6기 지방정부의 역할은 대단히 막중하다.

이 글은 사회적경제를 통한 지역경제 개발의 의의와 모델을 설명하고, 그 모델을 실현하기 위한 정부의 정책과제를 담고 있다.

2. 지역사회 기반 사회적경제 운동과 내생적 경제 개발 관점

1) 지역사회 기반 사회적경제 운동의 의미

현대사회가 직면한 핵심 과제는 지속가능성과 사회통합을 이루는 것이다. (대)기업 중심의 성장 전략은 경제, 사회 전반의 양극화를 더욱 심화시키고 있다. 위로부터의 경제발전 전략은 더는 지속가능한 지역사회를 위한 좋은 방안이 아니다. 지역사회의 경제적, 사회적, 환경적, 문화적 필요와 문제를 지역의 역량에 기반을 두고 해결하는 사회적경제 운동이 주목되는 이유이다.

국제적으로 사회적기업, 협동조합 기업 등은 사회적경제 기업의 대표적인 유형이며, 사회 약자를 위한 고용창출과 사회서비스의 공급, 낙후된 또는 공동화된 지역사회의 재생 등에 상당한 잠재력을 보여주고 있다. 경기 침체와 금융위기에 직면한 국가와 지역이 만연하고 있는 현시점에서도 지역 중심의 사회적경제가 발전한 스페인의 몬드라곤, 이탈리아의 에밀리아 로마냐, 캐나다의 퀘벡 등에서는 안정적인 경제성장과 더불어 실업률의 상승을 막아내고 있다. 바야흐로 사회적경제가 지속가능한 지역사회를 개발하는 유력한 대안이 되고 있다. 사회적경제 운동은 주민 참여, 지역사회 자원의 활용, 협치적 거버넌스 구축 등을 중시하면서 혁신적 비즈니스를 통해 지역사회의 문제를 해결하고, 공동체의 필요를 충족시키는 목적을 공유한다. 따라서 지역사회 기반 사회적경제 기업은 사회적경제 운동의 핵심 동력이라 할 수 있다. 물론 모든 사회적경제 기업이 지역사회를 기반으로 하는 것은 아니다. 국제적, 전국적인 범위로 사회적 가치를 실현하는 기업도 많다.

지역사회 기반 사회적경제 기업은 주민 참여를 기반으로 지역사회와 지역공동체의 집합적 이익을 추구하는 비즈니스 조직으로 정의할 수 있다.[2] 여기서 지역사회(community)는 한정된 지리적 특성을 갖는 지역에서 공동의 이해나 정체성을 갖는 공동체이다. 영국에서 낙후된 지역사회의 재생을 목적으로 활동하는 커뮤니티 비즈니스(community business), 일본에서 생활협동조합에서 발전되고 태동한 여성의 일자리 공동체인 워커즈 콜렉티브(worker's collectives), 한국에서 지역사회에서 주민들에게 의료서비스를 제공하는 의료복지사회적협동조합과 근로빈곤층의 자립, 자활을 목적으로 성장한 자활기업, 친환경 농산품을 공동으로 구매·이용하는 생활협동조합 등이 해당한다(김성기 편, 2012). 또한, 협동조합기본법 시행 이후 등장한 이용자협동조합, 생산자협동조합, 노동자협동조합 등의 상당수가 지역을 거점으로 공동의 비즈니스 필요를 조직화하면서 활약하고 있다.

지속가능한 지역사회는 지역사회의 역량에 의해 경제, 생활, 복지, 문화, 환경 등의 과제를 통합하고 안정적으로 재생산하는 사회이다. 공동체의 집합적 참여와 혁신을 중시하는 사회적경제 운동에 거는 기대가 바로 여기에 있다.

2) 사회적경제를 통한 경제 개발 전략으로서 내생적 경제 개발 관점[3]

오늘날 한국에 '지역사회'는 있는가? 이 질문에 자신 있게 답하기 곤란하다. 인구의 절반 이상이 수도권에 집중돼 있고, 농촌의 공동화는 심각한 지경이다. 이러한 문제를 해결하기 위해 정부와 지자체에서 산업도시 유치 전략, 국제투자도시 전략, 귀농·귀촌 지원 사업 등 다양한 개발과 이주 촉진 정책을 펼치고 있다.

첫째, 중앙정부에 의한 '하향식 경제 개발 전략'이다. 이 관점의 신봉자

---

[2] 행정안전부가 제시하는 마을기업의 개념도 이 범주에 포함될 수 있는데, 여기서 마을기업은 "지역공동체의 각종 특화자원을 활용하는 주민 주도의 비즈니스를 통해 안정적 소득 및 일자리를 창출하는 마을 단위의 기업"으로 정의된다(김성기 편, 2012).

[3] 이 부분은 Karl Birkhölzer(2009)의 논문인 "The role of social enterprise in local economy development"를 참조하여 진술하고 있다.

들은 국가가 모든 종류의 지역개발에 책임이 있고, 그것을 실행하기 위한 유일한 힘을 보유하고 있다고 믿는다. 이 전략 하에서 지방정부의 관계자, 주민, 기업 등 모든 이해관계자는 위로부터의 방침과 자원 유입을 기다린다. 이러한 경제발전 전략은 권위주의 체제 국가나 중앙 집권적인 사회에서 나타나는데, 중앙정부에 대한 의존도가 매우 높으면서도 상당한 임의 추정이 동반되면서 추진된다. 중앙정부가 정책이나 재원의 문제에 직면하게 될 경우, 하향식 경제 개발 전략은 지속하기 힘들 것이다. 물론 특정 지역이 보유한 잠재력을 경제 성장 동력으로 키울 수 있다면, 국가 주도의 경제 발전 전략이 유효할 수 있겠지만, 모든 지역사회에 적용하는 관점으로 바람직하지 않다.

둘째, 외생적 발전 전략이다. 외부의 투자자로부터 필수적인 자원, 특히 자본을 유치하는 전략이다. 소위 후진국이라 불리는 많은 국가에서 대다수가 필사적으로 투자자들을 찾고 있다. 한국의 지방정부에서도 이런 경향은 상당히 포착된다. 최근의 사례로 보자면, 인천광역시의 송도국제도시 개발이 해당한다. 그러나 외부투자의 유치에 의한 경제 개발이 지역사회의 역량에 긍정적인가에 대해서는 생각해 볼 여지가 있다.

투기자본이 저임금, 세금 감면, 산업부지 제공 등을 교묘히 이용하여 탐욕적 이윤을 획득했던 세계의 여러 지역에서 재앙의 씨앗이 잉태되고 있다. 지역의 남아 있는 유용한 자원이 투자자를 위한 골프장, 고급 호텔, 회의센터, 산업단지, 사무 공간, 산업개발센터 등으로 소비된다. 누군가 우려하듯이 세계자연유산인 제주도가 머지않은 시기에 국제투기자본의 사유지가 될 수도 있다. 지역 경제 개발에서 외부 투자의 유치가 필요한 경우가 많기는 하다. 그러나 만약 외생적 전략이 투기자본의 이윤을 위해 추진된다면, 지역사회를 위해 바람직한 결과를 기대하기 힘들다. 외부 자는 투자 동기가 감소하거나 사라지게 되면, 미련을 두지 않고 그 지역을 떠날 것이다. 따라서 지속가능성의 측면에서 외부 투자자 중심의 지역경제 개발 전략은 매우 위험부담이 크다.

셋째, 내생적 경제 개발 전략이다. 하향식 개발 전략이 국가에 의해 이행되는 것이고, 외생적 전략이 사적인 투자에 의한 것이라면, 이 관점에서는 지역 주민이 핵심 이해관계자이다. 자신의 지역과 가정을 떠나고 싶지 않거나 떠날 수 없다면, 또한, 국가나 시장이 지역의 경제 개발이나 지역에 필요한 서비스의 문제를 해결하지 못한다면, 지역사회의 자생적 발전 전략이 유력한 선택지이다. 내생적 발전 전략은 "유용한 모든 자원은 지역사회 안에 있다."는 관점에서 출발하는 지역자원과 주민의 역량에 기반을 둔 경제 발전 방안이다. 완주군에서 활성화되고 있는 '로컬푸드 매장사업'은 지역에서 생산된 농산품이 지역 내에서 소비되는 지역순환 경제의 모범 사례이다. 이러한 시도가 한국을 포함한 세계의 여러 지역에서 진행되고 있다.

결국 사회적경제를 통한 경제 개발 발전은 내생적 경제 개발 전략이다. 해체된 지역공동체를 복원하고, 지역경제에 활력을 불어 넣을 수 있는 유력한 동력이 사회적경제 운동인 것이다.

3. 사회적경제를 통한 지역경제개발 모델 [4]

사회적경제 운동의 목적은 인간 중심의 호혜적 경제를 세우는 것이다. 그러나 현실은 자본 중심의 시장경제가 주류이다. 사회적경제가 대안으로 수용되기 위해서는 자신의 사명과 목표가 사회적으로 확산되고 축적돼야 할 것이다. 필자는 사회적경제가 지역경제 개발의 새로운 주동력으로 돼야 함을 강조한 바 있다. 그러나 어떻게 그 길에 갈 것인지는 숙제이다. 이 절에서는 사회적경제의 지역 개발 모델에 대해 제시한다.

---

[4] 이 절의 내용은 Karl Birkhölzer(2009)의 논문인 "The role of social enterprise in local economy development"를 참고하여 한국적 맥락에서 재구성한 것이다.

1) 사회적경제를 통한 지역경제 개발의 목표

> - 공공의 이익 추구
> - 통합적이고 거시적인 접근
> - 충족되지 못한 필요의 충족
> - 지역순환경제의 재생
> - 사회자본의 조성과 축적
> - 지역사회 중심의 개발

* 주: Karl Birkhölzer(2009)이 제시한 내생적 지역개발의 기본 원칙

① 공공의 이익 구축

사회적경제를 통한 지역경제 개발의 목적은 특정 개인의 이익이 아니라 '사회적 이익' 혹은 '공공의 이익'을 위한 것임을 분명히 해야 한다. 이것은 사회적경제에 참여하는 주체가 지역사회의 주민, 지자체, 자원활동가, 투자자 등 다양한 이해관계자이기 때문이다. 특정한 이해관계자(예, 투자자)가 주도하는 사회적경제는 지속가능할 수 없다.

② '경제'에 대한 통합적이고 거시적인 접근

'경제'를 단순히 '돈벌이'로 수용한다면, 지역의 주민과 자원은 활용의 대상일 뿐이다. 하지만, '사회적경제'에서 경제는 재화와 서비스의 생산뿐만 아니라 환경·사회·문화적 활동 등의 재생산까지도 포함한다. 이러한 관점에서 보면, 지역경제는 생산과 재생산이 순환하는 과정이라고 볼 수 있다. 만약 지역의 다양한 자원을 무시한다면, 결국 그 지역사회는 붕괴할 것이다. 사회적경제에 대한 통합적 관점에서 주민의 참여는 중요하며, 지역사회의 자원은 쓸모 있게 사용되어야 한다.

③ 충족되지 못한 필요의 충족

오늘날 대부분의 경제활동은 최대의 이윤 창출을 위해 생산된 재화와 서비스의 마케팅에만 집중하는 공급 중심의 접근법으로 진행된다. 전통적인 경제적 사고에서는 수요를 동등한 구매력을 수반하는 것으로 가정한다. 그래서 수익성이 전혀 없거나 매우 희박한 재화는 시장 경제에서 버려지거나 제거된다. 이런 시장실패가 발생할 경우 국가나 지자체가 필수

적인 재화와 서비스를 제공해야 한다. 그러나 구매력이 낮은 지방 정부는 똑같은 문제점에 직면하게 된다. 세금 등 공적재원 확보가 제한적이기 때문이다. 이것은 잔인한 악순환의 고리이다.

경제활동 패러다임의 전환이 필요한데, 사회적경제는 충족되지 못한 필요를 발견하고 그것을 충족시키는 수요 중심의 접근법에 집중한다. 역설적이게도 지역사회에서 잠재된 수익을 창출할 수 있는 자원은 지역사회 내의 충족되지 않은 필요에 숨겨져 있다.

④ 지역순환경제의 재생

경제에 대한 지역사회 통합적 접근은 지역순환경제의 재생과 연결된다. 지역사회 중심의 경제활동이 지역 주민을 고용하면, 그 주민은 지역 사회 내에서 소비하게 된다. 지역 생산품을 지역 내에서 소비하는 로컬푸드 운동이 그 예이다. 또한, 최근 주목받고 있는 농업의 6차 산업화 전략도 지역순환 경제의 한 예로 볼 수 있다. 1차 산업인 농수산업과 2차 산업인 제조업, 3차 산업인 관광 등 서비스업을 융·복합시키는 경제 개발 전략은 지역의 잠재된 자원을 다차원적으로 상품화하고, 생산된 상품의 상당 부분을 지역 내에서 유통·소비시킨다는 측면에서 지역 순환 경제의 재생에 기여할 수 있다. 지역 순환 경제의 관점으로 접근하면서 사회적경제는 다양한 혁신적 비즈니스 모델을 개발하는 것이 필요하다.

⑤ 사회자본의 축적

사회적경제의 핵심 역량은 무엇인가? 핵심은 '지역사회'에 있다. 지역의 인구 규모, 주민의 지식, 능력, 경험 등이 신뢰로 결합되고, 다양한 관계망으로 복합적으로 연결되는 '지역사회 역량'이 구축되어야 한다. 이러한 지역사회의 '신뢰의 네트워크'가 사회자본이다. 따라서 사회자본은 사회적경제의 레버리지 역할을 하는 '자본'이자 사회적경제가 축적할 목표라고 할 수 있다. 문제는 한국에서 지역사회의 사회자본이 상당히 취약하다는 점이다. 이를 위해서는 교육과 훈련이 사회적경제 운동의 핵심 과업이

돼야한다. 해체된 공동체 관계를 복원하기 위해 '학습'이외에 유일한 방법은 없는 것 같다.

⑥ 마을, 즉 지역사회의 역량 강화

직전에 언급했듯이 사회적경제의 유력한 자본은 사회자본이다. 금융자본이나 기반 시설 자본이 충분하지 않다면, 신뢰와 같은 사회자본의 조성 없이 지역경제 개발은 성공하기 힘들다. 그러므로 사회적경제를 통한 지역경제 개발을 위해서는 초기부터 마을 공동체 육성과 병행하는 것이 필요하다. 최근 서울시에서 마을만들기 운동과 사회적경제 운동을 병행하는 것도 그러한 맥락에서 볼 수 있다. 따라서 지역사회 역량 강화와 사회적경제의 활성화는 (내생적) 지역경제 개발을 위해 나아가는 수레의 두 바퀴와 같은 것이다.

2) 사회적경제의 지역개발 모델

여기서 제시하는 사회적경제의 지역개발 모델은 'The Interdisciplinary Research Group Local Economy in Berlin'이 개발한 이상형이다. 이 모델은 '지역사회 역량 구축하기', '지역사회 역량 개발하기', '지역 사회적경제 활성화하기' 등 3 단계로 구성되며, 총 9개의 과제를 포함한다.

[그림 6-1] 사회적경제를 통한 지역경제 개발 모델

지역사회 역량 구축하기	지역사회 역량 개발하기	지역 사회적경제 활성화하기
① 지역 사회·경제구조의 분석 및 진단 ② 주민참여를 통한 계획 수립 ③ 수평적 연계를 촉진하는 지원 인프라의 구축 ④ 지역사회 네트워크의 구축	⑤ 자조적 경제활동을 위한 상담·교육·훈련 서비스의 제공 ⑥ 사회적경제 기업 인큐베이팅 센터의 설치·운영 ⑦ 생산자-소비자의 참여에 기반을 둔 사회적 마케팅 활성화	⑧ 사회적기업, 사회적협동조합 등을 사회적경제의 전략 부문으로 육성하기 ⑨ 사회적 금융 또는 대안적 지역 금융의 활성화

① **지역사회 역량 구축하기**(community building)

㉠ 지역 사회·경제구조의 분석 및 진단

사회적경제를 통한 지역경제 개발의 목표 중 하나는 지역사회에서 충족되지 못하는 필요를 주민 중심으로 해결하기 위하는 것이다. 그러므로 '지역에 필요가 무엇인지' 확인하고, 그 필요를 해결하기 위한 비즈니스에 '유용한 자원이 무엇인지' 조사하는 과정이 일차적으로 이루어져야 한다. 예컨대, 경기도 시흥시와 화성시의 '사회적경제 자원 조사'에서는 관할 행정구의 동과 권역별로 지역의 수요와 자원 조사를 수행한 바가 있다.

㉡ 주민참여를 통한 계획 수립

사회적경제의 발전을 위한 중요한 조건은 협치적 거버넌스의 구축이다. 거버넌스가 작동하기 위해서는 계획, 실행, 평가 등의 제 과정에 핵심 이해관계자의 참여가 필수적이다. 최근 여러 지자체에서 정책의 수립 과정에 주민의 창발적 아이디어를 모으고, 정책의 우선순위를 결정하기 위해 '1,000인 회의' 등과 같은 대중적 참여에 기반을 둔 의사결정 방식을 시도하고 있다. 이런 참여형 계획 수립은 소규모 마을 단위에서, 더욱더 생생하고 효과적으로 진행할 수 있다.

㉢ 수평적 연계를 촉진하는 허브의 구축

주민을 지역경제 개발에 참여시키기 위해서는 상징적이고 실제적인 활동의 공간이 필요하다. 사용하지 않는 건물, 공장, 공공장소 등을 '사회적경제 허브'로 조성하여, 주민이 교류하고, 학습할 기회를 제공하면서 네트워크 공간에서 협동과 혁신이 창출되도록 하는 것이다. 마을만들기와 사회적경제 기업의 많은 모범을 창출하고 있는 '완주군의 지역순환경제 센터'가 그 예이다.

㉣ 지역사회 네트워크의 구축

사회적경제와 동행하는 지역 네트워크를 구축하는 것이 사회자본을 조성하는 주요한 방법이다. 사회적경제 기업 간 협업을 통한 새로운 비즈니스 모델의 개발(이것은 생산자 혹은 사업자 협동조합의 개발과 연결된다.), 사회적경제 기업 상호 간 거래, 사회적경제 기업의 공동 협동기금 조성 등 사회적경제 생태계를 위한 기초 토대는 네트워크이다. 사회적경제 네트워크는 정보의 교환과 활동을 조직할 뿐만 아니라 자원을 융합하고, 상호 간의 유용한 역량과 서비스를 교환시키면서 시너지를 발휘한다.

② **지역사회 역량 개발하기**(community development)

㉠ 자조적 경제활동을 위한 상담·교육·훈련 서비스의 제공

농촌의 주민이나 빈곤층의 경우 정부 지원 프로그램에 익숙하다. 명백한 것은 협동조합이나 사회적기업은 일반기업처럼 자율적이고, 자주적인 기업이라는 점이다. 그러나 지역사회의 주민에게 기업 경영은 생소한 영역이다. 무지는 포기와 자신감 부족으로 이어진다. 이러한 장애를 복하기 위해서 기업가적 마인드와 경영 역량을 배양하는 교육과 훈련이 필수적이다.

㉡ 사회적경제 기업 인큐베이팅 센터의 설치·운영

정책 관계자의 경우 사회적기업이나 협동조합의 발굴에 대해 조급하다. 이런 영향은 당사자에게 미친다. 협동조합기본법 시행 이후 1년 동안 3,000개의 협동조합이 설립되었지만, 사업자 등록을 마친 곳이 절반에 불과하다는 상황에 주목할 필요가 있다. 이것은 상당수 협동조합이 비즈니스 모델을 갖추지 않은 채 설립되었고, 사업을 위한 자금, 기술, 인적 자원 등을 구비하지 못했기 때문이다. 특히, 기업의 출발은 미션의 수립과 비즈니스 모델에 있다고 볼 때, 영국의 사회적기업 전문 지원조직인 영파운데이션(Young Foundation)이 사회적기업 하나를 발굴하는 데 3년의 시간을 투자하는 데 주목할 필요가 있다.

㉢ 생산자-소비자의 참여에 기반을 둔 사회적 마케팅 활성화

지불 능력이 낮은 주민(고객)이 존재하고, 경기 침체를 겪는 지역사회는 시장을 형성하기 매우 어려운 조건에 있다. 이런 지역에서는 규모의 경제 효과가 발휘되기 힘들고, 수익성도 낮다. 사적 이익을 추구하는 기업이 투자를 하지 않는 이유가 여기에 있다. 생산자와 소비자를 연결하는 사회적 마케팅 전략이 좋은 대안일 수 있다. 친환경 농산물을 유통하는 생협이 좋은 성공사례이다. 생협은 유기농 생산자에게 안정적이고 지속적으로 농산물의 공급을 보장하고, 소비자에게는 신뢰할 수 있는 농산물을 상대적으로 저비용으로 이용할 수 있도록 한다. 하지만 농업 외의 분야에서도 생산자와 소비자의 참여에 기반을 둔 사회적 마케팅을 활성화 시키는 것이 중요한 숙제이다.

③ **지역 (사회적경제) 활성화하기**(promoting community economy)

㉠ 사회적기업, 사회적협동조합 등을 사회적경제의 전략 부문으로 육성하기

협동조합기본법 시대가 도래하면서 한국에서 사회적경제에 포함될 수 있는 부문은 확장되었다. 이러면서 한국 사회적경제가 어디로 갈 것인지가 화두이다. 과연 모두가 기대하는 공동체와 공익에 기여하는 방향으로 갈 것인지, 아니면, 특정의 집합적 이해관계자의 사적 이익을 추구하는 방향으로 갈 것인지가 문제이다. 제도화는 확장을 위한 기회를 제공하지만, 그것이 자동적으로 바람직한 장을 보장하지는 않는다. 특히, 사회적경제가 초기 단계에 있는 지역에서, 사회적기업과 사회적협동조합 등 사회적 사명을 지향하는 사회적경제 기업을 전략적으로 육성할 필요가 있다. 이탈리아의 볼로냐(인구 약 40만 명)의 경우, 지역사회의 대부분의 고용, 복지 서비스의 공급은 약 100여 개의 사회적협동조합에 의해서 이루어진다.

㉡ 사회적 금융 또는 대안적 지역 금융의 활성화

협동조합과 사회적기업이 겪는 가장 큰 어려움 중 하나는 자본조달이

다. 대다수 사회적경제 기업은 규모가 20인 이내의 소규모 기업인데, 일반 금융시장에서 자본조달의 기회를 얻기가 쉽지 않다. 정부가 사회적기업 등을 위한 정책 금융 연계사업이나 모태펀드 지원사업을 시행하고 있지만, 수요자의 필요를 충족시키기에 아직도 멀리 있다. 서울시의 사회투자기금 사업은 사회적 금융의 좋은 본보기이다. 이런 사회적경제 친화적 금융이 많은 지역사회에 확장되는 것이 필요한데, 지방정부의 과감한 투자가 요구된다.

4. 정책 제언

한국 사회적경제는 이제 초기 단계를 넘어 도약기를 맞이하고 있다. 사회적경제와 공공성은 동반성장의 관계이다. 사회적 가치를 창출하고, 공동체의 이익에 복무한다는 동일한 목표를 공유하고 있기 때문이다. 그러므로 사회정책이 사회적경제와 연계되고, 사회적경제와 우호적 선순환 관계를 형성하는 것은 상호 발전에 영향을 미친다. 특히, 사회적경제의 지역 중심성이 중요하므로 지방정부의 역할에 거는 기대가 크다.

이 글에서는 내생적 경제 개발 관점에서 사회적경제를 통한 지역경제 개발 모델을 제시하였다. 이 모델의 실행을 위해서는 상당한 정도로 지방정부가 관여하는 것이 필요하며, 선차적으로 정책적 차원에서 여건을 조성하는 것이 요구된다.

첫째, 지역 자원을 포함하면서 사회적경제의 강점을 잘 살리는 정책 전략이 중요하다. 유럽연합보고서에 따르면, 사회적경제 기업이 강점을 보이는 영역은, ① 먹거리와 주택과 같은 기본적인 필요, ② 에너지, 교통, 물 공급, 폐기물 처리 등과 관련된 지역에 분산되는 소규모의 기술 시스템, ③ 모든 분야의 근린서비스, ④ 지역 문화 활동과 문화유산, ⑤ 여가와 오락 서비스, ⑥ 환경 보호, 보존, 개선, ⑦ 지방정부의 사회기반시설 서비스 등이다.[5)]

둘째, 사회적경제 지표에 입각한 육성계획을 수립할 필요가 있다. 사회적경제 지표를 강조하는 이유는 사회적경제를 통해 어떤 사회적, 경제적, 환경적, 문화적 등의 성과를 얻고자 하는지 주민에게 제시할 필요가 있기 때문이다. 지표는 사회정책의 성과를 양적 또는 질적으로 대주민에게 제시하는 데 유용하게 활용되고 있다. 예컨대, 사회적경제의 지역 경제 기여도(GRDP 기여도), 고용률, 기업 수, 사회서비스 공급률, 사회자본, 자원 순환 규모 등 다양한 영역의 지표를 체계화하는 것이다. 이런 지표가 사회적경제 정책의 목표로 제시되는 사회적경제 육성 계획을 수립하는 것이 필요하다.

셋째, 산업정책 및 사회정책과 연계한 사회적경제 정책의 개발이 요구된다. 그동안 사회적기업은 고용과 사회서비스 차원에서 정책적으로 고려되었다. 명백하게도 사회적기업과 협동조합 (기업)은 경제활동의 주체이다. 지방정부의 신재생에너지 개발 사업, 귀농·귀촌지원사업, 6차 농업개발 사업, 소상공인 협업화 사업 등의 산업정책과 교육, 복지, 문화 서비스 등의 사회서비스 바우처 사업, 재정지원 일자리 사업 등의 사회정책은 사회적경제와 연계할 수 있는 정책들이다. 캐나다의 경우 바이오 에너지, 풍력 에너지 등 신재생에너지산업의 개발·육성을 협동조합과 파트너십을 형성하여 실행하고 있다.

끝으로 지방정부 간의 공동 협업사업이 활성화될 필요가 있다. 2013년 출범한 '사회연대경제 지방정부연대협의회'는 사회적경제의 활성화를 목적으로 설립된 기초 지방자치단체들의 협의체이다. 최근 사회책임조달제도의 확산과 지방정부 상호 간 벤치마킹 사업을 하는 등 활발히 활동을 전개하고 있다. 사회적경제가 '경제'적 속성이 있으므로 규모화와 네트워크는 그의 발전에 중요한 원심력으로 작용한다. 지자체 간의 공동 사업모델 개발, 사회책임조달시장의 개발과 교류, 공동의 사회적 금융의 조성, 사회적경제 리더의 육성 등 자기 지방정부 중심주의에서 벗어날 경우 사

---

5) Karl Birkhölzer(2009) 재인용.

회적경제의 공동협업사업 영역은 무궁무진하다.

　사회적경제 분야의 저명한 학자인 이탈리아 볼로냐 대학의 자마니 교수(송성호 역, 2012)가 언급했듯이 '사회적경제 운동은 상상력의 산물이다.' 지역의 강점과 인적, 물적 자원이 사회적경제의 상상력을 위한 원천이라는 점을 명심하자.

참고문헌

김성기 편(2012),『지역사회 기반 사회적기업』, 아르케.
송성호 역(2012),『협동조합으로 기업하라』(원제 *La cooperazione: tra mercato e democrazia economica*, Stefano Zamagni and Vera Zamagni, 2009). 북돋움.

Karl Birkhölzer(2009), "The role of social enterprise in local economy development," 2nd EMES International Conference on Social Enterprise, EMES,

제7장
사회적 금융과 사회적경제

이성수(신나는조합 상임이사)

1. 들어가는 글

기업이 성장, 발전하기 위해서 가장 중요한 요소 중의 하나가 금융이다. 이것은 사회적경제 영역에서 활동하는 기업들에게도 마찬가지이다. 그런데 일반적으로 금융은 영리를 목적으로 하는 기업들에 맞게 작동시스템이 설계되어 있다. 투자자들은 기본적으로 영리를 추구하기 때문에 영리를 목적으로 하는 기업들에게 투자를 한다.

그래서 본질적으로 이윤추구를 목적으로 하지 않는 사회적경제 조직들은 영리를 목적으로 하지 않는 별도의 금융을 필요로 한다. 사회적경제가 성장, 발전하기 위해서는 이와 같이 사회적 금융이 필요하다.

사회적경제가 발달한 선진 국가들은 사회적 금융 역시 발달해 있다. 영국의 대표적인 공익 금융기관인 자선은행(Charity Bank)는 사회적 가치를 중시하는 주택, 사회복지, 교육, 건강, 예술 분야에 집중 투자한다. 이 외에도 영국 정부는 피닉스 펀드(Phoenix Fund), 퓨처빌더(Futurebuilders), 빅소사이어티 캐피탈(Big Society Capital) 등을 출범시켜 다양한 수요 및 공급주체들에게 자금을 제공할 뿐만 아니라 정부와 계약을 맺고 공공서비스를 제공하는 조직들에게 보조금, 대출금, 기술적 지원 등 투자 패키지도 제공하고 있다. 네덜란드의 트리오도스 은행(Triodos Bank)은 친환경, 주택공급, 소액금융, 예술기획, 공정무역 등의 '윤리적 사업'에 집중 투자한다. 이탈리아의 윤리은행(Banca Etica)은 사회적협동조합이나 사회적일자리, 환경, 영농, 비영리단체, 협동조합, 교육문화 사업 등에 투자한다(이기송, 2013). 최근 들어 영국과 미국의 지방 정부는 사회성과연계채권(Social Impact Bond)을 발행, 공공서비스 제공에 필요한 자금을 조달하기도 하고, 영국과 캐나다는 사회적경제 조직의 주식을 거래하는 사회적 증권거래소 설립을 추진하고 있다.

사회적경제에 대한 관심이 크게 증가하면서 우리나라에서도 사회적 금융에 대한 논의가 활발해지고 있다. 이 글에서는 우리나라의 대표적인 사회적경제 조직들인 사회적기업, 협동조합, 자활기업, 마을기업의 자금조달 실태와 자금지원제도의 현황, 그리고 사회적 금융을 표방하고 출범된 서울시사회투자기금과 최근 새로운 사회적 금융으로 관심을 끌고 있는 크라우드 펀딩(Crowd Funding), 사회성과연계채권(Social Impact Bond), 사회적 증권거래소(Social Stock Exchange)를 살펴보고 우리나라 사회적 금융의 발전방안을 모색해보고자 한다.

2. 사회적경제 조직의 자금조달과 자금지원제도

1) 사회적기업의 자금조달과 자금지원제도

① 사회적기업의 자금조달

우리나라 사회적기업의 평균 자본금은 1억 3,800만 원이다(전병유 외, 2012). 또 필자가 2012년 취합된 비공식 자료를 분석한 결과, 상법 상 회사인 58개 사회적기업의 평균 자본금은 1억 1,300만 원이며 이 중 1억 원을 초과하는 기업은 20.7%(12개), 5천만 원 이상 1억 원 이하가 44.8%(26개), 5천만

[그림 7-1] 사회적기업의 자금조달 방법

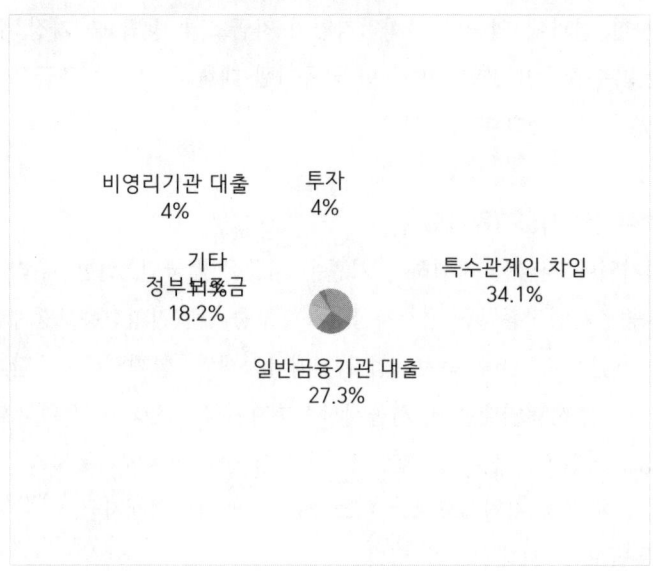

자료: 한국사회투자(2013).

원 미만이 34.5%(20개)로 나타났다.

자본금이 1억 원 이하인 사회적기업이 전체의 80%에 이르나 평균 자본금이 1억 원을 상회하는 이유는 상위에 분포된 소수의 사회적기업들의 자본금 규모가 5억 원~10억 5,200만 원으로 크기 때문이다. 과거 중소기업으로 분류되는 자본금의 기준이 80억 원이었다는 것을 고려하면 그 규모는 영세한 수준이다. 주주의 구성과 지분에 대한 통계는 없으나 필자가 아는 바로는 사회적기업들의 상당수는 경영자와 그의 지인들, 또는 임직원들이 주주를 구성하고 있는 경우가 많다.

사회적기업의 차입금은 평균 1억 3,900만 원으로 자본금과 비슷한 수준이다. 일반 금융기관에서 차입한 비중이 30%로 가장 높고 미소금융과 민간 마이크로파이낸스 기관으로부터의 차입이 14.5%로 높은 편이었다. 사회적기업 정책융자는 11.9%, 개인사채는 7.8%, 중소기업 정책융자는 4.8%로 나타났다(전병유 외, 2012).

사회적 금융과 사회적경제 193

이와 달리 (재)한국사회투자가 서울지역 사회적기업들을 대상으로 자체 조사한 결과에 의하면 사회적기업의 자금조달 방법 중 가장 주요한 형태는 특수관계인 차입이며 일반 금융기관 대출과 정부 보조금은 그 뒤를 이었다(한국사회투자, 2013).

② 사회적기업 자금지원제도

사회적기업에 자금을 지원하는 기관은 시중은행(국민, 신한, 우리, 기업은행), 중소기업진흥공단(정책자금융자), 보증기관(지역신용보증재단, 신용보증기금), 미소금융 복지사업자(열매나눔재단, 함께일하는재단, 민생경제연구소), 사회연대은행, 서울시사회투자기금 운영기관인 한국사회투자와 중간지원조직(신나는조합, 북서울신협 등), 한국벤처투자가 있으며 중앙정부 차원의 지원제도로는 미소금융, 중소기업정책자금, 사회적기업 전용 특별보증, 모태펀드가 있다.

미소금융 대출은 대출한도가 1억 원이며 이자율은 3~4.5%, 상환기간은 5년(6개월~1년 거치)이다. 상담접수, 서류심사, 면접심사, 현장실사의 절차를 거치며 심사요건은 사업계획의 타당성, 사업추진능력, 상환가능성이다. 사회적기업에 대출을 하는 미소금융 복지사업자는 열매나눔재단, 민생경제정책연구소, 함께일하는재단 3곳이며 2012년 10월까지 152개 기업에 152억 원을 대출하였다(금융위원회, 2012).

[표 7-1] 사회적기업 자금지원 제도

사업	주관	자금성격
미소금융	미소금융중앙재단	대출
중소기업정책자금	중소기업진흥공단	대출
사회적기업전용특별보증	지역신용보증재단	신용보증
사회적기업나눔보증	신용보증기금	신용보증
모태펀드	노동부/투자운용사	투자
서울시사회투자기금	서울시/한국사회투자	대출

중소기업 정책자금대출은 중소기업기본법 상의 중소기업을 대상으로 하며 사업운영기관인 중소기업진흥공단에서 대출 신청을 접수하여 대상을 결정한 후 직접 대출하거나 금융회사가 대리하여 신용 또는 담보부 대출을 실행한다. 대출한도는 매출액의 150% 이내이며 최고한도액은 45억 원이다. 이자율은 3.29% 내외이며 상환기간은 5~8년(2~3년 거치)이다. 사전상담, 신청 및 접수, 기업평가, 융자대상결정 과정을 거친다.

지역신용보증재단의 사회적기업 전용 특별보증사업은 고용노동부 인증 사회적기업을 대상으로 하고, 보증한도액은 4억 원 이내이며, 영리법인은 90%, 비영리법인은 100% 보증한다. 대출 취급 기관은 기업은행이고 금리는 영리 사회적기업은 4.6%, 비영리 사회적기업은 3.7%이며 상환기간은 5년(12개월 거치)이다. 대출금이 5천만 원 이하인 경우는 보증심사와 보증서 발급을 거쳐 대출이 실행되고 5천만 원을 초과할 경우에는 현장실사와 보증심사 후 평가위원회 평가를 거쳐 보증서 발급과 대출 실행이 이루어진다.

사회적기업 나눔보증은 신용보증기금이 운영하며 사회적기업과 예비 사회적기업을 대상으로 한다. 1억 원 한도로 100% 전액을 보증한다. 취급기관은 국민은행, 신한은행, 우리은행, 기업은행이며 금리는 5% 내외로 5년 이상 장기 운영을 원칙으로 한다. 상담 및 보증 접수, 신용조사(예비, 현장), 보증심사, 보증서 발급, 대출실행의 절차를 거친다. 2013년 7월까지 55개 사회적기업에 37억 원의 보증을 제공했다.[1]

사회적기업 모태펀드는 사회적기업에 투자를 하는 펀드이다. 재원은 정부와 대형 비영리단체, 대기업 출자로 조성되는데 규모는 2011년 42억 원, 2012년 40억 원, 2013년 50억 원이다. 2011년과 2012년도에는 미래에셋벤처투자가, 2013년도에는 포스텍기술투자가 운영을 맡았다. 투자상담, 제안서 접수, 투자심사, 투자결정 및 실행 순으로 진행된다. 2014년에

---

1) 뉴시스(2013.7.30.), http://www.newsis.com/article/view.htm?cID=article&ar_id=NISX20130726_0012250484.

[표 7-2] 2011, 2012년 사회적기업 모태펀드 및 자펀드 현황

(단위: 백만원)

년도	차수	계정	운용사	조합명	조합형태	만기일	결성금액	출자약정액
2011	1차	중진	미래에셋벤처투자	미래에셋사회적기업투자조합1호	창업투자조합·신기술사업투자조합	2018-6-21	4,200	2,500
2012	1차	중진	미래에셋벤터투자	미래에셋사회적기업투자조합1호	창업투자조합·신기술사업투자조합	2020-9-4	4,000	2,500

자료: 노희진(2013).

도 50억 원의 사회적기업 펀드가 조성, 운영된다(중소기업청, 2014). 하지만 사회적기업 모태펀드는 지지부진하다는 평가를 받아 왔다. 2011년 1호 펀드는 민간 참여 목표액인 75억 원에 크게 못 미치는 17억 원, 2012년 2호 펀드는 15억 원 모집에 그쳤다. 사회적기업에 대한 투자 실적 역시 부진하다. 1호 펀드는 42억 원 중 12억 원을 4개 기업에 투자한 것이 전부이고 40억 원 규모의 2호 펀드는 사회적기업에 대한 투자 실적이 아예 없다.2)

2013년 8월 말 기준으로 (예비)사회적기업 투자 실적은 19억 원이다. 대출에 비해 투자가 어려운 까닭은 기업공개 가능성이 있는 사회적기업을 찾기 어렵기 때문이다(노희진, 2013).

사회연대은행은 다문화 관련 (예비)사회적기업에 최고 3천만 원까지를 대출하는데 대출기간은 4년이고 금리는 2%이며 48개월 분할 상환 조건이다.3)

한편 시중은행들의 사회적기업에 대한 대출은 크게 증가하고 있는 것으로 나타났다. 은행들은 2013년에만 346억 원을 사회적기업들에 대출하

---

2) 한국일보(2013.3.14.), http://news.hankooki.com/lpage/society/201303/h2013031420570721950.htm.

3) 사회연대은행 홈페이지 참조.

[그림 7-2] 2013년 은행별 사회적기업 대출 실적

(단위: 백만원)

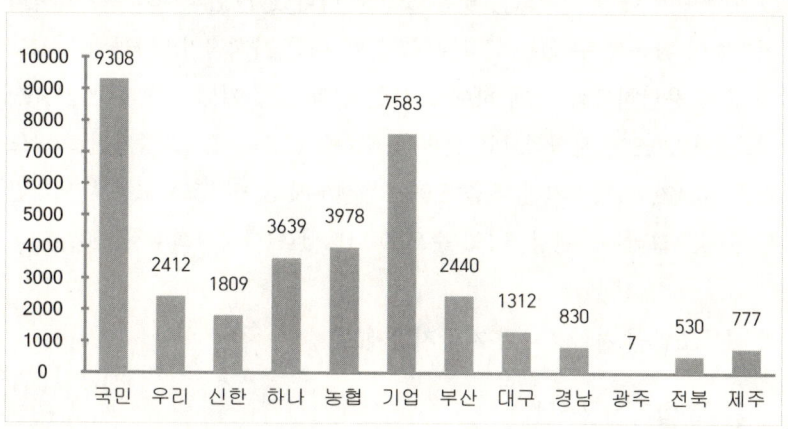

자료: 금융감독원(2014)에서 재구성.

[그림 7-3] 사회적기업의 외부자금조달 방법 인지도

(단위: %)

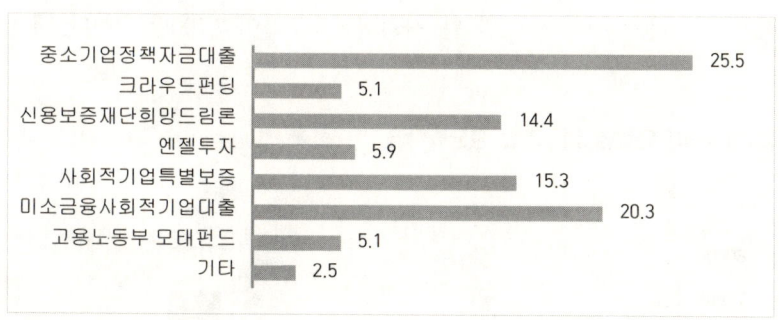

자료: 한국사회투자(2013)에서 재구성.

였는데 이는 2007년부터 2012년까지 대출한 금액이 총 555억 원임을 감안하면 크게 증가한 수준이다. 2014년에는 590억 원을 목표로 하고 있다. 은행별로는 KB국민은행이 93억 원, IBK기업은행이 75억 원, NH농협은행이 39억 원, 하나은행이 36억 원, 부산은행과 우리은행이 각각 24억 원을 대출했다(금융감독원, 2014).

그런데 앞의 표에서와 같이 사회적기업에 대한 자금지원제도는 적지 않지만 이에 대한 인지도는 낮은 것으로 나타났다. 한국사회투자가 사회적기업이 활용할 수 있는 금융지원제도에 대한 사회적기업가들의 인지도를 중복 응답하도록 하게 하여 조사한 결과, 중소기업 정책자금 25.4%, 미소금융 20.3%, 사회적기업 전용 특별보증 15.3%, 신용보증재단 희망드림론 14.4%, 비영리기관 대출 5.9%, 엔젤투자 5.9%, 고용노동부 모태펀드 5.1%, 크라우드펀딩 5.1% 순으로 나타났다(한국사회투자, 2013).

2) 협동조합의 자금조달과 자금지원제도

① 협동조합의 자금조달

협동조합의 자금조달은 주로 조합원 출자에 의해 이루어지고 있으며 평균출자금은 2,900만 원이다. 유형별로는 사업자(생산자)협동조합이 2,800만 원, 소비자협동조합이 3,100만 원, 직원협동조합이 2,100만 원, 다중이해관계자협동조합이 2,800만 원, 사회직협동조합이 7,100만 원이다. 금융

[그림 7-4] 유형별 협동조합 평균출자금

(단위: 천원)

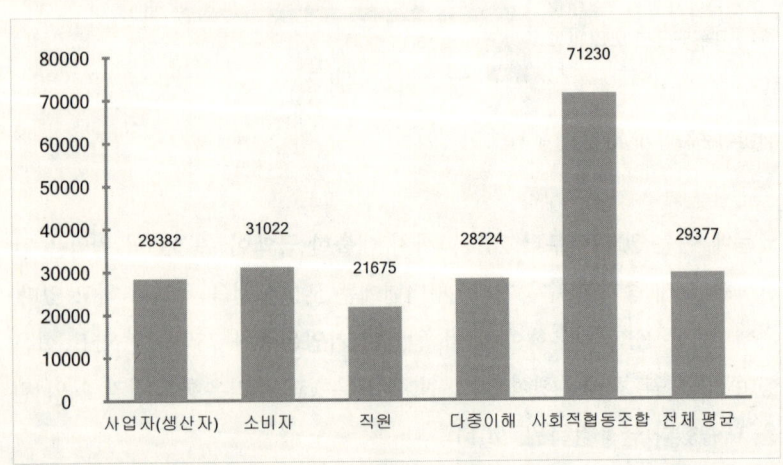

자료: 기획재정부(2013)에서 재구성.

[그림 7-5] 협동조합 출자금 규모

(단위: %, 만원)

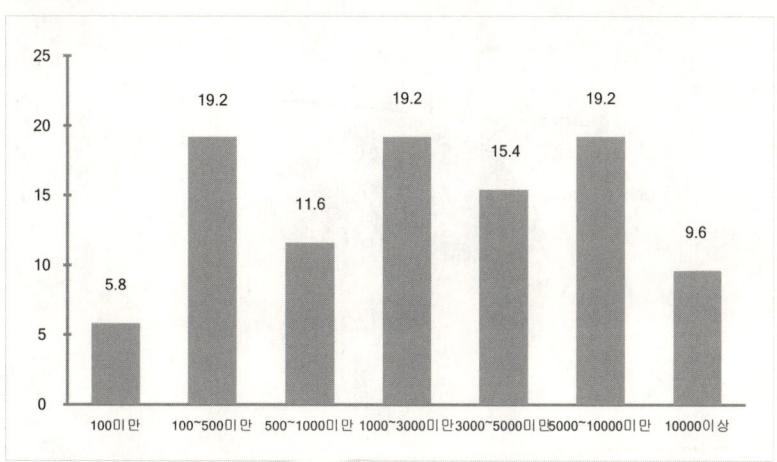

자료: 한국사회투자(2013)에서 재구성.

기관에서 받은 평균 대출금액은 96만 원에 불과하다(기획재정부, 2013).
  한국사회투자가 조사한 결과에 따르면 서울지역 협동조합들은 출자금이 1천만 원 미만인 곳들이 31.1%로 가장 많았고, 다음이 1천만 원 이상 5천만 원 미만인 곳들이 29.5%로 많았으며, 5천만 원 이상 1억 원 미만인 곳들은 16.4%로 그 뒤를 이었다. 1억 원 이상은 8.2%였다(한국사회투자, 2013).
  한국사회투자가 실시한 조사결과에서도 출자금이 자금조달에서 차지하는 비중이 75%를 차지, 가장 높았으며 차입에 있어서도 외부 금융기관보다는 조합원으로부터 차입하는 비중이 더 높았다(한국사회투자, 2013).
  그렇다고 협동조합들이 외부에서 자금을 조달할 필요가 없는 것은 아니었다. 협동조합들은 대부분 외부자금 조달을 필요로 하고(90.2%) 있으며(한국사회투자, 2013), 2013년 7월 시점을 기준으로 사업을 아직 시작하지 못하고 있는 협동조합들이 전체의 45.6%였는데 이들이 사업을 시작하지 못한 이유는 사업운영자금 부족이 33.4%로 가장 높게 나타났다

[그림 7-6] 협동조합의 자금조달 방법

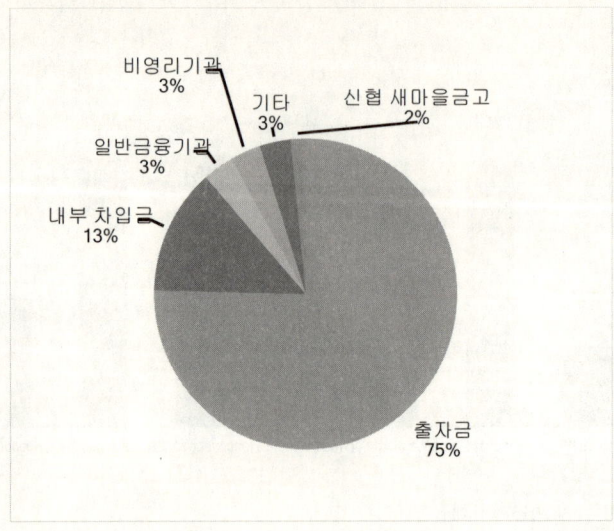

자료: 한국사회투자(2013).

[그림 7-7] 협동조합 사업 미실시 사유

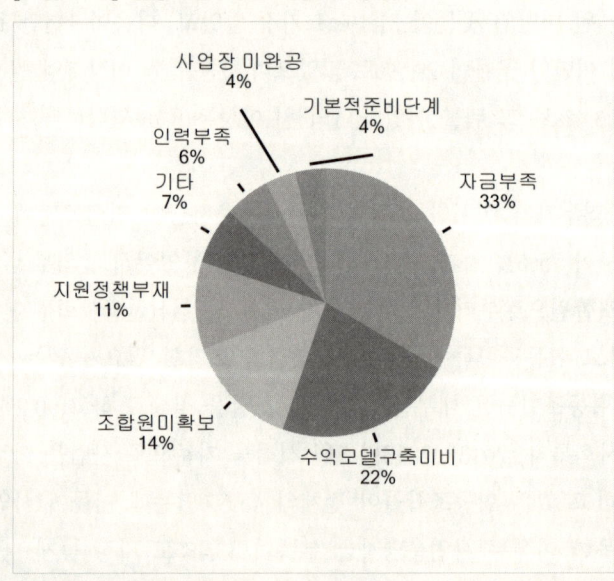

자료: 기획재정부(2013)에서 재구성.

(기획재정부, 2013).

　기획재정부 실태조사 결과 대출을 받았다고 응답한 비율은 4.4%에 불과하다(기획재정부, 2013). 한편 차입을 할 경우 내부적으로 보증 책임의 문제가 가장 클 것(55.7%)으로 여기고 있으며 필요한 자금 규모는 1천만 원에서 5억 원까지라고 응답한 곳들이 83.6%로 가장 많다(한국사회투자, 2013).

② 협동조합 자금지원제도

협동조합 특례보증은 지역신용보증재단에서 실시하며 대상기업은 협동조합기본법 상의 협동조합이다. 사회적협동조합은 대상에서 제외된다. 보증한도는 출자금의 범위 이내에서 3천만 원까지이며 보증기간은 5년이다. 보증료율은 0.8%로 대출기관은 재단과 협약을 체결한 금융기관들이다.[4]

　신용보증기금의 협동조합 희망보증 프로그램은 협동조합기본법 상의 협동조합이면서 제조업, 도매업, 유망서비스업, 콘텐츠산업의 업종을 영위하고 전체 조합원의 80% 이상이 사업자인 경우에 최대 1억 원까지 보증을 제공한다. 운전자금과 시설자금으로 사용이 가능하며 매출액 한도(최근 1년간 매출액 1/2 또는 향후 1년간 추정매출액*1/2 중 선택 적용)와 출자금 한도(출자액의 3배) 중 적은 금액을 운전자금의 한도로 한다. 보증료는 연 0.5%로 100% 전액을 보증하고 5년 이상 장기 운용을 원칙으로 한다. 대출기관은 국민은행, 기업은행, 신한은행, 우리은행이다. 또 협동조합기본법 상의 협동조합이면서 제조업, 도매업, 유망서비스업, 콘텐츠산업의 업종을 영위하는 협동조합에 가입한 조합원으로서 소상공인시장진흥공단의 소상공인 협동조합 활성화 지원 대상으로 선정된 사업자에 대해서는 별도로 5천만 원까지 보증을 제공한다. 운전자금 및 시설자금으로 사용 가능하며 운전자금은 최근 1년간 매출액*1/2을 한도액으로

---

4) 신용보증재단중앙회 홈페이지 참조.

한다. 100% 전액 보증이며 5년 이상 장기 운용을 원칙으로 한다. 대출기관은 국민은행, 기업은행, 신한은행, 우리은행이다.5)

소상공인시장진흥공단의 소상공인 협동조합 활성화 지원은 5인 이상의 소상공인으로 구성된 협동조합기본법 상의 협동조합에 최대 1억 원(공동장비에 한해 최대 2억 원까지 지원 가능)의 자금을 지원하는 사업이다. 지원 분야별로 소요 비용의 20~30%를 자부담해야 한다. 현장 평가와 선정위원회 심사를 거쳐 지원 대상이 선정되고 이행(지급)보증보험증권에 가입하면 자금이 지원된다(소상공인시장진흥공단, 2014). 이 제도의 특징은 융자나 투자가 아니라 지원금이라는 점과 사업자협동조합에 국한된다는 점이다.

3) 자활기업

자활기업의 출자금이나 차입금 현황 등에 대한 통계는 없는 상황이다. 자활기업은 빈곤층인 국민기초생활보장법 상의 수급자와 차상위층이 참여하기 때문에 구성원들이 출자를 직접 하는 경우는 드물 것으로 추정된다. 또 (재)중앙자활센터 내부 자료에 따르면 법인인 자활기업은 전체의 25%로 75%가 개인사업자이다. 법인인 자활기업의 재무상태에 대한 분석 역시 아직까지 이루어진 바가 없다.

자활기업은 전국 247개 지역자활센터에서 자활근로 프로그램을 통해 인큐베이팅되는데 이 기간은 보통 3년이다. 이 기간에는 정부가 인건비와 사업비를 지원하고 여기서 발생한 수익금의 일부인 적립금이 향후 자활기업으로 정식 창업을 할 때 창업자금으로 사용된다.

자활기업에 대한 정책적 금융지원은 지방정부가 조성한 자활기금을 통해 이루어진다. 자활기금은 지방자치단체의 저소득층 및 자활기업에 대한 사업자금 대여, 이차보전, 신용보증에 사용된다. 하지만 저소득층의 상환

---

5) 신용보증기금 홈페이지 참조.

부담으로 인한 이용 기피와 사후관리의 어려움 등으로 인해 자활기금의 활용이 낮은 것으로 나타나고 있다. 2010년 12월 말 기준, 기금집행액은 약 822억 원으로 총 조성액 3,290억 원 중 24.99%가 집행되었고 이중 자활기업에 대한 실질적인 금융지원이라고 볼 수 있는 전세점포 임대지원 사업과 사업자금 대여 사업비로는 각각 집행금액의 31.5%인 258억 원, 12.9%인 105억 원이 사용되었다. 또한 전세점포 임대지원 사업은 증가하여 왔으나 사업자금 대여 사업은 오히려 줄어들었음을 알 수 있다. 사업자금 대여가 저조한 이유는 자활기업의 수요가 크지 않다는 점도 있지만 담당공무원이 기금손실에 대한 사후 행정적·법적 책임에 대한 부담으로 인해 소극적이기 때문이다. 따라서 자활기업이 자활기금을 효과적으로 이용할 수 있도록 자활기금운용심의위원회가 기금사용에 대한 결정을 하게 하고 대출심사 및 회수업무는 민간 마이크로파이낸스(Micro-finance) 기관 등에 민간위탁을 할 필요가 있다(김재진 외, 2011).

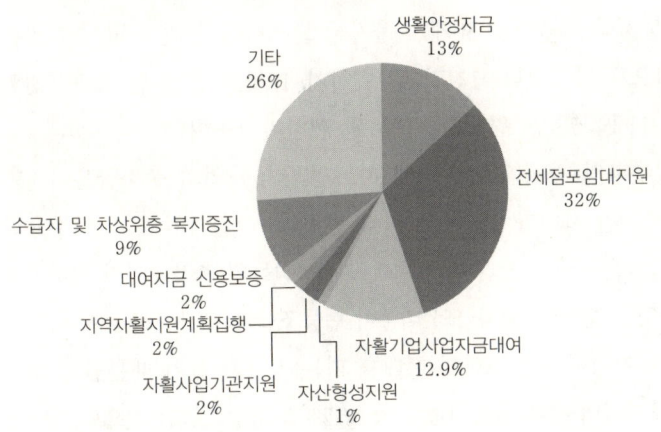

[그림 7-8] 자활기금 항목별 집행내역 비중

자료: 김재진 외(2011)에서 재구성.

[그림 7-9] 자활기금 전세점포지원사업 및 사업자금 대여사업 연도별 집행 추이

(단위: 천원)

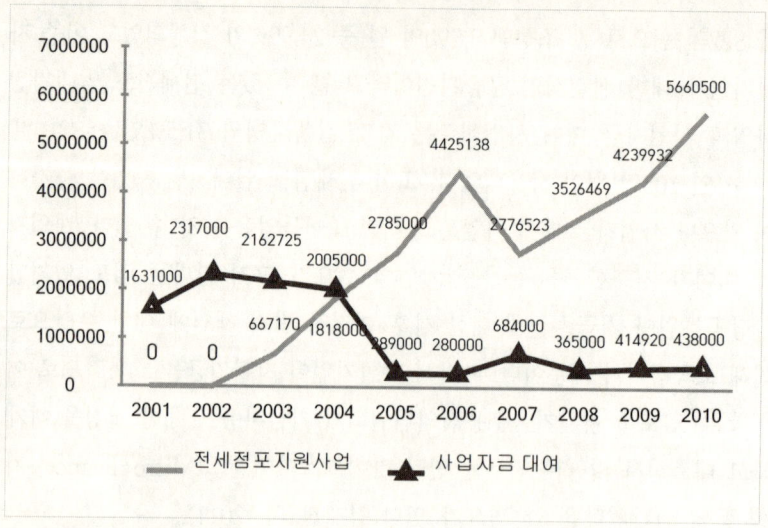

자료: 김재진 외(2011)에서 재구성.

4) 마을기업의 자금조달과 자금지원제도

필자가 서울지역 마을기업 30개의 출자금을 조사한 결과 평균 출자금은 1,610만 원으로 나타났다. 1천만 원 이하가 18곳, 1천만 원 초과 5천만 원 이하가 11곳, 5천만 원 초과 1억 원 이하가 1곳이다.

한국사회투자의 자체 조사결과에 따르면 마을기업의 출자금은 1천만 원에서 3천만 원 사이가 35.9%로 가장 많았다. 마을기업의 가장 주요한 자금조달 방식은 협동조합과 마찬가지로 구성원들의 출자금이며 정부보조금, 내부 차입금 순이다. 출자금의 비중이 협동조합과 유사하게 높게 나타나는 것은 마을기업이 협동조합의 형태를 띠는 경우가 많기 때문인 것으로 보인다. 서울지역의 경우 마을기업의 약 46.2%가 협동조합인 것으로 나타났다. 한편 마을기업은 사회적기업이나 협동조합에 비해 일반 금융기관으로부터 차입하는 경우는 없는 것으로 나타났다. 마을기업이 필요로 하는

[그림 7-10] 마을기업의 출자금 규모

(단위: %, 만원)

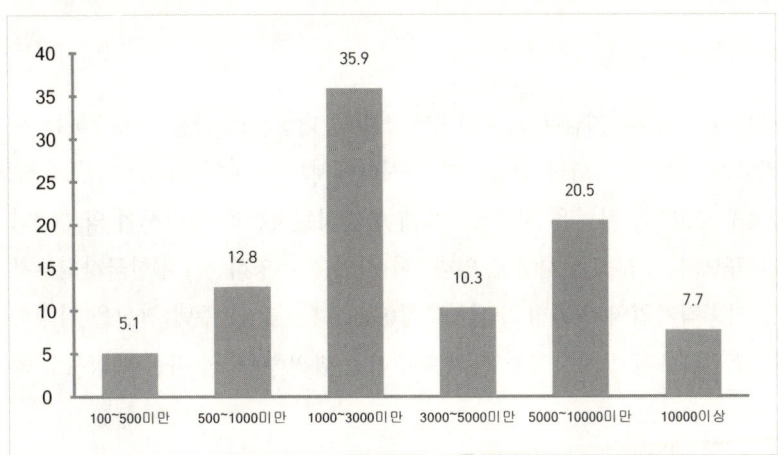

자료: 한국사회투자(2013).

[그림 7-11] 마을기업의 자금조달방법

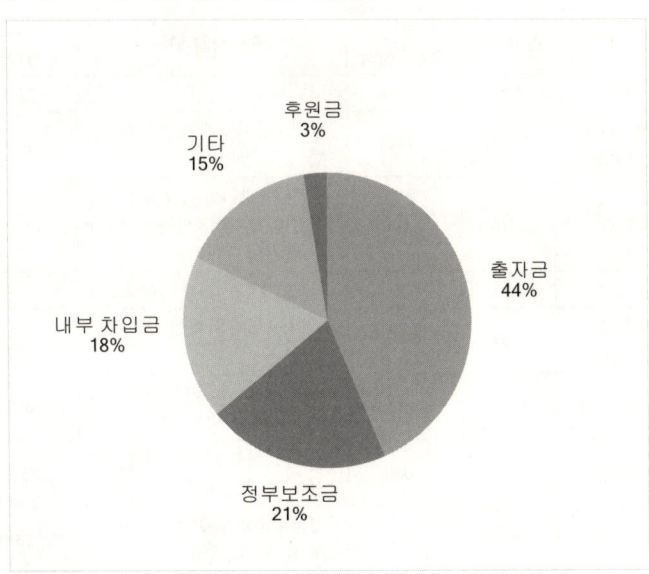

자료: 한국사회투자(2013).

자금은 1천만 원에서 1억 원 사이(79.5%)이다(한국사회투자, 2013).

5) 서울시 사회투자기금

서울시 사회투자기금은 사회적경제 전반을 대상으로 금융을 공급하는 우리나라 최초의 사회적 금융이며 아시아에서도 최초의 사례이다(노희진, 2013). 2013년 사업을 시작하여 7개 중간지원기관과 협력하여 약 200억 원 규모의 사업을 실시하고 있다. 이 사업을 운영하는 (재)한국사회투자는 사회적기업의 원룸형 소셜하우징(Social housing) 주택 건설을 지원하는 소셜하우징 융자사업을 직접 수행하는 한편 '어르신 자살 예방사업'을

[표 7-3] 서울시 사회투자기금 2013년 실적

(단위: 백만원)

기관명	선정사업	시 기금집행액	주요사업내용	비고 (민간기금포함)
계	12,250	10,740		21,480
아이쿱소비자 생협연합회	3,000	3,000	- 양천생협 매장개설, 3개 협동조합 융자 예정	6,000
에너지나눔과평화	2,500	2,500	- 송파나눔발전소 등 7개 발전소 설치지원, 에너지빈곤층 198가구 집수리	5,000
신나는조합	500	500	- 사회적기업 등 13개 기업에 융자	1,000
행복중심 생협연합회	300	300	- 지역 생협매장 확대, 공정무역 사업 추진	600
카셰어링 쏘카	4,000	2,490	- 서울시내 나눔카 138대에서 2014년까지 300대 확대	4,980
북서울신협	1,000	1,000	- 동북4구 사회적경제 조직에 공간 임대 및 운영자금 융자	2,000
해피브릿지	500	500	- 협동조합형 수제햄버거 매장운영 및 일자리창출	1,000
내일	450	450	- 원룸 8세대 건축 및 SH공사에 주택 매도	900

자료: 임창규(2014)에서 재구성

대상으로 하는 사회성과연계채권(Social Impact Bond) 시범사업을 준비 중이다(임창규, 2014).

2014년에는 작년에 실시했던 중간지원기관과의 협력 사업과 소셜하우징 사업 외에 사회적프로젝트 융자사업, 사회적경제 조직 매출조건부 운전자금 융자사업, 사회적경제기업 경영합리화 융자사업 등 다양한 상품을 한국사회투자가 개발하여 직접 실시하고 있다. 사회적프로젝트 융자사업은 복지·환경·문화 등과 관련된 다양한 사회적 과제를 해결하고자 하는 사회적프로젝트에 융자를 하는 사업이다. 최소 2억 원에서 최대 10억 원까지 융자가 가능하며 신청기관이 신청금액만큼 매칭(matching)하여 사업을 수행해야 한다. 금리는 2%이고 상환기간은 5년 이내이다. 매출조건부 운전자금 융자사업은 구매자금, 운영비 등 일시적 유동자금을 필요로 하는 서울소재 (예비)사회적기업, 협동조합, 마을기업, 소셜벤처에 융자를 하는 사업이다. 공공기관 및 나이스신용평가등급 BBB(양호) 이상 기업을 대상으로 하며 (공공)납품 및 서비스 제공 계약 체결에 따른 필요 운영비, 외상매출 발생으로 인한 유동자금이 필요한 기업에 한하여 융자를 한다. 융자한도는 1,000만 원 ~ 2억 원이며 융자기간은 최대 1년(연장가능)이다. 대출금리는 2%이고 상환은 원리금균등분할상환, 원금균등분할상환, 만기일시상환 중 선택할 수 있다. 사회적경제 경영합리화 융자사업은 정부지원이 종료되었거나 6개월 이내 종료예정인 서울소재 사회적기업 중 법인 운영기간 3년 이상인 서울소재 협동조합 또는 마을기업 중 경영합리화가 필요한 기업을 대상으로 한다. 융자한도는 1,000만 원 ~ 2억 원으로 이 사업의 특징은 경영합리화 컨설팅 후 융자금액을 산정한다는 것이다. 접수 후 심사통과기업에 한해 우리은행 등의 경영합리화 컨설팅을 실시하여 '경영이행합의서'가 도출되면 경영진, 컨설턴트, (재)한국사회투자가 협의하여 경영이행합의서를 확정한 후 대출금액이 결정된다. 융자기간은 최대 5년(거치기간 1년 이내 포함)이고 대출금리는 2%(고정금리), 상환은 원리금균등분할상환, 원금균등분할상환 중 선택할 수 있다.[6]

[표 7-4] 사회적프로젝트 융자 신청 사업(예시)

분야	내용
복지, 여성, 문화	지역 돌봄서비스(노인요양, 아동), 시니어고용촉진, 다문화가정 지원, 예술축제 등
산업, 경제	공유경제(카세어링, 쉐어하우스, 사무공간), 창업지원 등
역사, 도시공간	근현대 유산 보전사업, 주민공동 이용시설 조성, 유휴시설을 활용한 문화예술 창작공간 조성 등
환경, 에너지, 안전	신재생에너지(햇빛발전소), 에너지효율화, 친환경푸드 및 물품, 도시농업, 녹지공간 확대 등

자료: 한국사회투자 홈페이지(「2014년도 서울시 사회투자기금 사회적프로젝트 융자사업」 공고).

6) 사회성과연계채권(Social Impact Bond)

사회성과연계채권은 외부투자자가 투자한 사업의 성과에 따라 보상을 받도록 고안된 메커니즘을 갖는다. 사회가 해결해야 할 문제를 정부, 투자자, 비영리조직 등이 함께 해결하고 투자자는 그 결과에 따라 투자한 금액을 잃거나 보상을 받게 되는 것이다. 일반적으로 정부와 민간조직이 계약을 통해 공공서비스를 공급하고 약정된 성과를 달성하게 되면 정부가 민간투자자에게 투자금액과 인센티브를 제공한다.

이러한 사회성과연계채권은 비용 측면에서 정부의 예산을 절감할 수 있으며 정책 목표를 효율적으로 달성할 수 있게 한다. 예를 들어 영국의 피터버러(Peterborough)의 사회성과연계채권은 지역 교도소출소자들의 사회정착을 통해 재범율을 낮추는 데 사용되었다. 이 채권의 발행주체는 'Social Impact Partnership Limited'라는 유한책임조합으로 500만 파운드 규모의 8년 만기 사회성과연계채권을 발행하였다. 이 투자조합은 영국 법무성 및 복권기금 등의 투자자들과 재무적 계약을 체결하였다. 채권의 보증은 영국 법무성(Ministry of Justice) 및 복권기금(Big Lottery Fund)이며

---

6) 한국사회투자 홈페이지 공지사항 참조.

[그림 7-12] 사회성과연계채권 투자구조

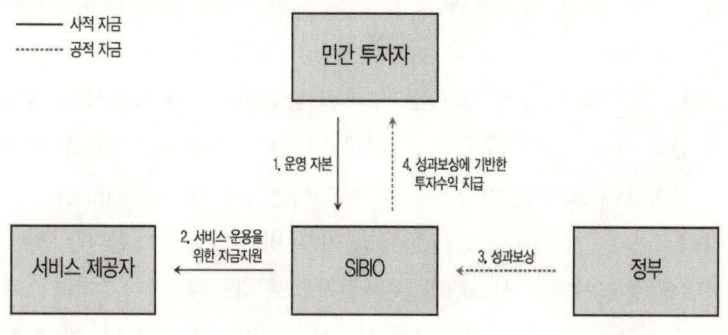

자료: 김갑래(2012).

성과 달성 시 지급할 수 있는 총 한도액은 800만 파운드이다. 출소자들에게 서비스를 제공하는 기관은 4개의 사회적기업들이다(노희진, 2013).

  사회성과연계채권은 사회문제를 해결하는 보다 효율적인 공공정책 프로그램으로 우리나라에서도 관심을 끌고 있다. 명확한 성과 목표를 세우고 그 성과 달성 여부와 정도에 따라 보상을 받게 함으로써 사업수행기관이 목표를 달성하는 데 긍정적으로 작용할 것으로 판단된다. 적절한 성과 목표의 설정과 객관적인 성과 측정 방식이 전제된다면 민간투자자의 발굴도 충분히 가능할 것이다.

  따라서 우리나라에서도 노동시장 진입이 매우 어려운 취약계층에 대한 고용서비스 제공, 노숙인자립지원, 노인자살예방, 가출청소년 자립지원, 출소자들의 재범방지, 학교폭력 및 집단 따돌림 문제 해결, 가계부채 해소 등에 사회성과연계채권 프로그램을 도입할 수 있을 것으로 보인다(노희진, 2013).

7) 사회적 증권거래소(Social Stock Exchange)

사회적 금융 공급주체들의 사회적기업에 대한 지분투자를 유도하기 위한 일환으로 사회적 증권거래소가 만들어지고 있다.

브라질의 사회적 증권거래소는 브라질 증권거래소의 자회사로 비영리 단체 등의 프로젝트에 자금을 공급하는데 30여 개의 프로젝트를 선정해서 투자자들이 2012년 기준으로 약 300만 달러를 기부(donation)하였다. 기업의 주식을 거래하는 것이 아니라 기부 방식으로 운영한다는 점에서 일반적인 증권거래소 시스템과는 본질적으로 다르다. 남아프리카공화국의 사회적 증권거래소는 브라질의 사례를 벤치마킹한 것이다. 이에 비해 영국의 사회적 증권거래소는 사회적기업의 주식을 거래한다. 다만 투자자 간에 직접 지분이 거래되는 것이 아니라 중간조직(broker)을 매개로 거래가 이루어진다. 브라질의 사회적 증권거래소에 비해 일반 증권거래소 시스템에 훨씬 가까운 형태를 띠고 있다. 캐나다는 2015년 사회적 증권거래소 개장을 목표로 준비하고 있는데 브라질이나 영국의 경우와 달리 사회적기업의 주식을 거래소에 상장시켜 거래될 수 있도록 설계하고 있다(김병연, 2013).

국내에서도 사회적 증권거래소에 대한 논의가 있지만 본격적인 도입에 대해서는 아직 시기가 이르다는 견해가 주를 이루고 있다. 가장 큰 이유는 투자할 만한 사회적기업들이 많지 않다는 점 때문이다. 사회적기업 중 영업이익을 달성한 기업이 전체의 16.1% 수준이고(김병연, 2013) 평균 자본금은 1억 원 정도에 불과하다.

따라서 우리나라 사회적기업들의 실정을 고려할 때 국내 사회적 증권거래소는 브라질, 남아프리카공화국, 싱가포르 등의 경우처럼 특정 프로젝트나 사회적기업에 투자자들을 연결해주는 기능, 즉 '상장' 기능의 일부만 수행하고 증권의 유통 기능은 하지 않는 방안을 검토하는 것이 현실적으로 판단된다. 또한 사회적 증권거래소 설립을 추진하는 것에 앞서 간접금융, 즉 은행 등을 통한 자금조달을 먼저 활성화하자는 의견도 적극적

으로 고려해야 할 것이다.[7]

8) 크라우드 펀딩(Crowd Funding)

크라우드 펀딩은 자금을 필요로 하는 자금수요자가 온라인을 기반으로 불특정 다수로부터 자금을 모으는 활동을 말한다. 세계 최초로 법제화를 한 미국을 필두로 크라우드 펀딩은 창업 및 벤처 기업들에 대한 혁신적인 자금조달 수단으로 국제적으로 관심을 받고 있으며 이탈리아에 이어 영국, 일본 등 세계 주요 국가들이 크라우드 펀딩의 제도화를 추진하고 있다. 크라우드 펀딩에 관한 법적 근거가 없는 우리나라에서도 관련 법안이 발의되어 있는 상태이다.[8]

현재 입법 발의가 되어 있는 법안들의 경우에는 투자를 받을 수 있는 기업이 영리법인으로 한정되어 있어 55%에 달하는 영리법인 아닌 사회적기업들의 경우는 크라우드 펀딩을 이용할 수가 없고 펀딩업체의 자격 요건 역시 일정금액(5억 원) 이상의 자기자본을 요구하고 있어 사회적기업을 전문으로 하는 영세한 펀딩업체의 진입은 사실상 어려울 것으로 예상되므로 사회적기업의 특성을 반영할 수 있도록 법제화할 필요가 있다(양동수, 2013).

3. 맺는 글

우리나라의 사회적경제 조직들은 자본이 영세하며 자금조달 방식 또한 주로 경영자 개인과 정부 정책자금에 의존하고 있다. 이에 비해 사회적경

---

[7] 머니투데이 2013.7.2.일자. "사회적 증권 거래소는 시기상조...기부자금 거래부터". '임팩트 투자 자본시장 포럼' 관련 기사 참조.
[8] '중소기업창업 지원법 일부개정법률안'(2013.5.24.일 발의), '자본시장과 금융투자업에 관한 법률 일부개정법률안'(2013.6.12.일 발의) 참조.

제 조직에 대한 민간투자는 매우 저조한 실정이다.

이러한 상황은 사회적경제 조직의 열악한 수익구조와 재무 상태 때문이라고 볼 수도 있지만 사회적경제에 우호적인 시민의식이 아직 형성되어 있지 않다는 점이 보다 더 근본적인 원인이라고 생각된다. 유럽 국가들에 윤리은행이나 사회책임투자가 존재할 수 있는 이유는 이윤을 목적으로 하지 않고 일정 정도의 손실도 감수하고자 하는 개인 및 기관투자자, 그리고 몬드라곤의 노동인민금고나 협동조합 은행과 같은 자조적인 금융조직들이 있기 때문인 것이다.

따라서 이러한 민간 사회적 금융이 활성화될 때까지는 지금과 같이 우리 정부가 사회적 금융의 역할을 주도적으로 수행하여야 한다. 최근 사회적기본법 제정과 사회적경제 전용기금 설치(유승민, 2014)에 대한 논의가 시작된 것은 매우 의미 있는 일이라 할 수 있다. 사회적 금융의 정책적 과제를 몇 가지 제언하면 다음과 같다.

첫째, 지금까지의 상황을 볼 때 지분 투자 방식의 자금 공급은 회수의 가능성이 극히 낮아 현실적으로 어렵고 담보능력이 없고 수익구조가 취약한 사회적기업들이 시중은행으로부터 기업대출을 받을 수 있는 가능성도 매우 낮기 때문에 사회적경제 조직에 대한 특별보증 지원을 활성화해야 한다.

사회적 금융이 어느 정도 형성될 때까지는 일반 금융기관들이 사회적경제 조직에 일정 정도의 자금을 공급하도록 독려할 필요가 있다. 따라서 금융기관에 대한 평가 지표에 사회적경제 조직에 대한 대출실적을 반영하고 공개할 필요가 있다.

둘째, 기존의 금융인프라와 정책자금만으로는 한계가 있기 때문에 사회적경제 조직을 위한 사회적경제투자기금을 별도로 조성하여 운용할 필요가 있다.

셋째, 사회적 금융이 발전하고 활성화되려면 수요주체와 공급주체를 연결해 주는 사회적 금융 중간조직(Intermediaries)들의 역할이 매우 중요하다. 이들 중간조직은 투자자들에게 투자정보와 투자자문 서비스를 제공하고 중개 역할을 하거나 사회적경제 조직들에게 직접 자금을 공급하기도 한다(김병연, 2013: 이기송, 2013: 이성수, 2013). 사회적 금융 기능을 수행하는 중간조직들을 육성해야 한다.

넷째, 민간투자자들이 사회적경제 조직에 쉽게 접근할 수 있도록 크라우드 펀딩과 사회적 증권거래소를 제도화할 필요가 있다.

다섯째, 사회적경제 민간투자자에 대한 인센티브 제공 방안을 검토할 필요가 있다. 예를 들어 투자금액의 일정 한도까지 소득공제를 해주고 양도소득세도 감면하는 것이다. 영국의 경우 정책적 목적으로 일정한 요건을 갖춘 신생기업에 투자하는 경우 투자금액의 50%를 세액공제하고 투자에 따른 자본이득에 대해서도 28%까지 소득을 공제해주는 세금 지원 제도를 도입하였다(노희진, 2013).

참고문헌

김갑래(2012), "사회성과연계채권(SIB)의 증세 없는 복지 확대의 원리", 『자본시장 Weekly』 2012-40호, 한국자본시장연구원.
김병연(2013), 『사회적 증권거래소의 설립을 통한 사회적기업금융시장의 국제경쟁력 강화』, 한국법제연구원.
김재진 외(2011), 『자활기금 사용 실태조사 및 활성화 방안』, 한국조세연구원.
금융감독원(2014), "보도자료, 은행권 '13년중 사회적기업에 대한 지원 크게 확대".
금융위원회(2012), "보도자료, 서민금융 지원성과 및 향후 계획".
기획재정부(2013), "제1회 협동조합 실태조사 결과".
노희진(2013), "성과연계형 사회적기업 자본시장 구축방안", 사회적 금융 활성화를 위한 정책포럼 발표자료, 고용노동부·한국사회적기업진흥원.
소상공인시장진흥공단(2014), '2014년 소상공인 협동조합 활성화 지원 3차 모집공고'.
양동수(2013), "사회적기업을 위한 크라우드펀딩 법제 추진방안", 사회적기업 정책 심층 간담회 발표자료, 한국사회적기업중앙협의회.
유승민(2014), "사회적경제 기본법안", 사회적경제기본법 제정을 위한 공청회 발표자료, 새누리당사회적경제특별위원회.
이기송(2013), "사회적 금융의 나아갈 길", 『월간은행』 vol.716, 전국은행연합회.
이성수(2013), '마이크로크레딧부터 사회성과연계채권까지', 『이코노미21』 12월호.
임창규(2014), "지속가능한 사회적경제 생태계 조성을 위한 자본조달 간담회 발제 자료".
전병유 외(2012), 『사회적기업 실태 조사 연구 Ⅰ편 -총괄보고서』, 한신대학교 산학협력단.
중소기업청(2014), '보도자료, 정부 5,470억 원 출자하여 벤처펀드 2조원 조성'.
한국사회투자(2013), 『사회적경제조직 자금수요 조사보고서』.

제8장
자활사업과 사회적경제

이문국(신안산대학교), 변재관(한일사회보장정책포럼 대표)

1. 들어가는 말

최근 몇 년 우리 사회에는 이전에 볼 수 없었던 생소한 기업조직체 용어들이 혼란스럽게 넘쳐나고 있다. 사회적기업, 예비 사회적기업, 부서형 사회적기업, 마을기업, 커뮤니티 비즈니스, 사회적협동조합, 농어촌공동체회사, 자활기업 등 유사한 것 같으면서도 다른 것 같기도 한 소위 사회적경제 지향 단위조직체들이 크게 차별성 없이 유령처럼 거리와 언론을 뒤덮고 있다. 그것도 민간단체가 아닌 중앙정부나 지자체가 앞장서서 경쟁적으로 이러한 혼란을 부추기고 있다. 이제는 누구도 피할 수 없는 새로운 고용-복지 담론으로 사회적경제라는 존재가 명백히 자리 잡아가는 추세이다.

  여기에는 분명 긍정적 측면과 부정적 측면의 공존이라는 이중성이 존재한다. 본 글에서는 이러한 사회적경제의 만연에 관한 이중적 성격 논쟁과 규명이 본래 목적이 아니다. 다만 적어도 긍정적인 측면에서 이러한 현상을 검토한다면 우리 사회에 경제공동체 지향 사회적경제 조직체들이 분수처럼 사회전반에 뿌려져 여기저기 회자되게끔 결정적 역할을 수행한 실체는 명백히 자활사업과 그 수행 인력들이었다고 단언해본다.

이러한 주장에 관한 논거로서 자활사업의 형성 이전과 이후 그리고 제반 사업전개라는 역사적 고찰을 통해 자활사업이 사회적경제라는 담론을 우리 사회에 어떻게 심도 있게 형성하고 설파하는 데 영향을 미쳤는지 본격적으로 조명하여 밝히고자 한다.

2. 자활사업과 사회적경제와의 관계에 관한 사적 고찰

1) 시범 자활사업 이전 단계 : 1995년 이전 생산공동체운동 시기

1996년부터 시범 자활사업이 시작되었다. 하지만 이러한 시작은 가시적인 계기일 뿐 국가 시범사업의 형태로 체제내로 제도화되기 이전부터 자활사업은 긴 호흡을 가지며 존재해 왔었다. 1990년대 초 제도화 이전 자활사업은 70-80년대 민주화운동을 수행했던 도시재개발 지역의 민중교회가 거점이 되어 빈민지역운동의 연장선에서 진행되었다. 당시에는 자활사업이라고 불리지 않고 여러 다양한 빈민지역운동 중에서 '생산공동체운동'이라고 불렸다(신명호·김홍일, 2002; 한국주민정보교육원, 2009). 빈곤지역에서 가난한 사람들과 함께 거주했던 주민활동가들은 지역 주민들이 겪는 열악한 노동조건과 불합리한 하청구조에서 오는 경제적 불이익을 극복하고자 고민했다. 동시에 민주적인 의식과 공동체적 품성을 발전시켜 나갈 수 있는 대안적 틀로서 서구에서 노동자협동조합으로 소개된 생산공동체 모델에 적극 주목하기 시작했다.

1990년 대 도시재개발을 위한 철거가 거의 막바지에 이르렀던 빈곤지역의 주민들과 함께 사회참여에 관심 있는 목회자가 육체노동을 더불어 수행하였고 이를 본격적으로 생산공동체운동이라고 지칭하였다. 생산공동체운동은 단순하게 가난한 사람들의 먹거리를 해결하는 데 그치지 않고 물질만능으로 우상화된 병든 사회를 치유하고자 하는 변혁적 사고를 지향하고 있었다. 즉 빈민지역운동의 궁극적 관심인 주민 의식화와 조직화를 도모하여 주민정치력을 가일층 고양하고자 했다(신명호, 1999; 이호, 1994). 이러한 주민들의 힘과 의지를 바탕으로 야수의 얼굴을 가진 천민자본주의를 인간 친화적 제도로 바꾸고자 희구하였다.

이러한 소망을 담은 변혁의 도구이자 모델로 선택된 것이 스페인 몬드라곤의 협동조합복합체였다(한국도시연구소 편, 1996). 자본주의 체제에서 일하는 사람이 노동 자체와 노동과정에서 소외되지 않으면서도 생산적 효율성을 극적으로 높일 수 있다는 서구사회의 성과가 80년 말부터 90년 초에 걸쳐 우리 사회에 서서히 알려지기 시작했다. 1992년 번역된 몬드라곤 복합체의 사례는 빈민운동 진영에 대단히 고무적인 사실로 받아들여졌다. 다양한 네트워크로 연결된 민중교회 지도자들은 함께 모여 공동 학습하였고 이를 적극적으로 수용할 것을 내부적으로 결의하였다.

이러한 결의를 토대로 각자의 민중교회가 위치한 도시재개발 지역사회에서 생산공동체운동을 전개하였다. 주로 도시재개발사업이 진행 중이던 철거지역에서 비롯되었다는 것은 제도화 이전 단계의 자활사업이 도시지역공동체운동의 성격을 강하게 띤다는 것을 의미한다(한국도시연구소 편, 2003). 즉 상호 소원한 채로 무관심하게 원자화되어 파편적으로 살아가는 거대도시에서 생산 활동을 매개로 빈곤밀집지역 주민 상호간에 깊은 유대감을 교류하고, 보다 긴밀한 관계를 나누는 생활공동체 형성을 추구했다. 흔히 대안경제 혹은 사회적경제라고 지칭되는 새로운 인간 중심의 경제공동체를 우리 사회에 접목하기 위한 새로운 방식의 운동이었다고 21세기 현재적 관점에서 평가된다. 물론 당시에는 현재와 같이 국가주도형 사업으로 엄청난 저변 확산을 맞이하리라고는 누구도 상상하지 못했다.

이러한 정신과 철학이 전제된 상태에서 비정부단체(NGO)로 지칭되던 민중교회나 사회운동단체가 생산활동과 사업을 매개로 과거 적대시하던 정부와 결합하는 새로운 민관협력모델의 결실이 90년대 중반 이후의 시범 자활사업이었다. 이러한 정부기관과의 상호 관계를 이들은 스스로 '창조적 긴장관계'라고 명백히 정립했다(한국도시연구소 편, 1996). 새로운 세상을 열기 위해 관변조직과의 관계를 재설정하되 결코 관에 대해 긴장의 끈을 놓지 않겠다던 이중적 입장을 절충적으로 표현한 것이었다.

① 건설일꾼 두레과 인천 두레협업사의 조직화

생산공동체운동의 시원적 형태는 우리나라 두레의 전통을 의도적으로 오늘날 계승하는 방향으로 가닥이 잡혔다. 두레는 우리나라 전통 농촌사회에서 농사일을 공동으로 하기 위하여 마을 및 공동부락 단위로 형성된 조직체였다. 이러한 협업의 성격을 띤 공동노동은 고대부터 일제강점기 직전까지 오랜 기간에 걸쳐 우리나라 농촌경제를 지배해왔던 노동조직이었다. 이러한 상호부조 정신과 협동노동을 지향하는 두레가 20세기 말 서울과 인천 등 거대도시의 빈곤밀집지역에서 부활하였다(한국지역자활센터협회 편, 2010).

먼저 도시 생산공동체운동의 시원적 형태로 평가받는 지역사회 주민조직체는 1990년에 출범한 '건설일꾼 두레'였다. 건설일꾼 두레는 1974년부터 강북 산동네인 하월곡동에 민중교회를 세우고 빈민운동을 전개한 H목사가 해당 지역 건설일용직 노동자들을 모아서 만든 건설 생산공동체였다. 출범 전 해인 1989년 H목사는 가난한 사람들의 생활과 자신의 교육받은 중산층 성직자의 삶 사이에 큰 괴리감이 존재한다는 것을 깨달았다. 그는 서슴없이 목사직을 교단에 반납하고 건설노동자의 삶을 시작하였다(김수영, 2006).[1] 그는 생산의 주체인 민중에 대한 경외심과 기득권자로서의 자기 자신에 대한 부끄러움 때문에 막무가내로 생산 활동에 몸을 던졌다고 훗날 진술했다. 처음에는 무척 외롭고 고통스러우며 생존의 위협을 느꼈다고 했다. 하지만 전체가 모두 잘 살 수 있는 방법은 공동체를 형성하여 더불어 사는 것만이 우리 사회의 총체적 사회문제를 해결하는 유일한 대안이라는 확고한 신념을 그는 생활 기반 활동 속에서 체득

---

1) 당시 모 월간지에서는 H목사를 달동네 망치 든 예수라고 인물평을 했다.

했다(한국도시연구소 편, 1996).

그는 건축현장의 모순과 극단적인 노동강도에 비해 형편없이 부족한 임금수준은 개인적 분노의 감정을 넘어 심각한 사회문제라고 느끼게 되었다. 그 불합리성의 원인을 건설시장의 복잡한 다단계 하청구조에 있다고 스스로 진단하였다. 이러한 왜곡된 하청 고리를 최소화하여 발생한 잉여이익을 건설노동자들이 공유한다면 소득이 훨씬 향상되리라고 판단하였다. 또한 제대로 된 건설 자재를 사용하면 올곧은 건축이 가능하리라고 판단했다. 건축주인 중산층 건축소비자에게도 이익이 되는 모범을 우리 사회에 가시화할 수 있을 것으로 확신했다. 결국 생산공동체운동의 방향성에 범시민사회와 함께할 것을 원대하게 구상했다. 이에 따라 H목사는 함께 일하던 건설노동자들과 함께 '건설일꾼 두레'를 조직하였다.

H목사는 스스로 이러한 활동에 대해 사회운동의 새 지평을 여는 활동이라고 의미 부여했다. 그는 이 신사회 운동(neo-social movement)의 과제와 전망을 다음과 같이 제시했다(한국도시연구소 편, 1996). 첫째, 나태와 무능으로 낙인이 찍힌 가난한 사람들의 참 명예를 회복하고자 했다. 둘째, 만성적 불안정 고용으로 인한 빈곤의 악순환을 스스로 극복케 하는 빈민의 주체적 해결을 도모하였다. 셋째, 신뢰와 성실을 바탕으로 건설업에 임하여 중산층에 봉사하고 그들과 함께 삶의 질을 높이고자 하였다. 넷째, 이 모범을 확대하면 한국의 산업구조를 혁신적으로 변모시킬 것으로 전망하였다. 현실은 이러한 장밋빛 전망과는 다소 거리가 있었다. 건설일꾼 두레는 여러 가지 이유로 심각한 경영상의 어려움에 직면하게 되었다(허병섭, 1994). 가난한 사람들의 변화를 통해 중산층을 시민사회운동의 동인에 끌어들여 우리 사회의 근본적인 삶의 질을 고양하려던 원대한 꿈과 사회계획은 이러한 현실적 어려움으로 주춤하게 되었다.

다음으로 인천 두레협업사이다. 인천 사랑방교회의 P목사는 건설일꾼 두레가 출범한 동일한 해인 1990년에 인천 빈민지역 주민들을 조직하여 부업공동체를 출범하였다. 두레협업사의 이름으로 하청생산업을 하게 된 기본 동기는 마을여성의 부업단가를 높이고 생계에 도움을 주기 위한 것이며, 이를 통해 협동정신을 느끼게 되는 계기를 마련하고자 기획된 것이었다(김수영, 2006).

빈곤밀집지역에서 부업형태로 이루어지던 주부들의 개별 노동은 단가가 매우 낮았다. '오야지'로 속칭되던 중간상이 고수익의 유통마진을 챙겼기 때문이다. 두레협업사는 중간상에 의한 착취구조를 타파하고 중간상이 수행했던 역할을 스스로 감당하는 체계를 갖추고 협업을 통해 생산성을 높이고자 하였다.

이상과 같은 '건설일꾼 두레'나 '두레협업사'의 90년 초 활동은 공동체 방식의 노동참여를 통해 빈곤지역 주민의 안정적 고용과 소득창출을 도모한 것이었다. 두레공동체는 지역사회 구성원 전체가 공동 노력으로 고용과 빈곤문제를 해결하겠다는 의지와 철학을 실천한 것이었다(한국지역자활센터협회 편, 2010).

② 몬드라곤 사례의 전파와 노동자협동조합 운동의 전개

두레라는 단순한 하층노동자 지역모임 수준의 생산공동체 방식에서 법인격이 부여된 본격적인 생산조직체(productive organization)로의 틀을 갖추게 되는 계기는 스페인 몬드라곤의 협동조합복합체가 알려지면서부터다. 1992년 이후 빈민운동 진영에 생산자협동조합의 변혁적 가능성이라는 일치된 강력한 담론이 형성되면서 생산공동체운동은 빈곤지역을 중심으로 다양한 실험적 확산이 동시다발적으로 진행되었다(한국도시연구소 편, 2003).

먼저 우리 사회에 두레공동체의 단순 주민모임 차원과 노동자협동조합이라는 공식 경제조직체의 형성에 중간적 가교 역할을 수행한 주민협동공동체는 1991년 '월곡여성생산공동체'였다. 이후 본격적인 노동자협동조합의 결성기로 접어들게 되었다. 본 여성생산공동체는 1991년부터 월곡동 산동네에서 출범 준비를 시작했지만 이전부터 오랜 기간 지역운동 차원에서 준비되어온 것이었다. 지역 가난한 여성들의 소득증대와 운영비 마련을 위해 산동네에서 모임을 함께해온 어머니들이 생산공동체를 모색하기 시작했다. 처음에는 봉제업, 도시락공장, 반찬공장, 식당 등을 염두에 두고 타당성조사를 하였다. 주로 봉제경험자들이 많은 어머니들은 봉제공장을 제안했지만 여성활동가는 봉제가 사양 산업임을 현실 직시하여 틈새시장인 자연화장품 생산을 제안하였다. 대학에 가서 청강하고 자연화장품연구회에 참여하는 등의 긴 준비기간과 시험기간을 거쳐 제품을 출시하였다. 소비자들이 호의적인 반응을 보여 지역교회를 중심으로 판매하다가 생활협동조합인 '한살림'과 생협중앙회에 납품하면서 안정적인 유통기반을 마련하였다. 2014년 현재까지 살아남은 거의 유일한 공동체생산방식을 지향한 생산공동체조직이다.

'월곡여성생산공동체' 이후 본격적인 노동자협동조합들이 실험적으로 우리 사회에 차례로 등장하기 시작했다. 1992년 대한성공회 나눔의집(Sharing House)의 진보적 젊은 사제들이 중심이 되어 봉제노동자협동조합인 '실과 바늘', 건설노동자협동조합인 '나섬건설'을 조직하였다(한국도시연구소 편, 1996). 상계동에서 결성된 '실과 바늘'은 시범자활사업단계에 그대로 이어졌고, 봉제자활공동체의 원형이 되었다. 1992년에는 도시건설노동자들이 자발적으로 설립한 '마포건설'이 발족했다. 1994년에는 각기 따로 설립했던 건설일꾼 두레와 '나섬건설'이 발전적 해체를 거쳐 하나의 건설노동자협동조합인 '나레건설'을 설립했다.[2] 본 나레건설은 훗날 관악지역자활센터에서 출범시킨 자활공동체인 CNH건설로 재탄생했고 노동부로부터 사회적기업 인증을 받았다.

1995년 여성노동자회의 출자로 설립된 인천 봉제노동자협동조합인 '옷누리'와 구로지역에서 노동운동을 수행했던 여성봉제노동자들이 봉제노동자협동조합인 '한백'을 구로공단지역에서 출범시켰다(윤혜련, 1997).[3]

---

[2] 나섬건설의 '나'와 건설일꾼 두레의 '레'를 각각 따서 '나레'라고 명명하였다.
[3] 당시 한백대표는 다음과 같이 몬드라곤의 경험이 협동조합 창업에 미친 영향을 훗날 다음과 같이 기술하였다(윤혜련, 1997). '『몬드라곤에서 배운다』는 책자가 소개되면서 봉제노동자의 인간적인 일터, 안정된 직장, 자주적이고 창의력을 살려가는 일터, 이 사회에 올바른 경제 질서를 실현시켜 나가는 역할을 하기 위해 새로운 생산양식인 공동체를 만들어보고자 하는 결의가 있었다. 1994년 준비모임이 조직되고 학습

한백의 대표가 오늘날 구로지역자활센터장으로 활동 중이다. 재개발 지역에서 주민 주체적 역량으로 탄생한 새로운 도시재개발 모델인 행당동 가이주 단지인 철거주민 마을공동체 내에 '논골의류협동조합'이 생겨났다. 이 협동조합은 성동지역자활센터의 전신이 되어 실무자 대다수가 당시 주민활동가로 구성되었다. 이처럼 90년대 초에 나타난 진보적 사제 중심의 노동자공동체나 노동자협동조합이 90년대 중반으로 접어들면서 다양한 인적 자원과 지역사회로 급속히 전파되어갔다. 그리고 이들은 훗날 자활사업의 주역으로 성장하는 중요한 계기가 되었다. 동시에 제도화된 자활사업을 본격적인 사회적경제를 지향하는 주요 추동세력으로 활동하였다.

다만 이상과 같은 대안 경제 질서의 구축과 같은 거대담론이 우리 사회에서 제대로 실현되기란 결코 쉽지 않았다. 사회를 건강하게 변화시키려는 생산공동체운동 참여자들의 진정성과 강력한 도전 의지에 비해 현실적 여건은 매우 취약하였다. 첫째, 노동자협동조합에 참여 중인 지도자를 포함한 전체 조합원의 기술력, 경영능력, 지도력이 공통적으로 부족했다. 둘째, 산동네 하층노동자들을 중심으로 조합원을 구성하다보니 선택 가능 업종이 집수리, 봉제, 단순가공업 등으로 제한되었다. 이와 같은 사양산업에 집중되다보니 경영적 성장에 내재적 한계를 지니고 있었다. 셋째, 산동네주민과 민중교회 목회자가 중심이 되어 조직되었기 때문에 인적·물적 자원동원능력에 한계가 있었다. 결국, 자본주의 대안운동이라고 내세웠지만 역설적으로 숙달된 전문 기술자, 조직 전체를 관리하는 유능한 경영자, 재정동원능력을 갖춘 자본가가 필요하다는 다소 모순적인 벽에 부딪혔다.

2) 시범 자활사업 단계: 1996-1999년

1996년 자활사업은 마침내 시범사업으로 출범한다. 불과 5개의 지역자활

이 시작되었으며 1996년 3월 1일 9평 정도의 지하공간을 구해 본격적인 작업을 시작했다'.

센터가 법적 근거도 갖지 않은 채 시범적으로 운영되는 것이었지만, 매우 중요한 역사적 사건이었다. 이후 자활사업의 역사는 근로연계복지의 역사가 되었고, 사회적경제의 물적 토대를 닦은 역사가 되었다. 특히 동아시아 복지국가가 갖는 특수한 사례로서 해외의 관심을 끌기도 했다. 게다가 자활사업은 적대적 관계였던 정부와 민간 NGO 부문이 국가 정책의 영역에서 조직적으로 파트너십을 형성한 최초 사례이기도 했다.

자활사업은 1996년에서 1999년까지는 시범사업의 형태로 진행되었다. 이 시기 지역자활센터의 실무자들은 자신들의 활동을 '자활운동'이라고 표현했다. 또한 스스로에게 '자활활동가' 혹은 '자활운동가'라는 정체성을 부여했으며, 단순한 탈빈곤 활동이 아니라 주민 중심 협동조합을 조직하는 방향으로 자신들의 활동노선을 규정했다.

시범사업 실시에 관한 사회정책의 역사적 배경은 다음과 같다. 93~4년을 전후로 전술했던 생산공동체를 통한 탈빈곤 노력들이 언론에 다소간 소개되면서 우리 사회에 알려지기 시작했다. 마침내 학계에서도 조금씩 관심을 갖기 시작하였고, 개발독재시기에 미흡했던 국가복지의 개선이라는 과제를 안고 있던 당시 김영삼 정부는 생산공동체운동에서 새로운 빈곤복지정책 아이디어를 얻고자 했다. 생산공동체운동 진영 역시 생산공동체의 자생적인 조직화를 통한 탈빈곤 활동에서 물적·인적 자원의 동원에 일정한 한계를 느끼기 시작하면서 학계 및 정부의 관심에 일정 부분 호응하기 시작했다.

김영삼 정부는 사회복지정책의 이념과 목표를 '삶의 질 세계화'로 설정했다. 이를 위한 추진동력으로서 국민복지기획단을 창설하였다. 국민복지기획단의 회의에 건설노동자협동조합 나레건설을 창업했던 S신부 등이 NGO 대표로 참석해 빈민지역에 생산공동체운동의 필요성에 관한 의제를 발표했다. 이는 제도정치권의 공식회의에 빈민운동 지도자가 참여한 최초의 사례였다. 당시 발표한 내용은 다음과 같다. 첫째, 시혜가 아닌 참여를 제공하는 복지로 복지의 개념을 변화시키고 가난한 사람들의 자발성을 이끌어내야 한다. 둘째, 빈민지역 활동가와 단체들의 잠재력과 헌

신성을 인정하고 민관협력체계를 갖춰야 한다. 셋째, 고용과 교육활동을 함께 펼쳐나갈 지역공동체 시스템을 개발해야 한다. 넷째, 지역자활센터는 협동조합운동을 지원해야 한다고 강변했다.

이러한 과정을 거쳐 자활사업은 1996년 2월에 자활지원시범사업으로 출발을 하게 된다. 당시 자활사업은 생활보호법에 따른 자활보호제도와는 독립된 차별적 지위를 가졌다. 자산조사를 하지 않았고 지금으로 해석하면 차상위 이상의 빈곤층 밀집지역의 주민들을 대상으로 일자리나 훈련기회를 제공하는 활동을 전개했다.

① 일본노동자협동조합연합회와 교류
1990년대 생산공동체운동을 전개하던 빈민운동단체들은 자활사업 이전 시기부터 일본노동자협동조합과 교류를 하고 있었다. 시범 지역자활센터 실무자들은 1997년 일본노동자협동조합연합회를 방문하여 이들의 사업 방식과 경험들을 배우게 되었다. 당시 일본의 노동자협동조합들은 특별한 기술이 없고 고령자들이 쉽게 접근할 수 있는 사업을 주력으로 추진하고 있었으며 각 사업단들이 상당한 규모로 안정된 운영을 하고 있었다. 이제 막 걸음마를 시작한 시범 지역자활센터에게 일본의 사례는 간접경험을 할 수 있는 좋은 본보기였다.

② IMF 구제금융과 특별취로사업의 도입
시범 자활사업 기간의 시대적 특징은 무엇보다도 외환위기로 인한 IMF 구제금융이었다. 이는 자활사업에도 부정적인 영향을 미쳐 관악자활센터에서 조직하고 출범시킨 봉제노동자협동조합인 '나눔물산'이 조합원을 제외한 직접 고용인원이 한때 35명에 이르는 성장을 거쳤다가 IMF로 인해 일시에 폐업하는 고통을 경험한 시기였다.

하지만 자활센터에게는 가혹한 현실 변화에 적절히 대응하는 기회로 작용하는 긍정적 시기였다. 당시 정부가 긴급 위기대응책으로 제시했던 공공근로 민간위탁의 실행은 이를 위탁 진행했던 실업 관련 단체들이 자활사업의 제도화 이후 본격적으로 자활사업에 참여할 수 있는 중요한 계기로 작용했다. 또한 시범 지역자활센터는 정체된 자활사업의 활로를 모색하기 위해 특별취로사업을 시행할 것을 정부에 강하게 제안하였다. 본 특별취로사업은 당시 자활센터에게는 과거의 부정적인 이미지를 가진 취로사업을 개선하여 생산공동체를 만들기 위한 준비기간과 초기투자금을 확보할 수 있는 획기적인 사업제안이었다. 또한 비영리부문에서 지역사회 내 유용한 다수의 일자리 창출로서의 의미를 갖기도 했다.

즉 열악한 사업 환경과 경험부족으로 인해 당시 고전을 면치 못하고 있던 초기 시범 지역자활센터들은 특별취로사업의 도입으로 자활사업이 보다 활성화 되는 일대 전기를 맞았다. 특별취로사업을 활용하여 생산공동체로 발전할 수 있는 준비를 할 수 있었으며, 시장영역(제1섹터)뿐만 아니라 새로운 영역(제3섹터)에서 유용한 일자리를 창출할 수 있는 계기와 다양한 사업 아이템 들이 발굴되었기 때문이다.

자활프로그램 측면에서 볼 때 특별취로사업은 기초생활보장제도에서 자활근로사업과 자활공동체로 발전되었다. 구체적으로는 영리형 사업들이 시장형자활근로·자활공동체·노동통합 사회적기업의 모델이 되었으며, 비영리 공익추구형 사업들은 사회서비스일자리 자활근로·사회서비스 사회적기업의 형태로 발전할 수 있는 계기가 되었다.

3) 자활사업 제도화 이후 단계: 2000-2014년 현재

근로능력 있는 조건부 수급자 문제를 해소하고자 2000년 국민기초생활보장제도의 도입과 함께 시범사업의 꼬리표를 떼고 자활사업은 공공부조제도의 전면에 나선다. 제도화 단계의 자활사업은 근로연계복지의 성장과 관련해서 우리 사회에 중요한 함의를 갖게 된다. 그것은 독특한 한국판 근로연계복지제도를 특징짓는 계기로 작용했기 때문이다. 즉 미국처럼 기초생활보장제도 수급자 중 근로능력자에게 근로의무를 조건으로 부과하였지만, 동시에 유럽과 같은 적극적 노동시장정책을 보다 강화하고 제도 내면에 사회적경제의 요소를 다분히 내포하고 있었다. 앞서 살펴본 바와 같이, 자활사업이 처음부터 근로연계복지제도의 성격을 가졌던 것은 아니다. 오히려 그것은 노동자협동조합 또는 생산공동체 이념에 기반하고 있었다.

그럼에도 자활사업의 제도화는 분명 근로연계복지제도를 강하게 지향하고 있었으며, 기존 자활사업의 수행방식을 변화시키는 데 결정적인 영향을 미쳤다. 이전의 지역자활센터가 도시의 저소득층 밀집지역을 중심으로 미취업 도시빈민의 자발적인 참여를 유인하고 생산공동체를 설립하는 데 초점을 두는 방식이었다면, 제도화 이후의 자활사업은 기초생활보장제도 수급자 중 미취업 근로능력자를 대상으로 취·창업을 촉진하는 방식을 의미했다. 여기서 중요한 차이점은 참여의 자율성과 프로그램의 성격에서 찾을 수 있다. 제도화 이전의 자활사업은 자율성과 사회적경제로의 지향성이 강했지만, 제도화 이후의 자활사업은 타율성과 근로연계복지로의 지향성이 보다 강하게 나타나게 되었다.

하지만 여기서 주목하고자 하는 또 다른 특징은 제도화 이전에 잠재되어 있던 사회적경제에 대한 지향성 차원이다. 물론 이 문제에 대해서는 상이한 해석이 가능하다. 한편으로 자활사업은 제도화 초기단계에서 이미 사회적경제로의 지향을 상당부분 상실했다는 비판이 가능했다. 또 다른 한편으로는 자활사업의 양적 확대과정에서 사회적경제로의 도약에 필요한 기본 토대를 구축했다는 평가 또한 가능했다. 여기서는 일단 후자의 입장에 중심을 두고 논의를 전개하고자 한다.

자활사업의 제도화는 사회적경제의 맹아적 발전에 다음과 같은 중요한 영향을 미쳤다. 첫째, 자활사업 제도화는 자활사업의 양적 확장을 통해 많은 비영리민간단체를 사회적경제로 인도하는 데 결정적인 매개자 역할을 수행했다는 점이다. 실제로 2000년 이전 자활사업을 수행했던 비영리민간단체(지역자활센터)는 20개소에 불과했지만, 2003년에는 242개소로 확장되었다. 그곳에서 일하는 실무자도 약 2천 명으로 증가하였고, 사업 참여자 또한 약 1만 명을 초과하게 되었다. 이는 자활사업이 우리 사회에 사회적경제로의 이행에 필요한 다양한 토대를 구축할 수 있는 최소한의 물적 토대를 제공했음을 의미하는 것이다. 후술하겠지만 실제로 자활공동체 사업은 그 공과에 대한 다양한 평가에도 불구하고, 다양한 마이크로크레디트의 성장과 밀접한 관련이 있으며, 사회적 일자리나 사회적기업의 성장에도 큰 영향을 미쳤다. 둘째, 자활사업의 제도화는 근로연계복지에 대한 비판적 경험을 통해 사회적경제의 필요성을 보다 절실히 확인하는 계기로 작용했다.

무엇보다 자활사업은 사회적경제를 본격화하고 제도화하는 토대를 제공하였다. 그것은 다음 몇 가지 측면에서 설명할 수 있다. 첫째, 자활공동체는 사회적기업이나 마을기업 혹은 사회적협동조합과 동체이형이다. 실제 2004년경 자활공동체를 협회와 자활정보센터가 주도하여 사회적기업으로 개명하려던 시도가 있었다. 둘째, 자활사업은 지역 기반형 일자리 창출사업이라는 점이다. 이는 자활사업이 미취업빈곤층에게는 일자리를 제공하고, 지역사회 취약계층에게는 다양한 사회서비스를 공급하는 형태로 이미 사회적경제에 기반한 사업방식을 취하고 있었다는 것이다. 그것은 자활사업에 대한 성과평가지표 중에 지역사회에 대한 기여가 포함되어 있었던 점과 무관하지 않다. 셋째, 자활사업은 초기부터 마이크로크레디트 혹은 신용협동조합의 설립을 고려하고 있었다. 최근 자활협회가 중심이 되어 각 개별 지역자활센터가 주도적으로 지역 단위에서 창업했던 주민금고들의 연합체 성격을 띤 자활공제협동조합을 설립하였다.

① 자활사업과 사회적기업

한국에서 제도화된 인증 사회적기업의 등장은 2007년부터 시행된 '사회적기업육성법'에 기반한다. 하지만 한국에서 사회적기업의 역사는 앞서 살펴본 것처럼 자활사업에서부터 비롯되었다. 자활사업을 기반으로 한 조직인 자활공동체는 종종 학술 논문이나 정부 및 시민사회의 정책 속에서 사회적기업으로 표현되어 왔다. 2005년 정선희가 펴낸 『한국의 사회적기업』에는 모두 12개의 사회적기업이 소개되었는데, 이 중 10개가 자활공동체였으며 나머지 2개도 지역자활센터 또는 지역자활센터를 운영하는 모법인에서 조직한 사회적기업이었다. 2005년 출간된 한상진의 『시장과 국가를 넘어서-사회적기업을 통한 자활의 전망』도 자활공동체를 사회적기업 모델에 근거해 운영 상황을 살펴보고 전망을 제시했었다.

지역자활센터와 자활협회의 사회적기업에 관한 노력은 보다 직접적이었다. 지역자활센터들은 자활근로사업단이나 자활공동체의 운영 속에서 사회적기업의 내용을 담아내려고 노력했다. 각 지역에서 사회적기업에 우호적인 분위기를 조성하려 토론회나 세미나를 조직하기도 했다. 자활협회 부설조직이었던 '자활정보센터'는 기관 영문 이름을 아예 사회적기업개발단체라는 의미를 지닌 'social enterprise development agency(약칭 SEDA)'로 정하는 등 출발부터 사회적기업을 조직하고 지원하려는 의지를 강하게 표명했다. 자활정보센터는 지속적으로 사회적기업을 소개하고 그 의미를 황무지였던 우리 사회에 설파했다.

특히 자활정보센터는 2005년부터 착수된 정부의 사회적기업의 제도화를 위한 시도에 적극 개입해 문제 제기를 했으며, 각종 워크북이나 사례보고서를 펴냈다. 2008년에는 유럽의 사회적경제를 분석한 *The Third Sector In Europe*을 『세계화 시대의 새로운 복지』라는 제목으로 번역 출판하기도 했다. 자활사업과 사회적경제와의 긴밀한 관계를 명확히 하고자 자활정보센터의 후신인 자활협회 부설 자활정책연구소에서는 2010년 『자활운동의 역사와 철학』, 2011년 자활소개 영문판 *Social Economy Movement In Korea: Focused on Self-Sufficiency Project*, 2012년 『사회적경제와 자활기업』 등을 연이어 출간하였다.

자활정보센터나 자활정책연구소뿐만 아니라 순수 자활협회 차원에서도 사회적기업 제도화와 확산에 보다 노력했다. 2005년부터 시작된 사회적기업과 관련한 시민사회진영의 조직적 대처에 적극 참여했다. 2006년에는 복지부에 사회적기업과 관련한 법을 만들 것을 선도적으로 제안했었다. 당시 지역자활센터들은 자활공동체를 좀 더 규모화하고 기업에 준하는 형식을 갖춰 시스템을 만들어가는 것을 사회적기업으로 구상했었다. 사회적기업육성법의 시행을 앞두고는 자활협회 차원에서 사회적기업 모델에 대한 현장 교육 작업을 실행하기도 했다.

그러나 이런 것보다 더 중요한 것은 본격적으로 사회적기업이라는 조직적 실체를 만들어내기 위한 지역자활센터와 자활협회의 노력이다. 가령, 대표적인 사회적기업 중 하나로서 자활근로사업단을 모태로 하는 '(주)컴윈'은 컴퓨터를 재활용하는 사회적기업이다. 시흥과 안산의 지역자활센터가 컨소시엄으로 구성한 (주)컴윈은 자활협회의 주도적인 노력 속에 전국의 각 지역자활센터와 협력 시스템을 구축해 폐컴퓨터를 확보했다. 이와 더불어 자활협회는 삼성전자와 '소형폐가전재활용협약'을 맺어 컴윈을 지원했다. 또한 협회의 부설기관인 경기광역자활센터의 적극적인 지원이 있었다. (주)컴윈은 2014년 현재 가장 모범적인 사회적기업 중 하나로 복지부가 아닌 노동부 내에서도 대단히 높이 평가된다.

지역자활센터 간 컨소시엄을 구성하고 경기광역자활센터의 적극적인 지원으로 탄생한 또 다른 사회적기업으로는 폐자원재활용 사회적기업인 '(주)에코그린'과 청소분야의 사회적기업인 '(주)함께일하는세상'이 있다. 사회적기업인 한국자활중앙물류는 집수리 분야의 자활공동체들이 연계해서 집수리 분야의 물류 사업을 조직하는 활동이 기반이 되어 사회적기업으로 전환했다. (사)부산돌봄사회서비스센터는 부산의 지역자활센터들이 연계해 조직한 광역자활공동체를 기반으로 한 사회적기업이었다. 청주의 사회적기업인 '삶과 환경'과 '미래 ENT'는 지역 내 각급 시민조직과 연계해 탄생했다. 일부 사회적기업들은 지역지역자활센터-지자체-기업의 3자 협력모델을 기반으로 하기도 한다. (유)나눔푸드, 행복나눔푸드와 같이 SK의 '행복을 나누는 도시락'을 기반으로 한 사회적기업들이 그 사례이다.

사회적기업은 단순히 가치 있는 활동을 하는 기업만을 의미하지 않았다. 사회적 가치를 갖는 활동을 당연히 해야 하지만, 조직 과정도 철저히 사회적이어야 했다. 더 나아가 운영 과정도 일관되게 사회적이어야 했다. 지역자활센터와 자활협회는 한국에서 사회적기업을 제기했고, 직접적인 조직화를 위한 실천을 선도했으며, 모델이 되는 사례들을 조직해냈다. 이런 점에서 볼 때 자활사업을 기반으로 하는 사회적기업이 갖는 의미는 매우 크다.

법 제정 후 3년이 지난 2009년까지 정부로부터 인증을 받은 사회적기업 251개 중 자활공동체나 자활근로사업단에서 사회적기업으로 전환한 사례는 모두 61개로 전체 사회적기업의 1/4인 24.3%를 차지했다. 지역자활센터를 운영하는 모법인에서 사회적기업으로 인증 받은 사례를 포함하면 그 수는 보다 많아질 것이다.

② 자활사업과 대안경제기업의 조직화

일부 업종에서는 사업단의 직접적인 조직화를 통한 대안경제의 추구가 꾸준히 모색되었다. 가장 먼저 등장한 것은 '(사)재활용대안기업연합회'이다. 폐자원을 재활용하는 자활사업단들 간의 네트워크를 기반으로 하는 본 연합회는 초기부터 전략적으로 추동이 된 조직이다. 지역자활센터들 중에서도 실업운동조직을 모법인으로 하는 기관들이 주가 되었으며, 상호 활발한 교류가 조직이 태동되는 근원적 자산으로 작용했다. 자활협회 차원에서도 활발한 지원을 아끼지 않았다. 이들은 2005년에 재활용사회적기업연합회를 구성했으며, 2006년에는 (사)재활용사회적기업연합회로 전환하고 2008년에 (사)재활용·대안기업연합회로 전환했다.

2004년에 주거복지센터협의회 준비회가 설립되면서 모습을 드러낸 집수리 영역의 (사)주거복지협회도 대표적인 대안경제 표방 조직이었다. 집수리 영역은 현물 주거급여로 인해 사업적 기반이 다소 안정되어 있었다. 여기에 기업 사회공헌활동과의 연계도 활발했다. 자활사업단의 숫자도 많았고 사업단들 간의 네트워크도 활발했었다. 자활공동체 중 가장 많은 업종이 집수리 영역이기도 했다. 지역자활센터의 활동가들은 이런 점을 활용해서 집수리 영역을 통해서 빈곤층의 주거환경을 개선하기 위한 정책적인 모색을 도모했었다. 그 결과 탄생한 개념이 '주거복지'나 '에너지복지'라는 개념이었다. 정책적인 모색뿐 아니라 조직적인 결사의 노력을

꾸준히 해왔다. 그 결과가 2004년에 설립된 주거복지센터협의회 준비회이다. 주거복지센터협의회 준비위원회는 이후 집수리자활공동체협회와 집수리자활공동체연대를 거쳐 2009년 이후 인증 사회적기업인 (사)주거복지협회라는 이름으로 활동을 전개하고 있다.

2009년 3월에는 청소 영역에서 '청소대안기업연합회'가 발족했다. 18개 업체가 가입된 것으로 알려져 있는 청소대안기업연합회도 그 시작은 청소 영역 자활사업단들 간의 네트워크였다. 그러나 청소 영역 자활사업단들 간의 네트워크의 활동이 부진해지고, 자활협회와의 협력이 잘 이뤄지지 않으면서 자활공동체이자 사회적기업인 '(주)함께일하는세상(약칭 함세상)'이 주도하여 결성되었다.

이처럼 대안경제 조직들이 각 영역에서 조직되고 있는 것은 사업단 네트워크가 새로운 방식으로 조직됨을 의미한다. 이 조직들에 가입한 업체들은 대개 자활공동체들이며, 상당수는 인증 사회적기업이기도 했다. 아직 한국에는 본격적으로 대안경제를 지향하거나 운영의 기본 내용으로 설정하는 기업을 찾기란 쉽지 않다. 그런 가운데 자활사업을 기반으로 하는 이 조직들의 탄생은 대안경제의 조직화에서 사회적경제를 지향한 유의미한 시도로 평가된다.

③ 자활사업과 협동조합기본법 제정

우리나라 협동조합 관련법은 농업협동조합법 등 모두 개별법의 형태였었다. 2012년 12월 협동조합운동을 하는 활동가들의 오랜 숙원이었던 '협동조합기본법'이 마침내 통과되었고 2013년 1월부터 본격 시행되기 시작했다. 본 기본법의 시행과 함께 자활사업에도 많은 영향을 미칠 것으로 판단된다.

물론 노동자협동조합을 표방했던 생산공동체운동이라는 자활사업 제도화 이전시기부터 현재에 이르기까지 협동조합과 자활사업은 서로 분리하여 사고할 수 없는 절대적 관계에 있음을 이미 살펴보았다. 나아가 본 기본법의 공동발의자 중에는 당시의 자활협회장 이름도 국회공식문서에 올려져 있을 정도로 자활사업과는 불가분의 관계에 있음이 명확히 드러난다.

그리고 자활근로사업단이나 자활공동체 중에서 아예 사회적협동조합을 설립하고자 하는 움직임이 나타났다. 경기광역자활센터가 주도하여 설립된 취업지원 자활전문기업인 (주)내일로와 같이 광역자활공동체에서 사회적기업을 경유하여 사회적협동조합으로 변신하려는 등 다양한 움직임과 노력들이 가시적으로 나타나고 있다. 또한 향후 다양한 사회적협동조합들이 자활근로사업단을 거쳐 출범할 것으로 예측된다.

3. 맺는 말

지금까지 논의된 바와 같이 자활사업은 사회적경제의 철학과 원칙을 모태로 출발하여, 다양한 사회적경제 활동방식 및 조직체들이 우리 토양 속에 깊이 뿌리내리도록 밑거름 역할을 수행하여 왔다. 이러한 역할은 결코 전설과 역사로만 묻히지 않았고 계속 현재진행 중이며 업그레이드되는 추세이다. 아니 당연히 그래야만 한다.

최근 지역자활센터는 그들의 업무 정체성에 관해 대내외적으로 심각한 비판에 직면하여 비틀거리고 있다. 현재 우리 사회에는 사회취약계층을 일부 끌어들여 개별적으로 사회적경제조직체를 만들어오면 사후적으로 도와주겠다는 무수히 많은 사회적경제 관련 정부조직과 중간지원조직이 기현상적으로 넘쳐나고 있다. 하지만 주민들 속으로 투신하여 창의적이고 혁신적이며 건강한 사회적기업가를 양성 배출하고, 이들을 촘촘히 조직하여 다양한 사회적경제조직체를 마을 단위나 보다 큰 지역사회 수준에서 만들어내는 본질적 역할을 수행하는 기구는 완전 진공 상태라고 해도 과언이 아니다.

하지만 지역자활센터는 그간 적지 않은 시기동안 이런 역할에 대한 훈련과 경험을 알게 모르게 풍부히 축적해왔다. 이젠 본격적으로 '(가칭)사회적경제개발센터'로서의 역할과 기능으로 새로운 전환을 모색할 시기라고 판단된다(이문국 외, 2012). 물론 많이 토론하고 준비해왔다. 하지만 생각과 말보다는 행동이 앞서는 본격적인 변신이 절실히 필요한 시점이다.

이를 통해 오로지 국가지원이라는 떡고물에만 관심을 두고 우후죽순 격으로 벽돌 찍어내듯이 마구 생산되었다가 홀연히 자취를 감추는 사이비 사회적경제 업자들을 솎아내고 올곧은 사회적경제조직체들이 본격 성장하도록 양질의 사회적경제 생태계를 구축하는 활동이 필요하다. 지역자활센터가 지역사회에서 사회적경제 허브기구로서 이러한 활동을 수행할 수 있도록 적극적으로 혁신할 것을 제안하는 바이다.

참고문헌

권춘택(1997), "자활지원센터의 현황과 과제-주민운동적 관점에서", 자활지원센터 직원 워크숍자료.
김기돈(1995), "한국사회에서 생산협동조합이 가지는 의미",『도시와 빈곤』, 한국도시연구소. 10(통권 18호), pp. 29-37.
김성오 역(1992),『몬드라곤에서 배우자』, 나라사랑.
김성오·김규태 엮음(1993),『일하는 사람들의 기업』, 나라사랑.
김수영(2006), "사회운동의 사회복지제도화 과정과 결과에 대한 연구: 민관협력 자활사업의 역사를 중심으로". 서울대학교 사회복지학과 석사학위논문.
김수현(2000), "지역사회중심의 자활지원: 그 이상과 현실", 한국사회복지학회 2000년 춘계학술대회 발표문.
김승오(2000),『자활후견기관의 현황과 과제』, 미간행 자료.
_____(2001), "자활사업을 통해 바라본 민·관 협력의 평가와 전망",『도시와 빈곤』, 한국도시연구소, 2001.6(통권 50호), pp. 66-83.
김정원(2008),『한국의 비영리자활지원조직에 대한 이해』, 한국학술정보.
_____(2009),『사회적기업이란 무엇인가』, 아르케.
노대명 외(2004),『자활정책·지원제도 개선방안 연구』, 보건복지부·노동부·한국보건사회연구원·한국노동연구원.
류만희 외(2005),『자활간병인력의 안정적 일자리 확보 전략』, 중앙가사간병교육센터·자활정보센터.
_____(2007),『자활영역의 가사·간병 사업 개선 방안에 관한 연구』, 중앙가사간병교육센터·자활정보센터.
문보경(2007), "사회적기업육성법 제정 경과 및 시행 현황." 전북지역 사회적기업육성법 설명회 자료집, 전주역사박물관 대강당, 2007.8.22.
_____(2009), "사회적기업은 자활공동체의 미래인가?" 2009 송년특집 자활경영포럼 자료집, 경기광역자활센터 4층 교육장, 2009.12.23.
박미란(2007),『2007년 지역자활센터 주미자치조직(신용조합, 상조회) 현황』, 자활정보센터.
보건복지부(1996), "사회복지정책실 복지정책과 국민복지의 기본구상 해설자료.", 1996.2.
사람입국일자리위원회(1996),『사회서비스 부문 일자리 사업 현황 자료집』.
삶의질향상기획단(2000),『공동체와 함께 하는 자활지원』, 퇴설당.
석재은(2008), "사회서비스 확충전략으로서 바우처, 무엇이 문제인가",『한국의 사회서비스, 현황과 쟁점』, 2008.12.5. 한국사회복지연구회 및 전북발전연구원 공동 주최 2008년도 추계학술대회.
신명호(1999), "한국 지역주민운동의 역사(3)",『도시와 빈곤』, 한국도시연구소, 1999.12, pp. 135-145.

신명호(2003), "시장진입형 생산공동체의 경쟁력과 그 요인에 관한 분석", 『도시공동체론』, 한울아카데미.

신명호·김홍일(2002), "자활사업의 발자취를 통해서 본 현행 제도의 개선방향", 『도시와 빈곤』, 한국도시연구소, 2002.4(통권 55호), pp. 61-76.

아달베르트 에베르스(2008), 『세계화 시대의 새로운 복지-사회적경제와 제3섹터』, 장-루이 편저, 자활정보센터 역, 나눔의 집.

원종욱 외(1999), 『생업자금융자사업평가 보고서』, 한국보건사회연구원.

윤혜련(1997), "공동체 한백의 현황과 전망", 『도시와 빈곤』, 한국도시연구소, 1997.5(통권 27호), pp. 69-72.

이문국(1998), 『IMF 시대와 자활지원센터의 역할』, 관악자활지원센터.

____(1999), "자활지원센터의 성립과 지역복지적 의의", 『월간복지동향』, 1999.6, pp. 6-11.

이정운(1999), "자활지원센터 운영의 문제점 및 개선방안", 미간행 자료.

이호(1994), "빈민지역운동 평가", 『도시와 빈곤』, 한국도시빈민연구소, 1994.5. pp. 31-35.

자활정책연구소(2009), 『2009년 지역자활센터 사업운영실태 및 개선방안 연구』.

전병유 외(2003), 『사회적일자리창출방안 연구』, 한국노동연구원.

정선희(2005), 『한국의 사회적기업』, 다우.

한국도시연구소 편(1996), 『도시서민의 삶과 주민운동』, 도서출판 발언.

____(2003), 『도시공동체론』, 한울 아카데미.

한국주민운동정보교육원(2009), 『주민의 가능성을 보는 눈』.

한국지역자활센터협회 편(2010), 『자활운동의 역사와 철학』.

한상진(2005), 『시장과 국가를 넘어서-사회적기업을 통한 자활의 전망』, 울산대학교 출판부.

허병섭(1994), "일꾼두레의 문제점과 생산공동체 운동", 『도시와 빈곤』, 한국도시빈민연구소, 1994.4(제4호), pp. 24-45.

http://www.action.jinbo.net

http://www.eitc.go.kr

http://ko.wikiepedia.org/wiki/

제9장
협동조합과 사회적경제 [1)]

장종익(한신대학교 사회혁신경영대학원 교수)

1. 사회적경제부문에서의 협동조합의 위상

유럽에서 1970년대부터 논의가 이루어진 사회적경제 개념에서 협동조합은 상호공제조합, 사회적기업, 각종 시민협회(association), 자선재단(foundation) 등과 더불어 중요한 경제행위자로 설정되고 있다. 협동조합은 자본의 이익보다는 조합에 참여하는 개인 및 사회적 목적을 우선시하고, 잉여의 대부분을 조합원의 이익 및 지역사회의 발전을 위해 사용하는 원칙을 지향하기 때문이다. 또한 협동조합은 조합원에 의한 민주적 통제원리를 지니고 있고 자기 책임과 연대의 원칙을 지향하기 때문이다.

반면에 사회적경제라는 개념보다는 비영리섹터의 개념이 발전한 미국에서는 비영리섹터에 협동조합을 포함시키지 않고 있다. 그 이유는 비영리조직은 이윤배분금지조항을 지니고 있는데 반해 협동조합이 조합원에게 잉여를 배분할 수 있기 때문이다. 이러한 이유에서 미국에서의 비영리

---

1) 이 글은 상당부분 필자의 논문 "최근 협동조합섹터의 진화" 『한국협동조합연구』, 31(2): 1-25, 2014에서 발췌하였다.

섹터에는 학교, 병원, 복지법인, 박물관, 자선단체, 박애주의적 재단 등이 포함되지만 농업협동조합, 신용협동조합, 소비자협동조합, 노동자협동조합 등 전통적인 협동조합이 포함되지 않는다. 그러므로 미국에서 협동조합은 주식회사나 비영리기업과는 소유권 행사의 목적과 범위가 다른 기업형태의 하나로 인식하는 경향이 강하다. 즉, 협동조합, 주식회사, 비영리기업, 개인기업 등을 병렬적으로 인식하기 때문에 협동조합이 지니고 있는 다양한 측면에 대한 종합적인 접근을 하는 데 한계를 나타낸다고 할 수 있다.

사실 협동조합은 근대 이후에 이윤추구 및 배타적 사적 소유권의 원리에 입각하여 재화와 서비스의 생산과 배분을 수행하는 주식회사 방식에 대항하여 등장한 가장 강력한 대안기업이라고 할 수 있다. 협동조합은 유럽에서 1800년대 중반 탄생 초기부터 평범한 사람들이 자본주의경제체제에서 나타난 다양한 문제를 스스로 해결하고자 하는 분명한 목적을 지니고 있었다. 소비자들이 필요로 하는 생활재와 서비스를 공정한 조건으로 공급할 수 있는 소매 및 도매기업을 스스로 설립하고 운영하였고, 소규모 생산자와 노동자들이 주식회사은행에서 배제된 채 겪어온 생산 및 생활자금의 결핍문제를 상호 융통기제를 통하여 해결하고자 금융협동조합을 스스로 설립하여 운영하였다. 농민들은 영농자재분야나 농축산물유통 및 가공분야의 독과점기업의 횡포에 맞서기 위하여 스스로 영농자재 도소매 및 제조기업을 만들거나 농축산물유통 및 가공기업을 설립하여 운영하였다.

배타적 사적 소유권, 이윤추구의 보장, 경쟁기제, 투자자의 이익실현을 목적으로 하는 주식회사 등을 기본 구성 요소로 하여 운영되는 자본주의 경제체제가 탄생 및 발전과정에서부터 적지 않은 문제점을 노정하였는데, 이러한 문제를 해결하기 위한 정부 차원의 접근 이외에 민간영역에서의 해결방안 중에서 협동조합운동은 노동운동 및 농민운동과 더불어 가장 강력한 대안이었다고 할 수 있다. 노동운동이나 농민운동은 경제적 약자의 단결을 바탕으로 협상과 압력을 통하여 경제적 약자들의 지위를 향상시키는 역할을 수행한 반면에 협동조합은 자본주의적 기업체제 혹은 거래체제의 문제점을 해결하기 위한 대안적 기업 및 거래체제를 경제적 약자들이 만들어 왔다는 점에서 차이가 있다.

이처럼 협동조합은 초기 발생부터 투자자의 이윤극대화를 목적으로 설정하지 않고 '조합원의 경제·사회·문화적 필요와 열망의 충족'을 목적으로 설정하여 비즈니스를 시작하였다는 점에서 오늘날 사회적경제가 지향하는 원칙을 가장 먼저 실천해온 경제조직이라고 할 수 있다. 이렇게 자본주의경제체제 내에서 주식회사와는 다른 목적과 운영원리를 지닌 협동조합은 어느 정도 성공을 거두었을까?

2. 19세기 중반-20세기 중반 협동조합의 발전양상

1844년 영국에서 로치데일공정개척자협동조합이 설립된 이후 소비자협동조합, 농업협동조합, 신용협동조합 등은 20세기 초반에는 유럽과 북미에서, 그리고 20세기 중반까지 나머지 세계의 나라들에서 전국적 조직체를 형성할 정도로 발전해왔다. 한마디로 대성공이었다. 영국에서 소비자협동조합은 설립된 후 100년 동안 꾸준히 발전하여 1950년대 초에 전국 식료품시장의 11%를 차지한 전국적 소매체인협동조합으로 성장하였으며, 노르웨이, 스웨덴, 핀란드, 덴마크, 스위스, 이탈리아 등에서는 최근에 전체 식료품시장의 20-40%를 차지한 대규모 협동조합 프랜차이즈 점포로 발전하였다. 현금거래 및 이용고배당 원칙과 사업연합과 회원조합 간 프랜차이즈 비즈니스 모델을 개척한 유럽의 소협은 19세기 후반부터 1950년대까지 유럽 소매유통업계의 선도자였다. 1955년에 영국의 소협은 20%를 차지하였고, 독일은 10%, 프랑스는 5%, 북유럽의 국가들은 평균 18%를 달성하였다(장종익, 2014). 소비자협동조합은 공정한 거래, 정직한 품질, 지역사회에 기여하는 소매기업으로의 평판을 받아왔다.

부자들을 위한 사설 은행만이 존재하였던 19세기 중반 독일에서 시작된 신협운동은 독일에서 크게 성공하였다. 저축할 자금이 없었고 대금업자로부터 고율로 자금을 빌릴 수밖에 없었던 19세기 중엽에 이러한 악순환으로부터 벗어나기 위하여 농촌과 도시의 사회적자본(social capital)의 형성논리와 박애정신을 지니고 있는 일부 부자들의 노력이 상호 결합하여 설립한 것이 바로 독일의 신협이었다. 신협조합원 간의 밀착성 및 신뢰의 형성이 투자자 소유 은행이 가난한 자에 대하여 대출을 기피하는 원인을 해소하는 데 기여하였고, 예금보험기능이 부재하였던 시기에 금융기관으로서의 신협에 대한 예금자의 소유권 확립이 신협에 대한 잠재적 예금자들의 불신을 크게 완화시켰다. 독일의 신협모델은 19세기 후반에 유럽 전역으로 확산되었을 뿐만 아니라 이집트, 일본, 중국, 미국, 캐나다 등 다른 대륙으로도 확산되었다. 그리고 20세기 중반에는 호주, 일부 아시아, 아프리카, 남미 국가 등으로 확산되었다. 그리하여 신협은 세계적인 현상이 되었다.[2] 1969년에 창립된 세계신협협의회에는 전세계 96개국에 4만 9천여 개 신협이 가입하고 있는 것으로 파악하고 있다. 이들은 1억 7,700만 명의 조합원을 보유하고 있다. 2008년 현재 유럽협동조합은행연합회에는 26개 전국연합회가 가입되어 있고 이 연합회에 가입된 1차 협동조합은행은 약 5,200만 명의 조합원과 유럽 예금시장의 21%, 대출시장의 19%를 차지하고 있다(장종익, 2012).

특히 오스트리아, 핀란드, 독일, 프랑스, 네덜란드, 이탈리아 등에서 협동조합은행은 상당히 발달하였다. 독일의 DG Bank, 프랑스의 Credit Agricole, 네덜란드의 Rabbo Bank는 세계적으로 잘 알려진 협동조합은행들이다. 우리나라에서도 1960년대부터 민간이 자발적으로 신협을 설립하

---

[2] 신용협동조합은 설립 목적이나 각 나라의 법률적 차이에 따라 서로 다른 명칭이 사용되고 있다. 미국의 상호저축대부조합(mutual savings and loan associations)이나 영국의 주택건축금융조합(building societies)은 주택구입자금 마련을 위하여 소규모 대출자들을 모집하기 위한 조직으로 출발하였고, 보다 일반적인 금융서비스를 제공하기 위하여 출발한 협동조합은 신용협동조합(credit unions), 저축신용협동조합(savings-and-credit cooperatives), 또는 협동조합은행(cooperative banks)으로 불린다. 그러나 이러한 명칭을 사용하고 있는 조직들은 모두 금융서비스를 제공받는 고객이 기본적으로 그 조직의 소유자라는 점에서 투자자소유금융기관과 대별된다(장종익, 2011).

기 시작하여 당시 고리대문제를 스스로 해결하는 역할을 수행하였고, 정부도 새마을금고의 설립을 적극 지원하였다.

다음으로 덴마크와 미국에서 가장 먼저 탄생한 농업협동조합은 대부분의 유럽과 북미, 아시아, 남미 등에서 상당히 발전하였다. 농협은 농축산물의 판매협동조합, 가공협동조합, 영농자재의 구매협동조합, 농기계 등의 공동이용협동조합, 농업공동생산협동조합 등 다양한 형태로 나타났다. 그리하여 유럽의 대부분의 나라에서 농협은 매우 높은 시장점유율을 차지하게 되었다. 낙농부문에서 농협의 시장점유율은 거의 80%에 달하였고 덴마크의 양돈부문 시장점유율은 95%에 달하였다. 미국의 전체적인 농축산물판매의 시장점유율은 1980년대 말에 32% 수준에 달하였다. 미국의 선키스트는 세계적으로 잘 알려진 캘리포니아 오렌지 재배 농가의 협동조합이고, 요플레로 잘알려진 소디알은 프랑스의 대표적인 낙농협동조합이며, 데니쉬크라운은 덴마크의 대표적인 양돈농가들의 협동조합이다. 농협은 2차 및 3차 산업의 발전 및 도시화의 진전에 따른 농업비중의 감소로 농업협동조합의 수가 감소되기는 하였지만 자본주의 시장경제체제에서 농민 자신들의 경제적 이익을 방어하고 부가가치를 창출하기 위한 중요한 기업으로 여전히 자리잡고 있다.

그러나 노동자의 고용 안정과 질 좋은 일자리의 창출, 그리고 기업내 민주주의 실현을 목적으로 하는 노동자생산협동조합은 소비자협동조합, 신협, 농협 등과는 달리 일부 지역이나 일부 산업부문을 제외하고는 크게 발전하지 않았다. 버스, 택시, 트럭 등 운수회사의 경우는 많은 나라에서 노동자협동조합이 발전한 대표적인 사례이다. 스웨덴에서는 모든 택시서비스와 트럭서비스의 50%는 노동자협동조합에 의해서 제공되고 있는 반면에 제조업부문에서 노동자협동조합이 차지하는 비중은 기업수 기준으로 1% 미만이다. 또한 이스라엘에서도 운전자의 협동조합이 거의 모든 버스운송서비스를 제공하고 있으며, 트럭서비스의 50%를 제공하고 있다. 그러나 운수업을 제외하면 노동자생산협동조합은 2차 세계대전까지는 프랑스와 이탈리아 등 일부 국가에서만 매우 제한적인 규모로 발전하였다(Hansmann, 1996; 장종익, 2013). 그러나 1950년대 후반 이후에 스페인 몬드라곤 지역에서 제조 및 건설, 유통 등 다양한 분야에서 대규모의 노협이 발전하기 시작하여 매우 예외적인 사례를 보여주었다(장종익, 2013). 사업자협동조합 중에서 농협이나 수협 이외에 소상공인들의 협동조합도 매우 제한적으로 발전하였다. 예를 들면, 소매상들의 협동조합은 독일, 프랑스, 이탈리아에 한정하여 발전하였으며(Birchall, 2011), 다른 분야에서는 매우 간헐적으로 관찰되고 있고, 그마저도 체계적으로 기록되지 않고 있다(Ravensburg, 2011).

3. 1980년대 이후 협동조합의 진화

소협, 신협, 농협 등 세 가지 지배적 유형의 전통적 협동조합을 중심으로 발전해온 협동조합섹터가 1980년대 이후부터 변화하기 시작하였다. 이러한 변화는 크게 세 가지로 나타났다. 첫째, 전통적 협동조합들의 신규 설립 둔화, 퇴출하는 협동조합의 발생 및 주식회사로의 동형화 경향, 둘째, 전통적인 산업분야에서 혁신적 협동조합의 등장, 그리고 마지막으로 다양한 분야에서 새로운 협동조합의 성장과 새로운 유형인 사회적협동조합의 등장과 확산 등이다.

1) 전통적 협동조합의 동형화, 쇠퇴, 그리고 혁신

전후 자본주의의 황금기가 석유파동을 계기로 막을 내리면서 세 가지 지배적 유형의 협동조합부문에서 조합의 신규설립은 둔화되고 기존 협동조합들은 시련을 겪기 시작하였다. 우선 유럽의 소협은 대량생산 및 대량소비체제가 도입된 2차 세계대전 후부터 어려움에 직면하기 시작하자 조직체계 및 사업운영방식의 혁신을 추진하는 국가와 그렇지 못한 국가로 분화되어 진화의 경로가 나누어졌다(〈그림 9-1〉 참조).[3] 영국 소협의 식료

[그림 9-1] 유럽 주요 국가 소협의 식품시장 점유율 추이(1950-2010)

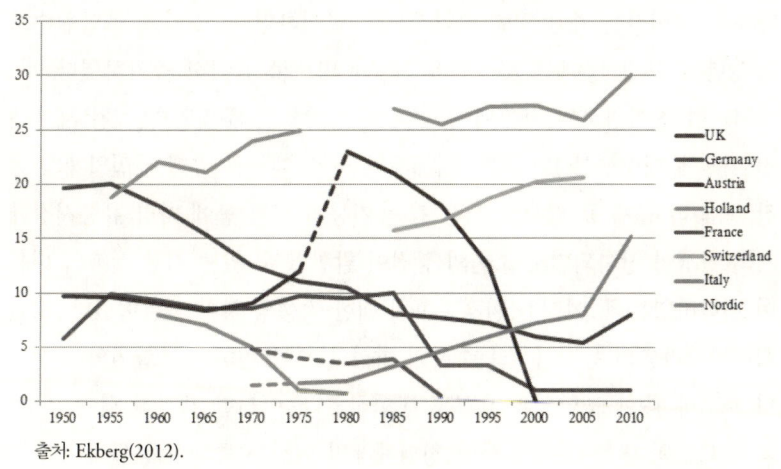

출처: Ekberg(2012).

품시장에서의 점유율은 1955년까지는 20%로 모든 유럽 국가 중에서 가장 높은 시장 점유율을 자랑하였으나 2005년에 5% 수준으로 하락하였으며, 조합원수도 1962년에 1,310만 명에서 1990년에 820만 명으로 감소하였다. 프랑스의 소협은 1986년에 연합조직과 연합사업조직이 해산하는 등 사실상 붕괴를 경험하였다. 독일의 소협도 1955년에 10%까지 상승하였으나 그 후 30여 년 동안 정체를 나타낸 후 1985년부터 급격히 쇠퇴하여 2010년에 약 1% 수준을 기록하고 있다. 네덜란드, 오스트리아, 벨기에의 소협도 마찬가지의 경로를 밟았다.

반면에 스위스와 북유럽 4개국의 소협은 전후에 지속적으로 성장하였다. 이 나라 소협들의 평균 시장 점유율은 1955년에 약 18% 수준에서 꾸준히 상승하여 2010년에 30%를 약간 상회하고 있다. 그리고 이탈리아 소협은 2차 세계대전 전에는 큰 영향력을 발휘하지 못하였으나 1970년대 이후에 크게 성장한 경우에 속한다. 이탈리아 소협의 시장점유율은 1970

---

3) 자세한 내용은 장종익(2014)를 참조할 것.

년에 약 2% 수준이었으나 1980년 이후에 꾸준히 상승하여 2010년에는 15%를 상회하는 수준으로 비약적으로 발전하였다. 그리고 조합원수도 1978년에 78만 명에서 2010년에 743만 명으로 급격히 증가하였다.4)

이러한 진화경로의 차이에 영향을 미친 요인은 무엇일까? 2차 세계대전 이후에 대량생산 및 대량소비체제의 도입, 대규모 슈퍼 체인업체의 등장, 독과점 규제 등 정부의 시장 감독 기능의 강화 등에 따라 유통시장에서의 경쟁이 강화되면서 소협의 장점이 발휘될 수 있는 시장 실패의 내용이 변화하였는데, 이러한 환경변화에 대한 적응의 차이 때문이었다. 또한 화이트칼라층의 등장과 소득수준의 향상 등으로 인하여 조합원의 구성이나 소협에 대한 조합원의 요구도 변화하였다. 이러한 객관적 환경 및 주체적 요구의 변화를 조직·사업·경영체제의 혁신을 통하여 능동적으로 수용한 소협들은 지속적으로 발전한 반면에 이념면에서는 과잉이고 실천면에서는 결핍된 소협들은 쇠퇴 및 퇴출을 경험하게 되었다(장종익, 2014). 특히 급변하는 유통환경의 현대화 과정 속에서는 조합과 연합사업조직 간에 보다 긴밀하게 통합된 사업전략과 연합조직으로의 집중화된 의사결정구조가 이러한 환경변화에 보다 효과적으로 대응하는 데 유효하였음이 확인되었다. 또한 지속적으로 성장한 소협들은 공정무역과 윤리적 소비의 실천을 확대하고 있으며, 지역사회에 대한 재투자를 강조하고 있는 것이 확인되고 있다.

반면에 기존 소협들이 실패한 지역에서는 새로운 소협들이 등장하고 있다. 예를 들면, 프랑스의 경우 1987년에 설립된 유기농식품협동조합인 Biocoop Association이 대표적이다. 이 조직은 2002년에 유한회사 형태의 협동조합으로 전환되었는데,5) 유기농의 발전, 공정무역, 반GMO활동, 반핵활동, 연대경제 등을 실천하고 있다. 2011년에 5억 유로의 공급액을 기

---

4) 전후 이탈리아 소비자협동조합의 사례와 마찬가지로 일본 생협도 1960년대에 크게 발전하였다. 자세한 내용은 김형미(2011)를 참조할 것.

5) 자세한 내용은 www.biocoop.fr을 참조할 것.

록하여 프랑스 유기농식품 시장의 10% 이상을 차지하고 있고, 325개의 점포를 보유하고 있으며, 1,800명의 직원을 고용하고 있다. 생필품, 연료, 가구 등을 공급해온 미국과 캐나다의 전통적 소비자협동조합도 1980년대 이후 어려움을 겪고 온 반면에 유기농식품, 공정무역, 환경보전 등 윤리적 소비에 초점을 맞춘 새로운 소비자협동조합이 설립되고 있다. 이러한 목적을 지니고 설립된 소비자식품협동조합은 2013년 기준 136개에 이르고 여기에는 약 130만 명의 조합원이 가입되어 있다.[6] 또한 캐나다의 등산장비공동구매협동조합인 Mountain Equipment Co-op는 1971년에 레크리에이션애호가들에 의해 설립되었는데 2006년에 230만 명의 조합원을 보유한 협동조합으로 성상하였다. 이 협동조합은 온라인쇼핑 제공, 에너지 절약, 쓰레기 절감, 환경친화적 점포 등 지속적인 발전 및 윤리적 소비 등에 초점을 맞추고 있으며, 지속적인 발전 프로젝트에 자금을 지원하고 있다(Fulton 외, 2006).

사업자협동조합의 대표적인 종류인 농협도 1980-90년대에 큰 변화를 경험하게 되었다. 농축산물의 과잉으로 인하여 농업보호 및 지원정책이 대폭 후퇴하고 무역의 자유화와 유통시장환경의 변화 등으로 인하여 경쟁이 격화되었다. 그리하여 농협은 그동안 추구해온 생산 중심 및 비용최소화 전략으로부터 수요 중심 및 부가가치 제고 전략으로 전환을 요구받게 되었다. 이러한 전략은 적지 않은 투자자본이 요구되고 전문적인 경영이 요구되기 때문에 조합의 합병을 통하여 규모화를 추구하고 외부로부터 자본을 조달하기 위하여 우선주나 후순위채권을 발행하여 우선주를 주식시장에 상장하는 경우나 주식회사 형태의 자회사를 설립하는 농협이 증가하였다. 이러한 기존 농협의 규모화 추구 및 자본조달구조의 변화를 통한 생존전략은 일부에서는 성공적이었지만 실패한 경우도 적지 않았다(장종익, 2010b).

2000년 이후 미국과 캐나다의 대표적인 대규모 농협들이 파산하거나

---

6) 자세한 내용은 www.ncga.coop를 참조할 것.

투자자 소유 기업으로 전환되었다. 미국에서는 중서부지역의 대표적인 다목적 연합농협이자 미국농협에서 1위의 사업규모를 자랑하던 팜랜드(Farmland)가 2002년에 파산하여 매각되었으며, 같은 해에 동부지역의 대표적인 다목적 연합농협이자 미국농협에서 10위의 사업규모를 지녔던 에기웨이(AgWay)도 파산하여 매각되었다. 미국 남부지역에 약 2천여 육가농가들로 구성된 대표적인 농협이자 계육산업의 핵심 리더였던 골드키스트(Gold Kist)가 2004년 10월에 공개주식회사로 전환되었고, 2006년 12월에는 미국 2위의 계육기업인 필그림즈 프라이드(Pilgrim's Pride)에 인수합병되었다. 캐나다에서도 사스캐치완주의 대표적인 다목적 곡물농협이었던 사스캐치완 휫풀(Saskatchewan Wheat Pool)이 1996년에 출자증권의 일부를 주식시장으로 상장하더니, 그리코어 유나이티드를 인수한 이후 완전히 공개주식회사로 전환되었고 명칭도 비테라(Viterra)로 변경되었다. 이러한 결과, 캐나다와 미국 농협의 시장점유율은 크게 감소하였다(Fulton 외 2006).

반면에 미국과 캐나다에서 1980년 이후부터 기존 농협을 탈퇴하고 신세대협동조합(New Generation Cooperatives)을 설립하는 농민들이 증가하고 있다(Fulton 외, 2006). 신세대협동조합은 제한된 지역 내에 동질성이 강한 농민들이 에탄올 생산 등 고부가가치사업을 추구하는 소규모 농협인데, 농축산물 출하권과 출자의무의 비례적 연계, 출자증권의 농민 간 거래 등을 특징으로 한 "비례형 지분거래 협동조합"(Nillson, 1999)이라고 할 수 있다. 이러한 비례형 지분거래 협동조합적 모형은 네덜란드, 뉴질랜드, 아일랜드 등의 일부 농협에도 도입되고 있다(Bekkum 외, 2006). 그리고 네덜란드의 전통적 원예경매농협이 합병을 통하여 대규모화하자 차별화된 농산물을 생산하는 소규모 농가들이 새로운 원예농협을 설립하는 추세도 나타나고 있다(Hendrikse 외, 2002) 그리하여 농협의 조직모형은 전통적 모형, 외부투자자의 지분참여가 허용되는 농협 및 자회사보유농협, 비례형 지분거래농협 등 크게 세 가지로 분화되고 있는 추세이다.

신협과 협동조합은행도 1980년대 이후 세계화와 정보통신기술혁명이라고 하는 시장 및 기술 환경의 급격한 변화와 금융시장에서의 경쟁의 격화에 직면하게 되었다. 선진국 대부분의 신협과 협동조합은행은 이러한 환경에 대응하기 위하여 사업구조 측면에서는 사업의 다각화 및 유니버설 뱅크(universal bank)화를 추구하였고, 조직구조 측면에서는 1차 협동조합의 합병 또는 연합조직 간의 합병을 통한 규모화와 네트워크 중앙조직 기능의 대폭적인 강화, 그리고 자본조달구조 측면에서는 새로운 자본조달방식의 도입과 일부 협동조합중앙은행의 주식회사화를 도모하였다. 그리하여 선진국의 신협과 협동조합은행은 사업영역, 사업대상, 자본조달구조, 조직구조면에서 투자자소유은행과 유사성이 높아지고 있다.[7]

그리고 저축과 대부조합 및 주택건축금융조합 중 상당수는 1980년대에 들어와서 도산하거나, 주식회사로 전환 또는 매각되어 그 비중은 크게 감소되었다. 영국에서도 1980년대 후반과 1990년대에 상당수의 주택건축금융조합이 주식회사로 전환되면서 탈조합화 현상이 나타났다. 협동조합이 매우 발달한 덴마크, 스웨덴, 벨기에에서도 신용협동조합이 주식회사로 전환한 사례가 나타났다(장종익, 2011). 그렇지만 2008년에 발생한 미국발 금융위기로 인하여 세계 금융권이 큰 손실을 경험하였을 때, 협동조합은행과 신협은 상대적으로 투자자 소유 은행에 비하여 손실이 적었고 오히려 이러한 금융위기 가운데 협동조합은행 및 신협의 조합원수와 자산이 증가하는 현상이 나타났다. 금융위기로 인하여 대규모 투자자 소유 은행이 고객에 대한 여신규제를 강화하게 되면서 협동조합은행 혹은 신협을 찾는 고객이 늘어나게 된 것이다(Birchall, 2011). 금융협동조합 부문에서는 경제적 약자들의 자금의 상호 융통을 목적으로 하는 신협이나 협동조합은행이 새로운 지역에서 설립되는 경우는 드물고 새로운 유형의 금융협동조합이 등장하였는데, 이에 대해서는 절을 바꾸어서 서술한다.

---

7) 보다 자세한 내용은 장종익(2011)을 참조할 것.

2) 새로운 유형의 협동조합의 출현과 확산

앞에서 살펴본 세 가지 지배적 유형의 협동조합들은 19세기 중반 자본주의 성장단계에 발생한 시대적 과제를 해결하기 위하여 등장하였는데, 자본주의가 성숙되고 변모한 20세기 후반에 이러한 협동조합들은 새롭게 제기된 현재 및 잠재 조합원들의 필요를 충족시키지 못함에 따라 새로운 유형의 협동조합들이 등장하기 시작하였다. 또한 식민지를 겪은 개발도상국의 경우에서도 세계화 및 정보통신기술혁명의 진전에 따라 전통적인 협동조합 유형뿐만 아니라 새로운 유형의 협동조합이 동시에 등장하고 있다.

소협부문에서는 의료, 육아, 주택, 교육, 스포츠 분야에서 새로운 협동조합들이 지속적으로 설립되어 성장하고 있다. 국제협동조합연맹 내에는 13개 국가의 의료연합회들이 가입된 국제의료협동조합연맹, 19개 국가의 주택협동조합연합회들이 가입된 국제주택협동조합연맹이 부문별 조직으로 설치되어 운영되고 있다. 의료협동조합들은 사회적의료보험체계가 발달하지 않은 미국과 남미에서 크게 발전하고 있고(Birchall, 2011), 일본과 한국에서는 과잉진료의 해결과 예방보건 등에 초점을 맞춘 의료협동조합들이 발전하고 있다. 세 번째 유형의 협동조합인 전력·수도·통신서비스협동조합은 미국 농촌지역뿐만 아니라 남미의 여러 국가에서 등장하고 있다(Birchall, 2011). 소협동의 마지막 유형은 시설 및 내구재 공동이용 협동조합인데, 대표적으로 자동차공유협동조합이 여기에 속한다. 이 협동조합은 유럽, 북미 등에서 최근에 크게 확산되고 있으며, 우리나라에서도 설립되고 있다.[8]

사업자협동조합은 농협이나 수협 이외에 3가지 유형의 협동조합이 활동하고 있는데, 이 분야에 대한 체계적인 자료가 정리되어 있지 않은 편

---

[8] 해외의 대표적인 자동차공유협동조합은 1997년에 스위스에서 설립된 모빌리티협동조합(Mobility Cooperative)으로 조합원수는 약 5만 명, 직원수는 196명에 달한다(www.mobility.ch). 그리고 국내에서는 2013년에 설립된 한국카셰어링소비자협동조합(www.carsharecoop.kr)이 대표적이다.

이어서 최근 설립 추이를 상세히 파악하기 어렵다. 다만 세계화와 과학기술혁명의 진전으로 선진국이나 후진국 모두 고용의 창출이 매우 중요한 과제로 대두되면서 소사업자의 고용을 안정시키는 중요한 방법의 하나로 소사업자협동조합의 가치가 중요하게 부각되고 있다(Ravensburg, 2011). 소사업자협동조합이 지속적으로 발전할 수 있을 것인가에 대해서는 여러 가지 의문이 제기되어 왔지만 이러한 의문을 불식시켜온 실천적 사례가 독립소매상들의 협동조합이다. 1963년에 결성된 유럽 독립 소매상들의 협동조합연맹(UGAL: the Union of Groups of Independent Retailers of Europe)에는 2011년 현재, 325천 명의 소매상들이 조직한 협동조합들의 22개 연합회가 가입되어 있다. 이러한 소매상들은 평균 10명 정도의 종업원을 보유하고 있는 소규모 소매기업이라고 할 수 있는데, 이러한 소매상들과 소매상협동조합은 4,730억 유로의 매출액을 기록하고 있고, 358만 6천 명의 종업원을 보유하고 있다. 1962년에 설립된 이탈리아의 코나드(CONAD)는 3천여 수퍼마켓 주인들의 협동조합으로서 이탈리아 전체 식료품시장의 12%를 차지하고 있다(Ravensburg, 2011). 이러한 소매상들의 협동조합의 발달로 인하여 유럽 내에는 카르푸(Carrefour), 영국의 테스코(Tesco)처럼 자본이 지배하는 주식회사형 대규모 슈퍼체인이 있는 반면에 소규모 소매상들이 주도하는 협동조합형 대규모 슈퍼체인이나 소비자가 주도하는 협동조합형 대규모 슈퍼체인이 공존하고 있다. 이러한 다양한 기업방식 간의 견제와 경쟁이 존재함으로 인하여 우리나라처럼 대자본의 일방적인 '갑을관계'적 횡포를 제어하는 데 기여한다고 볼 수 있다.

 2차 세계대전 후에 협동조합섹터에서 나타난 가장 큰 진화라고 평가될 수 있는 사건은 스페인 몬드라곤지역에서 시작되어 이탈리아 등으로 퍼져 나간 노협의 전면적인 등장이었다. 1956년에 25명의 노동자들이 시작한 몬드라곤지역의 협동조합은 1960년대 중반부터 1990년대 중반까지 기존 노협의 성장과 새로운 노협의 설립을 통하여 매년 1천 명 이상의 노동자들을 추가로 고용하였다. 다른 나라의 경우 대부분의 노협이 주로 운수업에서 발전한 반면에 몬드라곤지역에서는 전통적인 제조업과 건설업뿐만 아니라 금융, 소매, 컨설팅, 연구소, 대학 등 거의 모든 산업분야에서 노협이 발전하였다. 2010년에 총 256개 협동조합기업에서 8만 3,595명의 노동자들이 일하고 있으며, 140억 유로의 매출액을 기록하고 있다(장종익, 2013b). 이러한 노협의 성장은 이탈리아에서도 1970년대 이후에 나타났다. 2010년 말 기준 이탈리아에서는 제조업과 서비스업분야에서 총 1만 1,225개의 노협이 운영되고 있으며, 약 297억 유로의 매출액을 기록하고 있다. 여기에 고용되어 있는 종업원은 44만 8,593명에 달한다(신명호 외, 2012). 미국에서도 2004년에 노협연합회(US Federation of Worker Cooperatives)가 결성되어 2013년 현재 100개 노협 및 종업원소유기업 등이 가입되어 있다.9) 이러한 노협의 설립 확산을 반영하여 국제협동조합연맹의 중요한 부문별 조직인 국제산업·장인·서비스 생산자의 협동조합연맹(CICOPA)에는 1947년 설립 이후 최근에 여러 나라의 연합회 가입이 증가하여 31개국 46개 연합회가 가입되어 있다.10)

다음으로 금융협동조합에서 나타난 새로운 유형의 협동조합은 협동조합사업체에 대한 투융자를 담당하는 협동조합투자은행이다. 이러한 협동조합투자은행은 몬드라곤지역에서 가장 먼저 등장하였다. 몬드라곤협동조합 창립자인 호세 마리아 신부는 기존의 상업은행들로부터는 노협이 필요한 만큼의 충분한 자본을 조달하기 어렵다고 판단하여 1959년에 협동조합은행인 노동인민금고(Caja Laboural Populaire)를 설립하였다. 노동인민금고는 금융협동조합이기는 하지만 처음 설립하였을 때에는 개인예탁자들을 조합원으로 설정한 것이 아니라 노협과 기타 협동조합들을 조합원으로 구성하였다는 점이 기존 금융협동조합과 가장 큰 차이점이다. 노동인민금고는 조합원들에게 상호금융의 역할을 수행하였을 뿐만 아니라 기존 노협의 확장이나 새로운 노협의 설립에 필요한 자금을 대출

---

9) www.usworker.coop에서 인용함.
10) www.cicopa.coop에서 인용함.

하는 것이 주요한 목적이었다. 마찬가지로 이탈리아에서도 협동조합방식으로 설립된 것은 아니지만 협동조합총연맹 산하에 노동인민금고와 같은 역할을 수행하는 금융기관을 설립하여 운영하였다.11) 이러한 협동조합투자은행의 역할로 인하여 노협이 발전할 수 있었다. 협동조합투자은행은 미국에서도 설립되었다. 미국에서는 주택협동조합, 소매상들의 도매협동조합, 농촌전기협동조합 등 다양한 유형의 협동조합들이 금융에 대한 수요가 높아지자 미국 연방의회의 법률 제정으로 연방정부가 1980년에 1억 8,400만 달러의 자본금을 투입하여 협동조합은행(National Cooperative Bank)의 설립하였으며, 1981년에 이 자금을 차입하는 협동조합들이 소유하는 협동조합은행으로 전환되었다.12)

마지막으로 사회적협동조합의 등장과 확산이다. 20세기 후반에 들어오면서 사회주의체제가 몰락하고 세계화와 정보통신혁명이 동시에 진행되면서 부의 창출과 고용창출의 공간적 불일치 경향이 나타나고 선진국에서도 전통적 산업 지역의 쇠퇴에 따른 만성적 실업이 증가하고 슬럼화가 진행되는 도시가 나타나기 시작하였다. 그리고 세계화, 정보통신혁명, 신자유주의정책 등으로 인하여 빈부격차가 확대되고 양극화가 초래되는 결과를 초래하였다(Alvaredo 외, 2013).13) 또한 노령화와 여성의 경제적 진출에 따라 사회복지서비스 수요가 증가하여 정부의 재정지출은 증가하는 가운데 공공부문에 의한 복지서비스제공방식의 비효율성이 노정되었다. 기후문제와 에너지의 고갈 등이 인류를 위협하고 있다. 이러한 문제를 해결하기 위해서는 조합원의 자조를 기본으로 하는 전통적 협동조합 방식만으로는 한계가 있다. 전통적 협동조합은 조합원의 편익증대를 목표로

---

11) 예를 들면, 1987년에 설립된 FINEC(협동조합운동을 위한 전국금융회사) 등인데, 자세한 내용은 장종익(2013a)을 참조할 것.

12) www.ncb.coop에서 인용함.

13) 이러한 빈부격차는 19세기 중반의 대다수 국민의 절대적 빈곤의 문제와 다르게 상대적 빈곤을 의미하며, 경제적 약자 중에서 상대적으로 빈곤에 처한 시민들의 자조 노력뿐만 아니라 이들에 대한 사회적 지원의 필요성을 제기한다.

하지만 조합원이 출자해야 하고 조직을 운영해야 하는 것을 조건으로 한다. 그러나 만성적 실업자, 장애인, 노인 등 취약계층의 일자리 창출을 위한 협동조합은 이러한 조건을 충족시키기에는 용이하지 않고 외부로부터의 자금지원이나 운영지원이 필요할 수 있다. 또한 지역 주민들의 공동참여를 통한 지역개발이나 돌봄서비스 등 사회서비스의 제공도 다양한 이해관계자의 참여가 필요하다는 점에서 전통적 협동조합보다 개방적인 지배구조가 요구된 것이다.

이러한 새로운 시대적 필요를 충족시키고자 등장한 것이 사회적협동조합이라고 할 수 있다. 일종의 기업형태의 혁신이라고 할 수 있는 사회적협동조합은 이탈리아에서 1991년에 가장 먼저 입법화되었다. 이탈리아에서는 기존의 협동조합의 지위 하에서는 생산 활동을 통해 얻은 이윤을 조합원이 아닌 자에게 제공하는 것이 불가능하였는데, 그 이유는 전통적 협동조합의 경우 협동조합에 참여하는 조합원들에 대한 서비스만을 제공할 수 있으며, 광범위한 공중의 이익을 위한 활동은 할 수 없었기 때문이다. 이 문제를 해결하기 위하여 1991년 법의 제정을 통해 사회적협동조합(social cooperative)이라는 조직형태가 생겨난 것이다. 사회적협동조합에서는 협동조합의 조합원이 아닌 자들에게도 이익을 제공하는 것이 가능해졌으며, 조합원의 범위를 폭넓게 인정함으로써 유급근로자, 자원봉사자, 서비스 수혜자(장애인, 노인 등), 후원자, 공공부문 등 다양한 이해관계자들이 조합에 참여 가능하도록 되어 있다. 이탈리아 사회적협동조합은 사회, 보건, 교육서비스 등을 담당하는 사회적협동조합(13번째 협동조합유형)과 취약계층을 노동시장에 통합시키는 목적의 사회적협동조합(14번째 협동조합유형)으로 구분된다. 이 법이 제정된 이후 사회적협동조합이 폭발적으로 증가하였다. 2010년 말 기준 이탈리아 사회적협동조합의 수는 총 7,813개이고 조합원수는 32만 2,537명, 종사자수는 30만 9,566명에 달하였다(신명호 외, 2012).

이러한 사회적협동조합은 포르투갈에서는 사회적연대협동조합(social solidarity cooperative), 캐나다 퀘벡에서는 연대협동조합(solidarity cooperative), 프랑스에서는 공익협동조합(collective interest cooperative) 등과 같이 유사한 이름으로 발전해 왔다(Travaglini 외, 2009). 특히 프랑스 공익협동조합이나 캐나다 퀘벡의 연대협동조합은 자연생태계의 유지와 조성, 쓰레기의 재활용 및 관리, 지역 예술의 복원과 창조, 공연·방송·공정여행 등 문화와 여가활동, 지역의 각종 장인 활동 및 도시농업 등에서 설립이 증가하고 있는 것이 특징이다. 또한 영국에서는 코뮤니티카페, 코뮤니티펍, 코뮤니티학교 등 마을의 재생과 활력을 목적으로 하는 코뮤니티협동조합이 2009년에 29만 3천 명의 조합원이 가입하여 428개가 운영되고 있는데(Cooperative UK, 2010) 이는 공익협동조합이나 연대협동조합과 유사하다. 또한 2011년에 결성된 유럽재생에너지협동조합연합회(European Federation of Renewable Energy Cooperatives)에 가입된 유럽 7개 국가의 12개 재생에너지협동조합 등도 공익적 목적이 크다고 할 수 있다. 이러한 사회적협동조합들은 15번째 협동조합유형으로 분류될 수 있다.

 마지막 유형의 협동조합은 사회적 금융협동조합이다. 사회적 금융협동조합은 조합원의 신용 결핍문제를 해결하는 데 주요 목적이 있는 것이 아니고, 사회적으로나 환경적으로 가치가 있는 프로젝트를 발굴하여 자금을 제공하는 데 주요 목적이 있다.[14] 기존 금융협동조합보다 공익적 목적이 강하다고 할 수 있다. 1974년 독일 보쿰시에서 출범한 유럽 최대 사회적 금융기관 중 하나인 GLS은행[15]이 대표적이다. GLS은행은 자본금 5억 마르크의 협동조합은행이고 조합원 출자금과 고객 예금으로 대출자원을 조달한다는 면에서 기존 협동조합은행과 다름이 없지만 다음 두 가지 측면에서 다르다. 첫째, GLS은행의 설립 목적은 문화적·사회적·생태적 가치를 실현하는 프로젝트에 금융을 제공하는 것이다. 예를 들면, 환

---

14) 사회적 금융협동조합은 협동조합형태의 사회적 금융기관이고, 사회적 금융기관은 윤리은행 혹은 대안은행으로 불리어지며 법인격은 다양하다. 자세한 내용은 이종수·유병선 외(2013)과 유럽윤리 및 대안은행연합회(European Federation of Ethical and Alternative Banks, FEBEA)를 참조할 것.

15) 대출과 나눔의 공동체은행(Gemeinschaftsbank für Leihen und Schenken)의 머리글자를 따서 GLS은행이라고 불림.

경 및 재생에너지 사업에 관심이 많은 GLS은행은 1987년 독일 최초의 풍력발전소 사업에 자금을 제공하였고, 1991년에는 세계 최초로 풍력발전 펀드를 출시하기도 했다. 재생에너지는 GLS은행 투융자의 가장 큰 부분을 차지하고 있다. 둘째, GLS은행의 조합원이나 고객들은 자신이 예금한 돈의 사용을 GLS은행이 준비한 여러 대출처 중에서 선택할 수 있으며, 정기예금 금리를 낮게 받고 시장금리와의 차액만큼 기부할 수 있다.16) 이럴 경우 GLS은행은 매우 낮은 관리비용만 제하고 낮은 이자율로 사회적·환경적·문화적 가치는 높지만 수익률이 매우 낮은 프로젝트에 투자한다. 그럼에도 GLS은행의 연평균 성장률은 두 자리 수를 달성하여 2011년 말 현재 총자산은 19억 7천만 유로에 달하고, 조합원은 2만 2천명, 고객은 11만 6천명이며, 407명의 종업원이 고용되어 있다. 이러한 사회적 금융협동조합이 점차로 확산될 것으로 전망된다.17)

4. 협동조합의 유형 분류 및 생태계조성정책

이상에서의 발전해온 협동조합을 유형별로 분류해보면 〈표 9-1〉과 같다. 협동조합은 크게 5가지의 대분류와 16가지의 소분류로 구분될 수 있다.
  우선 협동조합의 설립 주체가 그 협동조합이 생산 또는 공급하는 재화 혹은 서비스의 최종 소비자인가, 혹은 사업용 구매 혹은 판매를 위한 사업자인가, 아니면 그 협동조합의 노동자인가에 따라 대분류하고, 설립주체에 의하여 구분하기 어려운 금융협동조합과 사회적협동조합을 별도의

---

16) 이를 자발적 가격차별화(voluntary price discrimination)라고 해석하기도 한다(Hansmann, 1996).
17) 캐나다 데잘댕신협을 비롯하여 여러 협동조합은행이 이러한 사회적 금융의 기능을 일부 수행하고 있으며(장종익 외, 2013), 미국과 영국은 기존의 신협 중에서 저소득지역의 신협이 마이크로파이낸스 기능을 수행할 수 있도록 지원하는 법적 근거(Community Development Banking and Financial Institutions Act of 1994, 미국)에 입각하여 지역개발신협(Community Development Credit Union)이 등장하고 있는데, 이는 새로운 협동조합금융의 흐름이라고 할 수 있다(이재연 외, 2012).

[표 9-1] 주체 및 기능에 따른 협동조합의 유형

대분류(주체)	소분류(분야 및 기능)
소비자협동조합 (I)	생활재 공동구매 및 제조 (1)
	의료, 육아, 주택, 교육, 예술, 스포츠, 문화 공동구매 (2)
	전력·수도·통신서비스 공동구매 (3)
	시설 및 내구재 공동 이용 (4)
사업자(생산자)협동조합 (II)	농림수산업자의 공동생산·공동이용·공공구매·공동가공·공동판매(5)
	소공인의 공동구매·공동이용·공동판매(6)
	유통/음식/숙박업분야 소사업자의 공동구매·공동브랜드(7)
	운송 및 기타 서비스분야 소사업자의 공동구매·공동행정사무(8)
노동자협동조합 (III)	운수업(9)
	제조, 건설, 유통·음식·숙박 등 전통적 서비스업, 법률, 컨설팅, 디자인, 문화, 예술, 의료(10)
금융협동조합 (IV)	경제적 약자간의 자금의 상호융통 및 보험(11)
	협동조합사업체에 대한 투융자(12)
사회적협동조합 (V)	취약계층에 대한 사회서비스 제공(13)
	취약계층의 노동통합(14)
	지역재생, 대안에너지 개발, 환경·문화·예술 보전(15)
	사회적 금융(16)

유형으로 구분한다. 소협, 사업자협동조합, 노협은 전통적으로 발전해온 대표적인 협동조합 유형이라고 할 수 있다. 이러한 전통적 협동조합은 각 산업분야별로 소분류해볼 수 있다. 예를 들면, 소협은 농식품 등 생필품을 주로 취급하는 가장 보편화된 생필품공동구매협동조합, 그리고 의료, 육아, 주택, 교육, 예술, 스포츠, 문화 등의 분야와 전력·수도·통신서비스는 서로 다른 특징을 지닌 분야라고 할 수 있다. 마지막으로 최근에 등장하고 있는 자동차공유협동조합 등은 시설 및 내구재의 공동 이용을 목적으로 한다는 점에서 별도로 구분할 수 있다.

사업자협동조합은 농림수산업, 제조업, 유통/음식/숙박업, 운송 및 기타 서비스업 등으로 구분해볼 수 있다. 노협의 분야별 분류는 많은 나라에서 노동자협동조합이 흔히 발견되고 있는 분야인 운수업과 다른 산업으로 양분한다. 이상에서 서술한 분류에 따라 슈퍼마켓이라는 예를 들어 구분해보면, 슈퍼마켓을 운영하는 기업의 유형은 투자자가 소유하는 투자자 소유 기업, 소비자가 소유하는 소협, 슈퍼마켓사업주가 도매기능을 협동조합으로 결성하여 공동 구매, 공동 물류, 공동 브랜드를 사용하는 사업자협동조합 소속 슈퍼마켓, 농식품을 공급하는 농민들이 소유하는 슈퍼마켓,18) 그리고 그 슈퍼마켓의 종업원이 소유하는 노협 등으로 구분해볼 수 있다. 투자자 소유 슈퍼마켓은 투자자이익이 우선시되는 기업이고, 소비자 소유 슈퍼마켓은 소비자의 이익이 우선시되는 기업이며, 사업자협동조합 소유 슈퍼마켓은 소사업자의 이익이 우선시되는 기업이다. 반면에 농민 소유 슈퍼마켓은 농민의 이익이 우선시되는 기업이며, 노동자 소유 슈퍼마켓은 노동자의 질 좋은 고용을 목적으로 하는 기업이다.

다음으로 금융협동조합은 경제적 약자들의 자금의 상호융통을 도모하거나 위험의 공동화(pooling)를 목적으로 하는 협동조합상업은행(cooperative commercial bank)이나 협동조합보험(cooperative insurance), 그리고 협동조합사업체에 자금을 투자하거나 융자해주는 협동조합투자은행(cooperative investment bank)으로 구분해볼 수 있다.

마지막으로 사회적협동조합은 사회적 혹은 공공적 이익을 목적으로 하는 협동조합이다. 예를 들면 취약계층에 대한 사회서비스 제공이나 노동통합을 목적으로 하는 협동조합을 운영하는 경우, 지역재생, 대안에너지 개발, 환경·문화·예술 보전 등을 위한 사업을 수행하는 경우, 그리고 이러한 사회적협동조합에 인내자본을 제공하는 협동조합금융기관 등이 여기에 해당한다. 앞에서 논의한 유형의 전통적 협동조합은 경제적 약자인 조합원들이 자신의 이익을 협동조합에의 참여를 통하여 실현하는 자익(self interest) 추구가 기본이라고 할 수 있다. 즉, 경제적 약자들이 개별분산적인 경제활동이 아니라 협동을 통한 경제활동을 통하여 공동의 이익(collective interest)을 향상시키고 참여와 이용고에 따라 그 이익을 배분

---

18) 예를 들면, 우리나라의 농협 하나로클럽이나 하나로마트가 여기에 해당한다.

한다는 점에서 궁극적으로는 자익 추구가 목적이라고 할 수 있다. 이러한 자익 추구를 주요한 목적으로 하는 전통적 협동조합에서는 단일한 이해관계자 그룹에 소유권을 배정하는 것이 거버넌스 비용을 줄이는 데 기여할 것이다(Hansmann, 1996).

그러나 사회적협동조합은 공공적 이익(public interest)을 목적으로 하는 협동조합이라는 점에서 보다 이타주의(altruism)에 기초하고 있다. 즉, 기부, 자원봉사, 프로보노 등을 통하여 공동 생산(co-production)에 참여하여 공공재(public goods)를 효과적으로 생산해내는 것을 목적으로 한다. 이러한 점에서 사회적협동조합은 그 목적의 특성 상 다중이해관계자 지배구조를 중요한 구성 요소로 하며, 다중이해관계자들의 사회적협동조합에의 참여가 자익보다는 공익을 목적으로 하기 때문에 이해관계의 충돌 등으로 인한 거버넌스 비용이 크게 증가하지 않을 것으로 추론된다(장종익, 2010a).

이처럼 다양한 유형의 협동조합이 어떻게 골고루 발전할 수 있을까? 협동조합의 발전은 시장의 독과점 구조 및 정보의 비대칭성, 양극화, 시장의 과잉화에 대한 거부 등 객관적 요인으로 인하여 높아지는 협동조합에 대한 수요를 필요조건으로 하며, 집단적 의사결정에 따른 비용 발생, 자본투자 기피 경향 등 협동조합이 지닌 내재적 약점을 보완할 수 있는 규칙 및 조직전략과 제도정책적 생태계 조성을 충분조건으로 한다. 특히 정부 및 지자체의 협동조합에 대한 정책이 중요하다고 할 수 있다.

사실 자본주의의 성장과 함께 등장한 협동조합은 정부의 간섭이나 지원 모두를 경계하여 정체성을 매우 강조하여 왔다. 그리고 협동조합운동가들은 정부가 협동조합 설립 및 운영의 법적인 토대를 마련하는 데 그치는 등 중립적 역할을 수행할 필요가 있다고 인식되어 왔다.[19] 그러나 일부 국가에서는 1970년대 말 오일쇼크로 인한 불황과 실업증가의 어려움 속에서 고용 및 협동문화의 창출 등 협동조합이 사회에 기여하는 순기능

---

[19] 이러한 정부의 중립적 정책은 특히 전통적 유형의 협동조합이 매우 발전한 북유럽에서 지배적이다.

에 주목하여 다양한 분야에서 협동조합이 주식회사에 비하여 차별을 받지 않도록 정부가 각종 제도를 개정하고, 협동조합의 운영 상 직면하는 여러 가지 애로요인을 해결하는 데 도움이 되는 정책을 수행해왔는데, 이러한 정책이 협동조합의 생존율을 높이는 데 큰 효과를 거두었다(Perron, 2013).

예를 들면, 다양한 분야에서 여러 가지 유형의 협동조합이 고루 발전한 이탈리아의 경우, 정부가 협동조합에 우호적인 조세제도, 금융지원, 시장접근 정책 등을 도입함으로써 협동조합의 성장에 크게 기여하였다고 평가된다. 이탈리아정부가 협동조합총연맹에 협동조합에 관한 감독 권한을 사실상 부여하고, 협동조합 간 연대기금을 조성할 수 있는 권한을 법적으로 부여함으로써 이종협동조합 간 협동이 발휘될 수 있었고, 새로운 분야에서 새로운 유형의 협동조합을 전략적으로 인큐베이팅하는 기능을 수행할 수 있었다(장종익, 2013b). 또한 캐나다에서 다양한 분야에서 여러 유형의 협동조합이 가장 고루 발전한 퀘벡주는 1985년에는 지역개발협동조합(Community Development Cooperatives) 지원정책을 시행하여 협동조합 투자계획(Cooperative Investment Plan)을 수립하였고, 1997년에 협동조합 기본법에 연대협동조합의 도입, 2003년 협동조합개발정책(Cooperative Development Policy), 2005년 퀘벡주협동조합총연맹(CQCM)과 협동조합 발전파트너십 협약 체결 등 주정부의 적극적인 협동조합 발전정책이 지속적으로 수행되어왔다(Perron, 2013).

이러한 협동조합 생태계 조성정책을 통하여 발휘된 효과는 국제연합이 2009년에 세계협동조합의 해(2012)를 결의하도록 하고 각국에 협동조합의 발전에 우호적인 정책을 권고하도록 하는 하나의 계기가 되었다고 평가된다. 그리고 소위 개발연대라고 불리는 1960-70년대에 제3세계에서는 협동조합이 경제 개발을 위한 수단으로서 정부통제형으로 발전하기도 하였고, 구소련과 동유럽에서는 협동조합이 국가의 배급기구로서 활용되었지만 1990년대에 체제 간 경쟁이 막을 내리고, 국가자본주의적 발전전략이 한계를 노정하면서 정부통제형 협동조합전략이 매력을 잃게 되었다. 반면에

조합원의 자발적인 협동조합 조직전략이 강조되었으며, 이에 따라 정부통제형 협동조합 제도 및 정책을 조합원 중심의 협동조합 발전을 위한 방향으로 전환하는 것이 중요한 정책적 과제로 등장하고 있다.

5. 한국에서의 협동조합 발전의 특징과 사회적경제의 발전

우리나라의 협동조합은 1920년대 일제하에서 민간이 자발적으로 추진해 온 운동을 총독부가 탄압하면서 좌절된 이후 1960년대 이후에 신협운동으로 맥을 이어 왔지만 개발독재체제하에서 농협이 관제화되고 국민들에게는 협동조합을 설립할 수 있는 자유가 허용되지 않았기 때문에 국민들 사이에 협동보다는 동업기피문화가 조장되었고, 협동의 노하우는 축적되지 못하였으며, 연대(solidarity)의 정신은 싹트지 못하였다. 이렇게 시민사회역량이 취약한 상태에서 사회적기업, 전통적 협동조합 및 사회적협동조합, 사회적경제를 지원하는 사단법인과 재단법인 등의 설립이 거의 동시에 진행되고 있다.

반면에 유럽과 북미지역에서는 150년 이상 경험한 자조적 협동조합운동을 통하여 축적된 협동의 노하우와 100여 년 전부터 시민들의 자발적인 협회(association)와 박애주의적 비영리재단의 연대적 실천을 바탕으로 하여 사회적경제가 발전하고 있다는 점을 인식할 필요가 있다. 이러한 점에서 2012년 12월에 시행된 협동조합기본법을 통하여 허용된 협동조합 설립의 자유는 사회적경제의 발전에 있어서 매우 중요한 의미를 지니고 있다. 1990년대 이후에 유기농식품분야, 의료, 육아에서 소비자생협이 설립되고 확산되어 왔지만 그 범위가 매우 제한적이었다.

협동조합기본법 시행 9개월 만에 2,400여 개의 협동조합이 다양한 산업 분야에서 다양한 주체들에 의해 설립되었다. 이러한 협동조합들은 당면한 다양한 사회경제적 문제를 해결하는 데 기여할 수 있을 것이다. 새로 설립되는 협동조합의 65%를 차지하고 있는 다양한 소상공인들의 협동조합은 세계화 및 정보화의 물결 속에서 위기에 처한 소상공인들의 경쟁력을 제고하는 데 기여하여 중소사업자의 자가 고용 및 소규모 사업장의 고용을 유지하고 고용의 질을 높임으로써 결국 빈부격차의 완화에 기여할 수 있다. 또한 노동자협동조합 및 사회적협동조합은 질 좋은 일자리 창출, 취약계층의 사회통합, 더 나아가 빈부격차 완화에도 기여할 수 있을 것이다. 마지막으로 마을카페, 마을펍, 마을학교, 학교매점협동조합, 도시텃밭협동조합, 공동주택협동조합, 문화협동조합 등 코뮤니티협동조합이나 자동차공유협동조합, 햇빛발전협동조합 등은 사회적 신뢰 촉진형 일자리의 창출에 기여할 수 있을 것이다.

이러한 사회경제적 순기능을 달성하기 위해서는 협동조합들이 사업적으로 지속가능해야 하는데, 협동조합의 생존율을 높이기 위해서는 적절한 생태계 환경 조성이 필수적이다. 우리나라의 경우에도 주로 이윤 극대화를 목적으로 하는 주식회사기업에 적합한 법과 제도 및 문화를 발전시켜왔기 때문에 협동조합이 발전하기 위해서는 협동조합에게 불리하지 않은 금융환경, 세제제도, 공공조달 제도, 교육훈련체제 등이 마련될 필요가 있다. 또한 협동조합에 내재되어 있는 단점 즉, 조합원 간에 집단적 의사결정비용이 높고, 무임승차경향이 있으며, 자본조달이 용이하지 않다는 점 등을 보완할 수 있는 방안을 마련할 필요가 있다. 특히 설립 초기에 조합원 간 분쟁을 줄일 수 있는 이해관계의 동질성 확보와 협동문화의 촉진, 조합원이 조합에의 참여를 높이고 무임승차 경향을 줄이는 데 기여하는 조합 내부 규칙의 개발, 개별 조합 내에 분쟁이 발생할 경우 이를 중재해주고 지원해줄 수 있는 연합조직의 형성 등이 매우 필요하다.

참고문헌

김형미(2011), "일본생활협동연합회의 발전과정과 시사점," 『한국협동조합연구』 29(2), pp. 77-98.
신명호·엄형식·장원봉·문보경(2012), 『자활사업 협동조합 모형 개발 및 발전방안 연구』, 사회투자지원재단.
유병선(2013), "열린 대출과 나눔을 실천하다: 독일 GLS 은행", 이종수·유병선 외, 『보노보은행』, 부키.
이재연, 이시연, 이병윤(2013), 『상호금융기관의 기능 재정립 방안』, 한국금융연구원.
장종익(2010a), "사회적기업의 조직적 특성에 관한 신제도경제학적 고찰," 『사회경제평론』, 34, pp. 173-205.
＿＿＿(2010b), "세계협동조합의 최근 현황과 특징," 한국협동조합학회 2010년 추계학술대회 발표자료집, 건국대학교, 2010년 11월 12일.
＿＿＿(2011), "신용협동조합의 세계적 흐름과 주요 특징에 관한 고찰," 『신협연구』 56, pp. 3-31.
＿＿＿(2013a), "이탈리아, 몬드라곤, 프랑스 노동자협동조합의 발전시스템에 관한 비교분석," 『한국협동조합연구』 31(2), pp. 209-230.
＿＿＿(2013b), "협동조합 활성화 정책과 고용," 정한나·장종익·주무현·김난주『협동조합의 활성화에 따른 고용창출 효과』, 고용노동부.
＿＿＿(2014), "전후 유럽 소비자협동조합의 진화에 관한 연구-환경변화에 대한 적응을 중심으로," 『동향과 전망』 90, pp. 262-295.
장종익·박종현(2013), "사회적 금융의 실태와 한국에서의 발전방향," 『사회경제평론』 40, pp. 123-159.

Alvaredo, F., A. Atkinson, T. Piketty, and E. Saez(2013), "The Top 1 Percent in International and Historical Perspective," *Journal of Economic Perspectives* 27(3), pp. 3-20.
Bekkum, O. F. van, and J. Bijman(2006), "Innovations in Cooperative Ownership: Converted and Hybrid Listed Cooperatives," Paper presented at the 7th International Conference on Management in Agrifood Chains and Networks, Ede, The Netherlands, May 31-June 2.
Birchall, J.(2011), *People-Centered Businesses: Cooperatives, Mutuals and the Idea of Membership*. Houndmills, UK: Palgrave Macmillan.
Cooperatives UK(2010), "The UK Cooperative Economy 2010: A Review of Cooperative Enterprise," London.
Ekberg, E.(2012), "Consumer Cooperatives in the Nordic Countries," Centre for Business History, BI Norewegian Business School.
Fulton, M. E., J. Heit, and B. Fairbairn(2006), "The Changing Landscape of Cooperatives in

North America," Paper presented at International Economic History Congress, Session 72, Helsinki, Finland, August 21-25.

Hansmann, H.(1996), *The Ownership of Enterprise*, Cambridge, Massachusetts: Harvard University Press.

Hendrikse, G. and J. Bijman(2002), "On the Emergence of New Growers' Associations: Self-Selection Versus Countervailing Power," *European Review of Agricultural Economics* 29(2), pp. 255-269.

Nilsson, J.(1999), "Cooperative Organisational Models as Reflections of the Business Environments," *The Finish Journal of Business Economics* 48(4), pp. 449-470.

Perron, G.(2013), "Organization of Cooperative Development in the Province of Quebec, Canada," Paper Presented at Gongjoo, Korea.

Ravensburg, N. G.(2011), *Economic and Other Benefits of the Entrepreneurs' Cooperative as a Specific Form of Enterprise Cluster*, Geneva: ILO.

Travaglini, C., F. Bandini, and K. Mancinone(2009), "Social Enterprise in Europe: Governance Mode

찾아보기

[ㄱ]
결사체   17, 18, 94, 95, 126
경영   56, 61, 63, 114, 148, 160, 161, 185
공제조합   15-20, 24, 40, 94, 95, 125, 126, 137, 138
관제협동조합   99, 113, 116, 117
국가권력   29, 39, 40, 42
국제협동조합연맹   99, 104, 248, 250
금융자본   77, 146, 148, 155, 169, 170, 183
금융협동조합   238, 247, 250, 253-256

[ㄴ]
내생적 경제개발 전략   179, 180
노동자협동조합   16, 39, 40, 98, 105, 106, 115, 118, 133, 136, 137, 216, 220-226, 231, 238, 241, 255, 260,
노동자협동조합운동   105, 220
농어촌공동체회사   98, 99, 109, 119, 215
농협   97-102, 104, 117, 118, 241, 242, 245, 246, 248, 256, 259

[ㄹ]
로버트 액설로드(Robert Axelrod)   64, 66, 68

[ㅁ]
마을기업   98, 99, 106, 108, 109, 111, 119, 159, 160, 163, 178, 192, 204, 205, 207, 215, 227
마이크로파이낸스   193, 203, 254
마틴 노왁(Martin A. Nowak)   64, 66

[ㅂ]
몬드라곤   37, 177, 212, 217, 220, 221, 242, 249, 250
미션   55, 60-64, 71, 73, 74, 81, 83, 84, 158, 185
민주주의   17, 26, 27, 29, 36, 42-45, 47, 95, 122, 152, 241

박애(philanthropy)   20, 51-54, 238, 240, 259
반복적 죄수의 딜레마 게임   66, 69
복지국가   13, 14, 19, 20, 23, 26-34, 42, 43, 45, 48, 53, 94, 126, 128, 129, 132, 137, 138, 223
복지혼합   129, 130, 132, 139
비시장   21, 25, 96, 100, 160
비영리기업   238
비화폐 경제   25
빈민운동   103, 114, 217, 218, 220, 223, 224

[ㅅ]
사업자협동조합   112, 202, 242, 245, 248, 249, 255, 256
사회생태계   145
사회성과연계채권   192, 207, 209, 214
사회적 경영(social business)   51, 55, 61
사회적 금융   165, 183, 186-188, 191, 192, 206, 210, 212, 213, 253-255
사회적 또는 임팩트경제 조직(social or impact economy related organizations)   60

사회적 목적　25, 37, 73, 79, 107, 138, 148, 153, 164, 165, 237
사회적 배제　21, 24, 26, 45, 94, 136
사회적 일자리　12, 92, 98, 227
사회적자본(social capital)　54, 136, 139, 146, 156, 161, 170, 240
사회적 증권거래소　192, 210, 213, 214
사회적 회사(social firm)　132
사회적경제　11-14, 18, 20-26, 34, 35, 37-48, 55, 56, 60, 62, 66, 72, 80, 83, 84, 91-100, 103, 104, 106, 107, 109, 112-122, 125-127, 130-140, 154, 155, 158-163, 165, 166, 168, 171, 175-178, 180-189, 191, 192, 206, 207, 211-217, 222, 223, 226-228, 231-233, 237, 259
사회적기업　11, 12, 22-24, 40, 41, 45, 60-62, 72-81, 95, 97-99, 106-109, 116, 119, 127, 132-134, 136, 143, 145-171, 175-177, 184-188, 192-198, 204, 206, 207, 209-212, 215, 221, 225, 227-232, 237, 259
사회적기업 생태계　143-147, 150-153, 157, 158, 164, 168-171
사회적기업가 교육　149, 154, 169
사회적기업육성법　12, 40, 45, 72, 73, 106, 108, 111, 116, 119, 162, 164, 175, 227, 229
사회적자본 생태계　155
사회적협동조합　106, 110, 112, 127, 133, 175, 178, 183, 186, 192, 198, 201, 215, 227, 232, 242, 251-257, 259, 260
사회정치자본　146, 148, 158, 170
사회투자기금　96, 187, 192, 194, 206, 208
산림조합　97, 100, 102, 111, 117-119
새마을금고　97-100, 103, 104, 114, 117-119, 241
생산공동체　98, 216-226, 231
소비자협동조합　16, 35, 104, 112, 113, 126, 198, 238, 239, 241, 244, 245, 248, 255
수협　97-100, 102, 111, 117-118, 242, 248
시스템 사고(systems thinking)　55, 56, 58, 59, 72, 81
신협　97-100, 102, 103, 105, 111, 114, 115, 117-119, 194, 206, 240-242, 246, 247, 254, 259

[ㅇ]
어소시에이션　17, 20
외생적 발전 전략　179
외환위기　91, 92, 102-105, 115, 119, 224
이타적 공진화　145
인적 자본　147, 148, 153, 155, 170

[ㅈ]
자활기금　202-204
자활기업　24, 98, 99, 105-107, 111, 116, 119, 159, 178, 192, 202, 203, 215, 228
자활사업　105-107, 118, 119, 159, 162, 215-217, 221-228, 230-232
자활운동　223, 228
전일주의(holism)　58, 59, 72
전통적 협동조합　242, 251, 252, 255-257, 259
제3섹터　20, 21, 24, 25, 41, 144, 163, 225
주식회사　37, 112, 238, 239, 242, 245-247, 249, 257, 260
지식자본　146, 149, 158, 170,
지역사회　13, 25, 41, 52, 73, 76, 80, 95, 96,

103, 105, 107, 110, 114, 116, 121, 127, 130, 132-136, 138, 139, 145, 147-151, 154, 158, 159, 163, 165, 170, 176-187, 217, 218, 220, 222, 225, 227, 232, 233, 237, 238, 244,

지역자활센터   106, 107, 169, 202, 218, 220-230, 232, 233

[ㅊ]
초협력자(Supercooperators)   64, 66

[ㅋ]
커뮤니티 비즈니스   60, 108, 109, 178, 215
크라우드 펀딩   192, 211, 213

[ㅍ]
풀뿌리민주주의   115, 121, 122

[ㅎ]
협동조합   12, 14-20, 22-24, 35-47, 60, 93-95, 97-99, 101, 106, 109, 110, 112-114, 116, 125, 126, 133, 137, 138, 147, 152, 160, 163, 175-178, 185, 188, 192, 198-202, 204-207, 212, 222-224, 231, 237-242, 244-260

협동조합기본법   12, 45, 99, 110, 111, 116, 118, 119, 175, 178, 185, 186, 201, 202, 231, 258, 259

협동조합섹터   237, 242, 249

협력의 진화(The Evolution of Cooperation)   68, 69

호혜성   25, 112

환원주의(reductionism)   55, 58, 59, 62, 73, 81

집필진

김성기
사회적기업 및 협동조합 분야의 연구자이자 실천가이다. 현재 성공회대학교 겸임교수, 사회적협동조합 'SE임파워' 이사장 직을 수행하고 있다. 현장과 함께 대안을 모색하는 액션 리서치형 연구와 액션러닝형 교육을 중시하며, 관심 분야는 사회적 경제와 지역사회, 사회적기업 및 협동조합의 비즈니스 모델, 사회적경제기업 진단 및 평가 등이다. 주요 저서로『사회적기업의 이슈와 쟁점』(2011),『지역사회 기반 사회적기업』(공저, 2013) 등이 있다.

김정원
1998년 이래 자활사업을 중심으로 한 사회적경제의 현장에서 조직가와 연구자로서 활동해왔다. 현재는 자활정책연구소 소장 겸 전북대학교 겸임교수로 있다. 지은 책으로『한국의 비영리자활지원조직에 대한 이해』(2008),『사회적기업이란 무엇인가』(2009)『자활사업과 지역화 실천』(공저, 2010),『현장에서 읽는 노동연계복지 : 자활사업에서 사회적기업까지』(2012),『사회적경제와 자활기업』(공저, 2012),『사회적 프랜차이징 입문』(2013)이 있다.

변재관
현재 한·일사회보장정책포럼 대표 및 이코노미21 편집기획위원장을 맡고 있으며 전 한국노인인력개발원 원장을 역임하였다. 주요 연구분야는 사회보장정책, 고령사회 대응과 노인정책, 복지와 고용 및 사회적 경제 등이며 저서로는『참여형 지역복지체계론』(공저),『노년학의 이해』(공저),『재가노인복지정책의 변천』(공저) 등이 있다.

신명호
현재 사회투자지원재단 부설 사회적경제연구센터 소장이다. 한국도시연구소 책임연구원 및 소장을 역임했다 (1986-2011). 관심 연구 주제는 사회적경제, 빈곤과 실업, 불평등, 공동체 등이다. 주요 저서로는『빈곤을 보는 눈』(2013),『왜 잘사는 집 아이들이 공부를 더 잘하나?: 사회계층 간 학력자본의 격차와 양육관행』(2011), 『한국의 노숙인: 그 삶을 이해한다는 것』(공저, 2013) 등이 있다.

이견직
현재 한림대학교 경영학부 의료경영전공의 전공 교수이며 의료경영연구소 소장을 역임하였다. 주요 사회활동으로 대통령자문 고령화 및 미래사회위원회 전문위원과 보건복지부 및 대한병원협회 자문위원 등이 있으며 한국병원경영학회 이사로 활동하고 있다. 사회적 경영 및 혁신 외 의료경영과 의료정책, 고령친화산업과 e-Health 등에 깊은 관심을 갖고 있다. 저서로는『의료경영학』(2010),『전략적 의료운영관리』(2012) 등이 있으며 주요 논문으로는 "A Practical Method of Predicting Client Revisit Intention in a Hospital Setting"(2005), "Maternal Education and Allocation of Time and Children's Health in South Korea"(2006), "린 6시그마와 시뮬레이션을 활용한 병원 응급실 프로세스 개선"(2011), "병원산업에서 시장지향성이 성과에 미치는 영향과 규모와의 관계"(2006), "Scorecard를 이용한 의약산업의 SCM 역량 평가 및 추진 전략 연구"(2004), "신경망 모형을 이용한 외래 환자 만족도 예측 및 민감도 분석"(2003), "의료서비스산업의 산업연관 분석"(2000) 등 국내외 수십여 편이 있다.

이문국

현재 신안산대학교 사회복지학과 교수이다. 비상근 자활정책연구소장 역임했다. 주로 지역사회복지, 자활정책, 사회적경제 관련 연구를 수행했다. 주요 저서에 『사회적경제와 자활기업』(공저, 2012), 『Social Economy Movement In Korea: focused on Self-Sufficiency Project』(2011), 『자활정책론』(2006), 『자활사업과 임파워먼트 실천』(2002) 등이 있다.

이성수

현재 신나는조합 상임이사이다. 주요 연구 분야는 사회적경제이며, 주요 저술에는 『사회적협동조합』(2000), 「마이크로크레딧 국제비교연구」(2011), 『우리 협동조합 만들자』(2013) 등이 있다.

이인재

한신대학교 재활학과 교수이다. 관심분야는 사회서비스와 사회복지행정, 자활사업과 사회적기업, 지역복지 등이다. 주요 연구로는 "Revitalization of the Korean Social Enterprise Ecosystem & Its Policy Implication"(2013), "자활실무자 직무만족 및 이직의도 연구"(2012), "사회서비스 수급체계와 관련주체 역할 변화"(2011), "Employment Policies for Older Individuals in Advanced Countries: Implications for Employment Policies for Older Individuals in South Korea"(2011), "사회적기업의 사회적 목적과 실천적 함의"(2010) 등이 있다.

장원봉

현재 사회투자지원재단에서 상임이사로 일하고 있으며, 지역사회에서 사회적 경제의 대안적 구상과 실천을 지원하는 일을 하고 있다. 대표적인 저서로는 『사회적 경제의 이론과 실제』, 『위기의 한국사회 대안은 지역이다』(공저) 등이 있다.

장종익

현재 한신대학교 사회혁신경영대학원 교수이다. 전국농민회총연맹에서 정책실장 등을 역임하였고, 한국협동조합연구소를 설립하여 초대 사무국장과 소장을 역임하였다. 이 시기에 정부통제형 농협의 농민적 개혁, 신협의 혁신, 생협의 활성화를 위한 교육과 연구활동을 전개하였다. 이후 응용경제학 박사학위를 취득하여 대학 강의와 한국협동조합연구 편집위원장, 기획재정부 협동조합정책심의회 위원, 한살림사업연합 감사, 아이쿱협동조합연구소 연구위원 등으로 활동하고 있다. 주요 저서로는 『한국형 모델: 다이내믹 코리아와 냄비근성』(공저, 2012), 『21세기 대안: 협동조합운동』(번역서, 2003), "최근 협동조합섹터의 진화"(2014), "협동조합기본법 제정이후 한국협동조합의 역할과 과제"(2012), "협동조합의 규모화와 조직전략"(2011) 등 이 있다.

- **사회적기업을 어떻게 혁신할 것인가**
  (한겨레경제연구소 지음)

  이 책은 기업 운영을 통한 사회문제 해결이라는 사회적기업 본연의 목적을 달성하기 위한 12가지 혁신에 대해 다루었다.

  열두 가지의 각기 다른 모델로 운영되는 사회적기업들의 사례를 통해 사회적기업이 추구하는 혁신이 어떤 기업 운영방식으로 구현되는지, 기업적 사회혁신의 구체적 방법론은 무엇인지를 보여주고 있다.

- **지역사회 기반 사회적기업**
  (김성기 편)

  이 책은 한국의 지역사회 기반 사회적기업들이 어떤 형태로 존재하고 어떻게 활동하는지, 그들의 잠재력과 성과는 무엇인지를 소개한다. 저자들은 전북지역의 사회적기업 탐방으로부터 시작하여, 충청, 제주, 경남, 충남 아산지역, 전남 곡성·여수지역, 태백·강릉 지역에 이르기까지 전국 대부분 지역의 대표적 사회적기업과 지원조직을 탐방했다. 이 책은 이 탐방의 기록이다.

- **현장에서 읽는 노동연계복지**
  (김정원 지음)

  이 책이 다루는 노동연계복지는 노동시장 진입에 어려움을 겪는 이들을 노동시장으로 유인하려는 정책을 말한다. 자활사업, 노인일자리사업뿐 아니라 사회적기업 또한 노동연계복지의 큰 틀에 속에서 살펴볼 수 있다. 용어가 낯설기는 하지만 우리 삶에 깊숙이 들어온 친숙한 복지정책이 바로 노동연계복지다.

- **비영리경제학**
  −비영리경영을 위한 경제학 교과서
  (데니스 영·리차드 스타인버그 지음)

기념품 가게를 통해 예술작품의 복제품을 판매하고 있는 박물관은
제품의 질과 가격을 어떤 수준으로 유지해야만 할까?
지역사회재단이 거액의 돈을 기부받았을 때 이를 어떻게 투자해야 할까?
가정방문 의료서비스를 제공하고 있는 지역사회 소규모 병원은
독자적으로 서비스를 제공해야 하는가,
아니면 다른 병원과의 파트너십을 통해 제공해야 하는가?
콘서트홀을 대대적으로 보수해야 하는 오케스트라는
보수공사를 위해 영구기금을 사용해도 좋을까?
이 책은 '경제학'이라는 창을 통해 이들 질문에 답한다.
이 책은 말 그대로 경제학 교과서이기는 하지만
영리분야가 아니라 비영리분야를 대상으로 하며,
경제학 전공자가 아니라 비영리조직의 경영자, 리더,
더 나아가서는 최일선 실무자를 그 대상으로 한다.
우리가 이제까지 알고 있는 경제학 교과서와는 다른 비영리조직을 위한
경제학 입문서이자 교과서다.

- **모금을 디자인하라**
  - 모금에 눈뜬 한 사회복지사의 좌충우돌 모금전문가학교 유학기
  (정현경 지음)

이 책은 사회복지 현장에서 10년 넘게 모금과 후원업무를 담당해온 한 사회복지사가 '모금전문가학교'에서 전문교육을 받으면서 얻은 주체할 수 없었던 에너지, 모금에 눈뜬 환희, 10여 년간 현장에서 얻은 귀한 경험들을 버무려낸 결과물이다.

이 책은 지금 이 시각에도 모금을 위해 전화기를 들었다 놓았다 하며 갈등하고 고민하는 모금담당자들에게 요청과 거절의 쳇바퀴에서 이제 그만 뛰쳐나오라 말한다.

- **지역사회를 건강하게 만드는 커뮤니티 비즈니스**
  (호소우치 노부타카 지음)

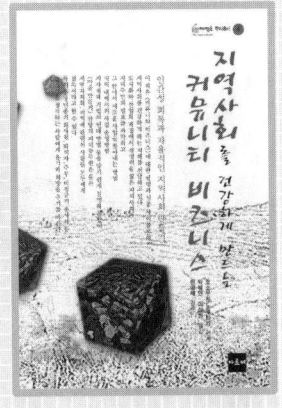

이 책은 희망제작소 〈뿌리총서〉시리즈의 네 번째 권으로 '커뮤니티 비즈니스'에 대한 설명과 성공 사례를 통해 '지역사회를 건강하게 하는' 지혜를 전달하고 있다. 도시화와 산업화 과정에서 생명력을 잃은 지역사회가 지역주민의 필요를 파악하고 그 안에서 새로운 사업을 찾아내는 방법, 지역 내에서의 사업 운영방법, 지자체와 기업의 연대 방법 등을 알기 쉽게 설명하고 있어서 '마을만들기' 담당의 지역공무원은 물론, 지방자치회·지역에 관련된 사람들 모두에게 필독서라고 할 수 있다.

- **사회적기업의 이슈와 쟁점**
  (김성기 지음)

  사회적기업에 대한 이해, 한국 사회적기업에 관한 이슈와 쟁점들, 한국 사회적기업의 발전을 위한 과제들……

- **사회적기업이란 무엇인가**
  (김정원 지음)

  한국에서 사회적기업이 자칫 정책이벤트로 머무르게 되지 않을까…… 앞으로 사회적기업이 나아가야 할 방향과 실천과제는?

- **NGO·NPO법률가이드북**
  (안상운 지음)

  병원, 학교, 사회복지관, 사회적기업, 조합, 시민사회단체 등 NGO·NPO를 위한 법률가이드북. 단체를 설립하고 운영할 때 만날 수 있는 법적 문제들… 친절한 관련 법 해설과 풍부한 판례 인용을 통해 일선 실무자들도 쉽게 접근할 수 있도록…

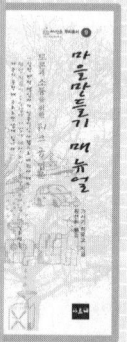

- **사회적 경제와 자활기업**
  (김정원 외 지음)

  현장활동가를 위한 사회적경제와 자활기업 안내서. 자활기업의 역사와 의미, 제도적 기반과 그 한계, 운영 실태, 사회적 경제와의 관련성, 지역사회에서의 역할 등에 대해 총괄적으로 다뤘다.

- **마을만들기 매뉴얼**
  (가사기 히로오 지음/황선희 옮김)

  참여·협동과 커뮤니케이션, 지역 만들기 워크숍의 실천 사례, NPO 활동을 시작하자.